a queda do aventureiro

aventura, cordialidade e os novos tempos em *Raízes do Brasil*

a queda do aventureiro

aventura, cordialidade e os novos tempos em *Raízes do Brasil*

2ª edição
revista e ampliada

pedro meira monteiro

Relicário

© Relicário Edições
© Pedro Meira Monteiro

CIP –Brasil Catalogação-na-Fonte | Sindicato Nacional dos Editores de Livro, RJ

M775q
    Meira Monteiro, Pedro

    A queda do aventureiro: aventura, cordialidade e os novos tempos em Raízes do Brasil / Pedro Meira Monteiro. - 2. ed. - Belo Horizonte, MG : Relicário, 2021.
    284 p. ; 14cm x 21cm.

    Inclui bibliografia.
    ISBN: 978-65-86279-22-1

    1. Sociologia. 2. Sérgio Buarque de Holanda. 3. Política e cultura. 4. Brasil. I. Título.

2021-319   CDD 301.0981
                                                                                   CDU 301(81)

CONSELHO EDITORIAL
Eduardo Horta Nassif Veras (UFTM), Ernani Chaves (UFPA), Guilherme Paoliello (UFOP), Gustavo Silveira Ribeiro (UFMG), Luiz Rohden (UNISINOS), Marco Aurélio Werle (USP), Markus Schäffauer (UNIVERSITÄT HAMBURG), Patrícia Lavelle (PUC-RIO), Pedro Süssekind (UFF), Ricardo Barbosa (UERJ), Romero Freitas (UFOP), Virginia Figueiredo (UFMG)

COORDENAÇÃO EDITORIAL Maíra Nassif Passos
ASSISTENTE EDITORIAL Márcia Regina Romano
PROJETO GRÁFICO & DIAGRAMAÇÃO Ana C. Bahia
PREPARAÇÃO Lucas Morais
REVISÃO Laura Torres

RELICÁRIO EDIÇÕES
Rua Machado, 155, casa 1, Colégio Batista | Belo Horizonte, MG, 31110-080
contato@relicarioedicoes.com | www.relicarioedicoes.com
@relicarioedicoes   /relicario.edicoes

NOTA À SEGUNDA EDIÇÃO
Vinte anos depois *9*

PREFÁCIO DE MARIANA MIGGIOLARO CHAGURI
Um mapa, uma bússola e os dilemas do Brasil: *A queda do aventureiro*, vinte anos depois *21*

INTRODUÇÃO *29*

CAPÍTULO 1
Uma síntese modernista *37*
Na década de 1930 *37*
O modernismo "rotinizado" *39*
Herdeiro de uma tradição *40*
O esforço sintético *41*
Em busca de sinais *43*

CAPÍTULO 2
Um prelúdio weberiano: as categorias se anunciam *45*
Dois princípios conflitantes *45*
O mundo dos valores resguardado *47*
Em busca de regularidades *49*
O acesso à realidade: atenção à conduta *51*
Sérgio Buarque e a recusa do irracionalismo *55*
Achegando-se a Weber: o mundo dos valores em conflito *59*
Sentido e experiência *61*
No "mundo das ideias": criando o tipo ideal *63*
O mundo da cultura como problema: caráter genético do tipo ideal *66*
O "conceito-limite" *68*
"Imputação causal" e "possibilidade objetiva" *70*
Sérgio Buarque de Holanda: weberiano? *73*

CAPÍTULO 3
Uma suíte sociológica: as categorias se desenvolvem 75
A origem ibérica 75
A repulsa ao trabalho 78
A "admirável metodologia dos contrários" 80
A ética do trabalho e a ética da aventura 85
A oposição incompleta 90
Pareto: *speculatori* e *rentieri* 92
Thomas e Znaniecki e os camponeses poloneses 97
Os "quatro desejos fundamentais" 103

CAPÍTULO 4
Uma invenção a duas vozes: aventura e cordialidade 111
Local e mundial 111
Weber novamente: irracionalidade do "impulso para o ganho" e racionalidade do capital 112
A ausência de uma "civilização agrícola" 117
A plasticidade 123
Paradoxos das consequências 128
Uma segunda voz 131
O "espírito de facção" 133
A família ubíqua 136
Libertação do pai 140
A família patriarcal especular 147
Carência da burocracia 149
Uma "expressão feliz" 152
A marca do historiador 154

CAPÍTULO 5
Um réquiem para um "pobre defunto" na cidade 165
Cordialidade e aventura 165
"Brasil fronteira da Contra-Reforma" 170
Uma data importante 174
O homem cordial e o indivíduo 177
Dualidades e dialética 183
Modernismo novamente 187
Ordem e desordem 192

Uma *Weltanschauung* original   *197*
Radicalismo   *201*

CONCLUSÃO   *209*

PÓS-ESCRITOS

I. Uma flor desajeitada no jardim modernista: Machado de Assis e o bovarismo a partir de *Raízes do Brasil* *217*
Introdução   *217*
A trava   *217*
A flor na estufa   *222*
Tudo se dissolve   *226*
Conclusão: apenas uma flor neurótica   *230*

II. Sérgio com Lima: um encontro inusitado em meio aos modernismos (com Lilia Moritz Schwarcz)   *235*
Introdução   *235*
Lados opostos, lados convexos   *236*
Outros muitos lados   *238*
O esgotamento do realismo e a pose juvenil   *240*
Que fazer com a danada da realidade?   *244*
Raízes do Brasil: uma relação complexa com a realidade   *252*

III. "*El hombre cordial*": um conceito latino-americano   *257*

REFERÊNCIAS   *271*
SOBRE O AUTOR   *283*

NOTA À SEGUNDA EDIÇÃO
Vinte anos depois

Vinte anos se passaram desde que este livro foi publicado, em 1999.[1] Muita água rolou desde então. O cenário acadêmico se alterou e livros como *Raízes do Brasil* foram esmiuçados e criticados, às vezes duramente. É bom que seja assim. A interpretação proposta por Sérgio Buarque de Holanda ainda agrada e incomoda, o que significa que está viva.

No plano da política, o que então parecia a consolidação da abertura democrática teve seus altos e baixos, até que chegássemos à atual crise e nos víssemos diante de velhos fantasmas que se julgava extintos. A ditadura é um deles. Há cinquenta anos ela tinha uma cara definida: tanques na rua, clandestinidade, tortura. O plano agora é outro. O autoritarismo ganha um verniz democrático e surfa nas ondas das redes sociais, *fake news* etc.

Em *Vinte anos depois*, segundo romance da trilogia dos três mosqueteiros, Alexandre Dumas inicia a narrativa com uma cena fantasmagórica: pensamos ver a sombra de Richelieu, mas é de fato Mazarino quem encontramos num palácio esvaziado, mergulhado em silêncio e conspirações. Nada da glória dos velhos tempos (Dumas).

Os fantasmas são personagens importantes nas histórias de poder e carisma. Indo e voltando, eles são capazes de guardar algo que resiste e regressa quando menos se espera. O vigor com que tendências autoritárias se firmaram na imaginação e na prática políticas, desde que o golpe parlamentar de 2016 abriu caminho à aventura autoritária que se desdobra no Brasil de agora, dá o que pensar. *Raízes do Brasil*, justamente, interroga os valores republicanos e investiga, à sua maneira, a combinação de personalismo e autoritarismo prevalecente na história política brasileira. Deve ser, então, um livro "atual".

As aspas denotam surpresa diante do caráter longevo de um livro que é tido por muitos como clássico. Uma das interpretações canônicas de *Raízes do Brasil*, que viria a marcar longamente sua fortuna crítica, é a de Antonio

---

1. Meira Monteiro, Pedro. *A queda do aventureiro: aventura, cordialidade e os novos tempos em Raízes do Brasil*. Prefácio de Luiz Dantas. Campinas: Editora da Unicamp, 1999.

Candido, que vê nele uma radicalidade democrática que a muitos parecerá exagerada. Não é minha intenção resolver o problema, até mesmo porque a força do livro de estreia de Sérgio Buarque, que veio à luz em 1936 e seria substancialmente revisto em edições posteriores, está mais na ambiguidade que carrega e menos naquilo que afirma.

O caráter reflexivo das obras do pensamento é fundamental. Os bons livros oferecem explicações com as quais temos que lidar. Podemos recusá-las, corrigi-las, invertê-las, até mesmo ignorá-las, se quisermos. Mas elas fazem parte de um tecido de narrativas que nos compõe: somos feitos de algo que se imaginou e que segue sendo pensado e repensado, aceito ou recusado, de forma dialógica e tensa. Os livros se tornam clássicos por um processo de canonização que pode ser contestado, mas isso não nos exime de entender por que eles seguem tendo um efeito real na vida das pessoas, e por que eles mesmos se transformam, quando os interpretamos.

Sem grande exagero, é possível dizer que as relações entre o público e o privado, assim como a força do patrimonialismo e do personalismo – tudo sob a sombra de um Estado que conviveu longamente com a escravidão – são impensáveis, no Brasil, sem que a matriz proposta por Sérgio Buarque de Holanda se coloque em evidência. Os termos de sua discussão são potentes e permanecem explicando, para uns, e ocultando, para outros, as raízes de uma história em que o autoritarismo é uma espécie de vencedor eterno, como uma personagem que regressa exatamente quando se supunha que estivesse morta.

É curioso que um livro recente, que vem sendo reescrito por seu autor e tem causado bastante barulho, tenha em *Raízes do Brasil* seu alvo preferencial. Quando Jessé Souza faz sua crítica da "elite do atraso", imagina-a, logo de início, como uma "resposta crítica ao clássico" de Sérgio Buarque de Holanda (Souza, 2019).[2] Em outro lugar e momento, procurarei responder à leitura amalucada de Jessé. Aqui, importa apenas notar que *Raízes do Brasil* segue provocando, fornecendo os parâmetros de uma discussão sobre o espaço público, a cidadania e a violência.

Originalmente apresentado como dissertação de mestrado junto ao Programa de Pós-graduação em Sociologia da Unicamp, em 1996, *A queda do aventureiro: aventura, cordialidade e os novos tempos em* Raízes do Brasil foi

....
2. As teses de *A elite do atraso* já haviam sido esgrimidas, com igual virulência, mas menos estridência, em *A tolice da inteligência: ou como o país se deixa manipular pela elite* (Souza, 2015).

revisto para publicação, em 1999, e se esgotou recentemente.³ Até onde sei, foi o primeiro livro inteiramente dedicado a *Raízes do Brasil*, e entrou em currículos de ciências sociais e história, ajudando a compor aquilo que, nas décadas seguintes, seria um panorama crítico da obra de Sérgio Buarque de Holanda.

No ano anterior, João Cezar de Castro Rocha publicara *Literatura e cordialidade: o público e o privado na cultura brasileira*, em que utilizou o "homem cordial" para esclarecer a lógica da contenda e do favor na consagração de escritores e intelectuais, desde o século XIX. Em 2000, logo após a publicação de *A queda do aventureiro*, apareceria o livro de Robert Wegner, *A conquista do oeste: a fronteira na obra de Sérgio Buarque de Holanda*, sobre os estudos de civilização material que se concentram em *Monções* e *Caminhos e fronteiras*, publicados por Sérgio Buarque entre as décadas de 1940 e 1950. Em 2004, João Cezar voltaria à questão da cordialidade e reuniria seus estudos em *O exílio do homem cordial: ensaios e revisões*. Em 2008, Thiago Lima Nicodemo publicaria *A urdidura do vivido: Visão do paraíso e a obra de Sérgio Buarque de Holanda dos anos 1950*, dando especial atenção aos debates teóricos que se afinam na obra-prima do historiador e os dilemas com que ele lidava na escrita da história.⁴

Desde a década de 1990, um conjunto de teses, dissertações e artigos de acesso mais restrito circulava nos meios acadêmicos – naqueles em que eu me inseria, ao menos. Em 2008, parte dessas reflexões apareceu no livro que organizei com João Kennedy Eugênio, intitulado *Sérgio Buarque de Holanda: perspectivas* (Meira Monteiro; Eugênio, 2008).⁵ Com a publicação da coletânea,

....
3. A dissertação foi defendida diante de uma banca composta por Elide Rugai Bastos (que me orientou e escreveria a orelha da primeira edição de *A queda do aventureiro*), Rubem Murilo Leão Rego e Laymert Garcia dos Santos. Um esboço do trabalho fora discutido anteriormente, no exame de qualificação, com Sérgio Silva e Octávio Ianni. Algumas das ideias que comporiam o projeto de pesquisa nasceram no diálogo, ainda na graduação, com Maria de Nazareth Baudel Wanderley e Fernando Antonio Lourenço.

4. Rocha (1998); Wegner (2000); Rocha (2004); Nicodemo (2008).

5. O livro reúne trabalhos de Alcir Pécora, Antonio Candido, Arno Wehling, Berenice Cavalcante, Brasil Pinheiro Machado, Conrado Pires de Castro, Edgar De Decca, Eduardo Henrique de Lima Guimarães, Ernani Chaves, Ettore Finazzi-Agrò, Elide Rugai Bastos, Gustavo Henrique Tuna, Henrique Estrada Rodrigues, Maria Odila Leite da Silva Dias, João Cezar de Castro Rocha, João Kennedy Eugênio, João Ricardo de Castro Caldeira, Jorge Forbes, José Ortiz Monasterio, Luiz Costa Lima, Marcus Vinicius Corrêa Carvalho, Maria Sylvia Carvalho Franco, Pedro Meira Monteiro, Richard Graham, Robert Wegner, Roberto Vecchi, Ronaldo Vainfas e Walnice Nogueira Galvão, contando ainda com um levantamento bibliográfico de Tereza Cristina O. N. de Carvalho e Vera Neumann-Wood, além de um conjunto de imagens apresentado por Neire do Rossio Martins e Márcia Aparecida Marques Silveira.

tornava-se possível, a um público mais amplo, realizar um balanço de estudos mais recentes e daquilo que se produzira sobre Sérgio Buarque anteriormente, em especial após sua morte, em 1982.

Notadamente a partir da década de 2010, *Raízes do Brasil* seria alvo de críticas mais sistemáticas. Resumindo, tais críticas põem em suspenso a interpretação democratizante de Antonio Candido, buscando, no livro de estreia de Sérgio Buarque, seu veio "conservador" ou "organicista". Trabalho paradigmático, nesse sentido, seria o do próprio João Kennedy Eugênio (2011), que em 2011 publica *Ritmo espontâneo: organicismo em Raízes do Brasil de Sérgio Buarque de Holanda*. Outros estudos, ainda, destacariam o "vitalismo" que o autor teria incorporado, como matriz de pensamento, em seu período como correspondente jornalístico na Alemanha, entre 1929 e 1930.[6] É o tempo também em que se publica, ainda em 2011, *Sérgio Buarque de Holanda e a dialética da cordialidade*, de Paulo Niccoli Ramirez. Em 2014, Thiago Nicodemo voltaria à baila com um estudo sobre a crítica e a história literárias em Sérgio Buarque, intitulado *Alegoria moderna: crítica literária e história da literatura na obra de Sérgio Buarque de Holanda*. Em 2016, seria a vez de Luiz Feldman lançar *Clássico por amadurecimento: estudos sobre Raízes do Brasil*, em que as alterações nas várias edições se tornam primordiais para compreender a evolução das ideias do historiador. Ainda em 2016, André Carlos Furtado lança *As edições do cânone: da fase buarqueana na coleção História da Civilização Brasileira (1960-1972)*, em que a canonização do historiador é vasculhada, da direção daquela coleção às leituras posteriores. Finalmente, puxando mais uma vez o fogo para as fontes alemãs e antiliberais de Sérgio Buarque, apareceria, em 2018, *As raízes antiliberais de Sérgio Buarque de Holanda: Carl Schmitt em Raízes do Brasil*, de Douglas Carvalho Ribeiro.[7]

Estava em disputa – e ainda está – uma leitura crítica da explicação da cultura em *Raízes do Brasil*. Nas interpretações do livro de Sérgio Buarque, puxa-se o ponteiro da análise ora para a direita, ora para a esquerda. De um lado, destaca-se o que nele seria um elogio do caráter coletivo do povo, com a defesa subliminar da conservação dessas características inatas. De outro lado, discute-se sua abertura para o novo, a partir dos dilemas

....
6. Ver Goldfeder (2009, p. 13-35). Ainda não publicada em sua totalidade, a dissertação de Marcus Vinicius Carvalho se detém sobre a matriz diltheyana de Sérgio Buarque (cf. Carvalho, 1997). Ver também Carvalho (2015, p. 31-52). Mais recentemente, trazendo o argumento para perto de ideias conservadoras que circularam durante a República de Weimar, cf. Mata (2016, p. 63-87).

7. Ramirez (2011); Nicodemo (2014); Feldman (2016); Furtado (2016); Ribeiro (2018).

colocados pela modernização das relações de trabalho, e o consequente fim do "homem cordial".

A matriz alemã do pensamento de Sérgio Buarque de Holanda não é segredo para ninguém. A questão é saber a que linhas de "pensamento alemão" devemos nos referir, quando se trata de compreender *Raízes do Brasil* e sua permanência na imaginação do país. *A queda do aventureiro*, no caso, acentua o que seria sua matriz weberiana, empenhada na construção de tipos que ajudam a compreender a ação social desde a colônia. Ao fazê-lo, meu livro termina por corroborar, em grande medida, a impressão de Antonio Candido, para quem *Raízes do Brasil* aponta para o futuro, como se o passado pudesse, ao fim, ser superado.

No entanto, no tempo que correu desde a publicação de *A queda do aventureiro*, eu mesmo entrei em crise com tal explicação. Não que ela tenha expirado. Sigo pensando que a construção de categorias como "trabalho" e "aventura", assim como a conceituação do "homem cordial", deve muito a Weber e também aos teóricos norte-americanos que aqui estudo. Mas a questão não é apenas metodológica. Penso que a interpretação de Antonio Candido é insuficiente, porque empurra demais o livro de Sérgio Buarque de Holanda para o lado da transformação, vendo-o, no limite, como uma defesa vigorosa da modernização do país.

Desde que escreveu *Raízes do Brasil*, Sérgio Buarque esteve interessado em compreender os impasses da modernização, mais que defendê-la ou criticá-la, simplesmente. As novas relações de trabalho, e a própria conformação do espaço público no pós-abolição, cediam sistematicamente ao peso do passado, e é por isso que o autor constrói a imagem fantasmagórica do "homem cordial". Incapaz de divisar a separação entre o público e o privado, presa da lógica familiar e escravista, o homem cordial é o espectro que regressa a cada momento em que se supõe avançar nas relações republicanas.

Nos vinte anos que nos separam da publicação de *A queda do aventureiro*, tornou-se claro estarmos diante de um autor e de um livro em transformação. A primeira edição de *Raízes do Brasil* (1936) está repleta de flertes com o organicismo, como se uma força puxasse o Brasil para um lugar essencial de onde ele dificilmente escaparia. Mas as edições seguintes, especialmente a segunda, de 1948, e a terceira, de 1956, são reescritas e lançadas sob novas constelações: o pós-guerra e o desenvolvimentismo, quando o apelo da transformação ganhava novos tons, e o desejo de se desvencilhar de vez do passado se ampliava.

Talvez a transformação de *Raízes do Brasil*, entre a primeira edição e as seguintes, não seja tão definitiva quanto às vezes se pensa. Mas o sentido agônico da mudança, e a impressão de que o homem cordial é um desajustado no concerto moderno, sem dúvida aumentam de volume. Essa sensação me levou a continuar estudando o tema. Em 2012, lancei mais um livro sobre o autor, reunindo e comentando sua correspondência com Mário de Andrade: *Mário de Andrade e Sérgio Buarque de Holanda: correspondência* (Meira Monteiro, 2012). Em 2015, eu lançaria um terceiro livro, intitulado *Signo e desterro: Sérgio Buarque de Holanda e a imaginação do Brasil*, em que reuni e reconsiderei textos escritos ao longo de mais de uma década.[8]

Em *Signo e desterro*, pude desenvolver tópicos que haviam sido deixados de lado ou tratados rapidamente no meu primeiro livro, como a relação entre a obra de Sérgio Buarque de Holanda e a de Gilberto Freyre, a relação do historiador com a linguagem, os ecos contemporâneos de *Raízes do Brasil* no cinema documental, as releituras da ambivalência do homem cordial, a trama latino-americana em que se pode compreender *Raízes do Brasil*, a incompletude como marca do ensaio, e a indefinição que existe e resiste, no interior da linguagem ensaística.

A partir de *Signo e desterro*, ficaria mais claro para mim que uma leitura essencialista do "caráter nacional" em *Raízes do Brasil* não dava conta daquilo que era, no livro de Sérgio Buarque, uma discussão cifrada da insuficiência do signo nacional. O Brasil não cabe na palavra "Brasil", e as leituras que identificam, na elaboração buarquiana, apenas uma visão ideológica e apaziguadora do conflito acabam perdendo o que ela tem de fundamental: o drama de uma transformação impossível, o impasse como limite histórico, e o paradoxo como forma de pensamento. Ou seja, o homem cordial é um morto que de fato pode regressar a qualquer instante, oferecendo um obstáculo vigoroso à "modernização" das relações sociais.

Sérgio Buarque jogou com a imagem do fantasma quando, respondendo às leituras enviesadas de Cassiano Ricardo sobre a cordialidade, disse-lhe, em tom de troça, que já se gastara muita cera com aquele "pobre defunto" – regressarei ao tema logo mais, no capítulo dedicado à elaboração do "homem cordial". O impasse se estampa no desejo de se ver livre do fantasma, fazendo-o sumir de vez. Mas ele seguiria regressando. Quando menos se espera,

....
8. Meira Monteiro, 2015. Ligeiramente modificado, o livro seria pouco depois publicado em inglês. Cf. Meira Monteiro, 2017.

lá está ele, pronto a emperrar a imaginação de um lugar que supõe poder deslanchar rumo ao futuro.

A importância das alterações no texto das primeiras edições de *Raízes do Brasil* me levou a organizar, com Lilia Moritz Schwarcz, a edição crítica do livro de Sérgio Buarque de Holanda (2016), em que constam as mudanças, adições e supressões no texto, além de um amplo aparato crítico e também uma amostra daquele campo de interpretações cindido, em que se lê *Raízes do Brasil* ora como um livro conservador, ora como transformador.[9]

Ainda em 2016, Ângela de Castro Gomes organizaria, na *Revista Brasileira de História*, um dossiê sobre os oitenta anos de *Raízes do Brasil*, em que já se pode sentir o desdobramento daquela cisão interpretativa, que vai ganhando nuances, perdendo talvez a secura de suas arestas.[10]

Em suma, o panorama da interpretação de *Raízes do Brasil* vai se tornando cada vez mais amplo e complexo. Foi o que me motivou a publicar esta segunda edição de *A queda do aventureiro*, agora que o livro se esgotou e se completaram vinte anos de sua primeira edição. Fiz diversas alterações no texto, mas procurei manter a natureza das hipóteses que então me guiavam. Salvo em alguns casos – quando me pareceu absolutamente necessário fazê-lo –, procurei evitar adicionar referências àquilo que se produziu depois de 1999.

Reler as hipóteses de meu livro e requalificá-las completamente seria escrever outro livro. Ao invés disso, preferi manter o essencial, alterando apenas o tom e precisando algumas passagens. Trouxe ainda, para o corpo do texto, sempre que possível, discussões importantes que tinham ficado "exiladas", por assim dizer, nas notas. Um exemplo significativo é a nota em que eu discorria sobre Carl Schmitt, e que agora se encontra no corpo do texto. Digo "significativo" porque, uma vez mais, é a matriz alemã que está em jogo, na tensão entre as forças que organizam *Raízes do Brasil*, ora apontando para Weber, ora apontando para aquilo que se convencionou associar ao "irracionalismo" que o precede (e que também o sucederia, é claro), e que ele procurou exorcizar com seu método racional.

....

9. Além de textos que constaram em edições anteriores de *Raízes do Brasil*, publicadas ao longo da vida de Sérgio Buarque de Holanda, reuniram-se nesta edição ensaios de Elide Rugai Bastos, André Botelho e Antonio Brasil Jr., Conrado Pires de Castro, João Kennedy Eugênio, Luiz Feldman, Alfredo Cesar Melo, João Cezar de Castro Rocha, Leopoldo Waizbort e Robert Wegner.

10. *Revista Brasileira de História*, vol. 36, n. 73, dez. 2016. Além da apresentação da organizadora, constam textos de Ronaldo Vainfas, Lilia Moritz Schwarcz e Pedro Meira Monteiro, Sérgio da Mata, Fernando Nicolazzi, Robert Wegner, Giselle Martins Venancio e André Furtado, e Thiago Lima Nicodemo.

Ressalto ainda que *A queda do aventureiro* é também um livro sobre o "modernismo" de Sérgio Buarque de Holanda, sem o qual a discussão metodológica se empobreceria. Afinal, *Raízes do Brasil* é também uma pergunta sobre o solo em que floresceriam – ou não – novas atitudes, e sobre as heranças malditas que cumpriria entender e ressignificar, na história brasileira.

A presente reedição contém ainda três ensaios produzidos mais recentemente. O primeiro, "Uma flor desajeitada no jardim modernista: Machado de Assis e o bovarismo a partir de *Raízes do Brasil*", tem como foco o bovarismo e uma passagem algo enigmática de *Raízes do Brasil*, em que Sérgio Buarque se refere ao autor das *Memórias póstumas de Brás Cubas*. O segundo, "Sérgio com Lima: um encontro inusitado em meio aos modernismos", é fruto de mais uma colaboração com Lilia Moritz Schwarcz, num ensaio a quatro mãos em que procuramos compreender os desencontros entre o jovem Sérgio Buarque de Holanda e Lima Barreto, no início da década de 1920, no Rio de Janeiro. O terceiro e último ensaio, "'*El hombre cordial*': um conceito latino-americano", é uma versão em português do estudo crítico que escrevi para a nova edição em espanhol de *Raízes do Brasil*, publicada na Argentina em 2016. Nele, detenho-me sobre as origens hispano-americanas da cordialidade, esclarecendo uma genealogia possível do homem cordial, e apontando para a questão do populismo, que está também cifrada em *Raízes do Brasil*.

Insisto na importância de se compreender os contextos de leitura, produção e circulação dos textos. No início desta nota, eu dizia que uma lógica fantasmal garante a sobrevida do homem cordial. Há vinte anos, talvez ele parecesse mesmo fadado ao desaparecimento. Mas hoje ele regressa, sobranceiro, como expressão patética de uma violência mal contida, que vem para assombrar novamente.

Talvez não deva surpreender que o homem cordial siga vivo, exatamente no momento em que o sentimento democrático ameaça falhar:

> Não existe, portanto, elogio possível à "cordialidade" em *Raízes do Brasil*, uma vez que ela evita as hierarquias para, no silêncio, reafirmá-las. A sociedade deste país de longa convivência com a escravidão e com grandes domínios rurais privados preservaria, mesmo na contemporaneidade, uma espécie de ritual nacional de oposição às distâncias sociais, de gênero, de religião, de raça, quando na prática e no cotidiano as reitera. (Schwarcz, 2019, p. 211)

Repetição com pouca diferença: eis a equação diabólica que explica a fórmula republicana no Brasil. A diminuição das "distâncias sociais", camufladas sob o manto da cordialidade, exigiria uma alteração profunda no pacto social, que parece muito remota, talvez mesmo inexequível hoje em dia.

Enquanto essa mudança não acontece, resta perguntar por quanto tempo ainda nos assombrará a cordialidade, como capa sedutora das relações sociais. O homem cordial ainda brinca e brilha no espelho a que somos confrontados. É uma imagem falsa, que deve ser apagada? Ou é a imagem que projetamos sem querer, coletivamente? Seremos para sempre presas do que a cordialidade silencia e revela?

Enquanto permanecer propondo questões difíceis de responder, *Raízes do Brasil* seguirá sendo um livro vivo, que incomoda e provoca.

Campinas, agosto de 2019.

O ensaio tem a ver, no entanto, com o que há de opaco em seus objetos. Ele quer abrir o que não cabe em conceitos com os próprios conceitos ou aquilo que, através das contradições em que se enredam, acaba revelando que a rede de sua objetividade seria mera disposição subjetiva. Ele quer polarizar o opaco, desabrochar as forças aí latentes. Esforça-se por chegar à concreção do conteúdo definido no espaço e no tempo; constrói a conjunção dos conceitos do modo como eles se apresentam conjugados no próprio objeto. Ele se subtrai à tirania dos atributos, que desde a definição do Simpósio, de Platão, são atribuídos às ideias, como "sendo eternas e não mudando e nem desaparecendo, não se alterando nem diminuindo"; "um ser por si mesmo, para si mesmo, eternamente uniforme"; apesar disso, o ensaio continua sendo "ideia", pois não capitula diante do peso do ente, nem se curva diante do que apenas é.

Theodor W. Adorno. O ensaio como forma. Trad. Flávio Kothe.

Contar seguido, alinhavado, só mesmo sendo as coisas de rasa importância.
João Guimarães Rosa. *Grande Sertão: veredas.*

PREFÁCIO
Um mapa, uma bússola e os dilemas do Brasil: *A queda do aventureiro*, vinte anos depois

Mariana Miggiolaro Chaguri[1]

Vinte anos após sua primeira edição, *A queda do aventureiro* de Pedro Meira Monteiro aparece reeditado com o acréscimo de três artigos produzidos neste intervalo, um deles em coautoria com Lilia K. M. Schwarcz, reunidos como "pós-escritos" ao texto original. Se toda reedição reabre a reflexão sobre a pertinência das ideias que inicialmente mobilizaram o autor e sua obra, no caso de *A queda do aventureiro* a inclusão dos "pós-escritos" é justamente o elemento a dirimir a dúvida, pois são indício da atualidade e da originalidade da análise crítica conduzida por Pedro, vinte anos atrás e agora.

Uma análise, diga-se, assentada na investigação das filiações teóricas de Sérgio Buarque de Holanda e especialmente de *Raízes do Brasil*, a partir de uma leitura atenta às recusas, às adesões e às inovações criativas de seu autor. Assim, *A queda do aventureiro* pode ser lido, sobretudo, como um mapa dos muitos lugares percorridos por Sérgio Buarque para a composição de sua obra e, por consequência, para a modulação de sua reflexão sobre a sociedade, a política, bem como sobre os caminhos da teoria social.

Evidentemente, ao longo dessas duas décadas, o panorama de interpretações sobre *Raízes do Brasil* e seu autor se ampliou, trazendo novas camadas de compreensão sobre ambos. Apenas para ficar nos exemplos daqueles escritos ou organizados pelo próprio Pedro Meira Monteiro, temos *Mário de Andrade e Sérgio Buarque de Holanda: correspondência*, de 2012, e *Signo e desterro: Sérgio Buarque de Holanda e a imaginação do Brasil,* publicado três anos depois, em 2015; além da organização conjunta com João Kennedy Eugênio do volume

....
1. Professora do Departamento de Sociologia e do Programa de Pós-Graduação em Sociologia da Unicamp.

Sérgio Buarque de Holanda: Perspectivas, de 2008, reunindo vinte e oito estudos e estudiosos dedicados a rever ou a descobrir novos horizontes interpretativos sobre o autor; e, finalmente, a edição crítica de *Raízes do Brasil*, organizada conjuntamente com Lilia K. M. Schwarcz e lançada em 2016, por ocasião dos oitenta anos de publicação da obra.

Longe de dirimir a polêmica sobre o que faz de uma obra, um autor ou um intérprete clássicos, aponto aqui que ao enfrentar temas como patrimonialismo, personalismo ou o conflito entre público e privado, *Raízes do Brasil* ajudou a conformar modos de ler o Brasil, bem como organizou aspectos importantes da imaginação sociológica, historiográfica e política sobre o país. Desse modo, uma análise crítica de *Raízes do Brasil* a partir de hoje não pode prescindir da interlocução com leituras que a antecederam e que, de modos variados, ajudaram a compor o imaginário do qual uma obra como ela também passa a ser feita contemporaneamente.

No caso de *A queda do aventureiro*, como destacado pelo próprio autor na apresentação que faz à nova edição, o primeiro desafio de sua crítica é lidar justamente com o imaginário que emerge conforme balanços sobre a democracia, o autoritarismo e o patrimonialismo foram sendo feitos, numa atualização de dilemas construídos por Sérgio Buarque de Holanda há oito décadas e que permanecem à espreita da sociedade brasileira.

Nesta nova edição de *A queda do aventureiro*, tal imaginário se desdobra no próprio olhar crítico de Pedro Meira Monteiro, passando, em grande medida, a constituí-lo. Se o texto original foi revisto, mas não foi modificado em seus argumentos centrais para a presente edição, tanto a "Nota à segunda edição: vinte anos depois", quanto os "Pós-escritos" demonstram que *Raízes do Brasil* permaneceu ocupando espaço importante no horizonte das elaborações teórico-metodológicas de Pedro, bem como no universo normativo de seu pensamento.

Vistos em conjunto, a nota e os pós-escritos oferecem uma nova camada teórico-metodológica ao texto original: o mapa das filiações teóricas de *Raízes do Brasil* minuciosa e rigorosamente perseguido em *A queda do aventureiro* toma o caráter reflexivo das obras do pensamento como sua bússola. Ou seja, o mapa construído duas décadas atrás permanece oferecendo caminhos preciosos — e atuais — para a leitura da obra de Sérgio Buarque; sua atualização, no entanto, também oferece um guia para explorar as interações reflexivas entre produção das ideias e dinâmica da sociedade.

Assim, esta nova edição oferece ao leitor tanto um mapa das filiações teóricas de *Raízes do Brasil*, quanto uma bússola para percorrer o extenso corpo de problemas e de soluções intelectuais que, acionadas por Sérgio Buarque, ajudaram a dar densidade ao processo de sistematização de categorias e conceitos para análise da dinâmica da sociedade brasileira, de seu passado colonial até meados da década de 1930.

De volta ao tema das filiações teóricas. Em um ensaio de poucas citações, mas de profunda invenção teórica, mapear as heranças teóricas pode se tornar um jogo de luz e sombra. Como desvendar, então, a complexidade dessa malha? Se a matriz alemã presente em *Raízes do Brasil* não é um segredo, Pedro Meira Monteiro busca, sobretudo, na obra de Max Weber o primeiro ponto cardeal de seu mapa. Não se trata, contudo, do único. Juntamente com o sociólogo alemão, emergem também Vilfredo Pareto, William Isaac Thomas e, com maior peso para o argumento, William Isaac Thomas e Florian Znaniecki, cujo *The Polish Peasant in Europe and America* "apontou alguns dos rumos principais que seguiria a reflexão sociológica norte-americana, especialmente aquela ligada à Universidade de Chicago", como se lerá aqui.

As escassas referências e as citações presentes em *Raízes do Brasil* são perseguidas empírica e teoricamente por Pedro Meira Monteiro. No primeiro caso, trata-se da consulta às notas de leitura e marginálias que Sérgio Buarque de Holanda deixou acerca de tais obras, bem como a busca por traços de tais diálogos em outros escritos do autor, para além de *Raízes do Brasil*. Desse modo, a malha das filiações teóricas da obra emerge conforme os fios deixados por Sérgio Buarque vão sendo alinhavados ao longo dos capítulos de *A queda do aventureiro*.

Menos que um registro do contato que o escritor estabeleceu com diferentes textos e autores, o movimento analítico do livro está em ler tais autores e Sérgio Buarque uns contra os outros, procurando afinar, por exemplo, o peso da construção teórico-metodológica sobre os tipos ideais, os sentidos e o alcance dos debates sobre a racionalização da vida e as transformações do capitalismo na virada do século XIX para o XX, por exemplo.

Como é possível notar, portanto, o esforço crítico de Pedro Meira Monteiro está em perguntar sobre o modo como Sérgio Buarque aderiu, recusou ou dialogou com diferentes autores e problemas para assentar o horizonte interpretativo expresso em *Raízes do Brasil*. Como dito anteriormente, afinal, um mapa é composto por muitos lugares.

Apontei até aqui dois pontos cardeais do mapa de *A queda do aventureiro*. Em minha leitura, os outros dois são o Modernismo da Semana de Arte Moderna e o contexto próprio de sistematização das ideias sobre a história e a sociedade brasileiras a partir de um ponto de vista sociológico e historiográfico. Vistos em conjunto, então, todos esses pontos compõem — de modo integrado — o "ponto de fuga de toda a composição de *Raízes do Brasil*, que é a urbanização e a problemática perda das 'raízes rurais'".

Se já conhecemos a cartografia de *A queda do aventureiro* e nos guiamos por ela a partir do caráter reflexivo das obras do pensamento, importa notar que o problema teórico perseguido ao longo do livro, em minha leitura, é o da mudança social. Elegendo como ponto de fuga de *Raízes do Brasil* a urbanização e a perda das "raízes rurais", Pedro Meira Monteiro sugere que Sérgio Buarque procura reter e analisar situações históricas ou fenômenos sociais que permitem avaliar como, afinal, a sociedade brasileira muda. Afirmação que parece contraintuitiva na medida em que a obra destaca em seu título justamente as "raízes" do país.

Os muitos lugares do mapa das filiações teóricas construído em *A queda do aventureiro* apontam como tais matrizes de pensamento interagem de uma forma recíproca, um aumentando a densidade do outro e fazendo com que o *Raízes do Brasil* seja uma obra marcada pela articulação analítica entre a dinâmica da história e as forças políticas de seu tempo. Assim, o fio original a conduzir o exercício crítico de Pedro está na elucidação do jogo de contrários, das dificuldades da síntese e, sobretudo, das linhas de força que, ao fim e ao cabo, compõem a mudança social.

Para analisar tais linhas de força, *A queda do aventureiro* circunscreve prioritariamente as categorias aventura e cordialidade que, presentes no subtítulo do livro, são também aquelas que ajudam a alinhavar os capítulos do texto original, os artigos reunidos como pós-escritos e, arrisco dizer, parte substantiva da leitura de Pedro Meira Monteiro sobre o Brasil. Ler a mudança social a partir dessas categorias implica numa análise que articule cultura e política, imbricação privilegiada por meio da qual questões como a relação entre indivíduo e sociedade, ou do conflito entre ação e estrutura são percebidas e analisadas pelo autor.

Assim, por exemplo, a reflexão de Weber sobre a conduta dos atores no interior do processo de racionalização da vida demandado pela configuração do capitalismo é o debate que ajuda a iluminar os conteúdos próprios do debate de Sérgio Buarque sobre a aventura; e a construção teórico-metodológica de Thomas e Znaniecki acerca da "influência dos indivíduos na organização social e cultural e, ao mesmo tempo, [...] a influência desta sobre os próprios indivíduos" evidencia a ampla invenção teórica na base da ideia de cordialidade. Tomadas em conjunto, tais categorias se tornam substantivas para a análise que Meira Monteiro faz da composição de *Raízes do Brasil*, bem como ajudam a modular sua leitura sobre os dilemas do país.

O fundamental, portanto, é estabelecer que a mudança social é atravessada por fenômenos tipicamente modernos como a urbanização e a industrialização, mas não pode ser lida — analítica e politicamente — como uma simples transição do tradicional ao moderno. Antes, está em questão observar as possibilidades e os caminhos pelos quais ocorre — em ritmo lento — a desintegração de um sistema de valores tradicionais a orientar a conduta dos indivíduos, bem como a oferecer a base social mais ampla no interior da qual a relação entre Estado, família e sociedade se estabelece.

O voluntarismo da ação social, o problemático ajustamento dos preceitos gerais das instituições democráticas liberais a padrões patriarcais e coloniais, o personalismo a marcar a vida coletiva, bem como a conduta social orientada por valores, emergem como exemplos de questões teóricas que dizem respeito aos fenômenos e processos de mudanças sociais de uma sociedade moderna.

A inscrição de tais questões no horizonte próprio de dilemas da modernidade aponta, na análise de Pedro Meira Monteiro, para a força do Modernismo no argumento de Sérgio Buarque. Ou seja, seguindo o argumento de *A queda do aventureiro*, torna-se possível compreender como o universo de referências estéticas e éticas do Modernismo de 1922 ajudou Sérgio Buarque a modular um ponto de vista sobre a nação e suas raízes, que está também em diálogo com o jogo das alteridades constitutivo de noções como a de antropofagia, bem como das tentativas de estabilização de um caráter nacional a partir do jogo de espelhos entre nacionalismo e cosmopolitismo.

No mapa das filiações teóricas de *A queda do aventureiro*, aventura e cordialidade são, portanto, as categorias que ofereceriam densidade teórica e conteúdo político-normativo à reflexão de Sérgio Buarque sobre a ordem nacional, num movimento que implica, a um só tempo, o esforço de reinventar o passado e imaginar o futuro. Nos dois casos, o argumento de Pedro Meira Monteiro destaca o afastamento de Sérgio Buarque de análises centradas em certo essencialismo culturalista que faria com que o brasileiro, como tipo nacional, fosse marcado pela ética da aventura ou pelo fundo emotivo da cordialidade.

Lendo de modo integrado o mapa das filiações teóricas desenhado em *A queda do aventureiro*, sugiro que a originalidade crítica do livro está em apontar que a mudança social opera analiticamente, na obra de Sérgio Buarque, no pêndulo entre a liberdade da ação e as constrições da vida coletiva, razão pela qual ela percorre, vez por outra, caminhos improváveis. Os enigmas abertos — teórica, cultural e politicamente — pela improbabilidade são apontados por Sérgio Buarque ao longo de *Raízes do Brasil* e expressos em sínteses como o lamentável mal-entendido da democracia no país; ou, ainda, a afirmação de que a vida intelectual brasileira seria, ao fim e ao cabo, uma flor de estufa. Temas amplamente explorados em *A queda do aventureiro* e que, nesta edição, ganham o complemento dos debates reunidos nos "Pós-escritos".

Tendo abusado até aqui das metáforas geográficas para assentar uma leitura sobre *A queda do aventureiro*, recorro novamente a elas para encerrar este prefácio com o mapa de meu encontro com a primeira edição do livro, há dezesseis anos. Para uma aluna de graduação em Ciências Sociais que cursava simultaneamente "Sociologia de Weber" e "Pensamento Social no Brasil", o esforço de reconstruir a presença teórico-metodológica do alemão no ensaio do brasileiro ajudou a abrir um universo temático que, alguns anos depois, conformaria minhas próprias pesquisas.

Evidentemente, naquele momento, a influência de Pareto ou dos teóricos norte-americanos era pouco distinguível para mim. Ainda assim, a imaginação sociológica e a pesquisa em arquivos, necessárias para o estabelecimento dos diálogos cruzados entre autores que nunca se conheceram — ou mesmo se ignoravam —, me apontaram uma dimensão fascinante da composição de *A queda do aventureiro*: para além das pessoas, os livros e as ideias também circulam. Por muitos anos, então, a viagem das ideias mobilizou meu modo de ler o livro, fazendo com que minha atenção se concentrasse, sobretudo, na dimensão propriamente teórico-metodológica dos debates sobre a aventura e a cordialidade.

Se estão dispostas aqui as marcas dos gostos pessoais, uma socióloga não pode se furtar de posicioná-los em seu contexto. Minhas primeiras leituras de *A queda do aventureiro*, que acompanharam também as primeiras leituras de *Raízes do Brasil*, ocorreram em meados dos anos 2000, período no qual o alargamento das bases sociais da democracia brasileira expresso, por exemplo, na ampliação ou consolidação de direitos sociais, parecia caminho sem volta.

No entanto, a mudança social percorre caminhos improváveis, como já vimos. Em 2020, quando o lamentável mal-entendido da democracia parece corresponder a um diagnóstico preciso da convulsão político-social do país, o reencontro com a leitura de Pedro sobre *Raízes do Brasil* se dá num contexto novo — para o país e para mim, que me tornei professora de Sociologia. Para além da viagem das ideias, esta nova edição de *A queda do aventureiro* me apontou que o estudo das filiações teóricas de uma obra deve levar em conta o caráter reflexivo do pensamento, assim como os enigmas do Brasil podem ser melhor compreendidos a partir da imbricação entre cultura e política.

Um novo contexto, uma nova leitura e, evidentemente, uma nova leitora que sugere, desta vez, que a inquietação intelectual a mover o livro está, também, em colocar em perspectiva o processo de aprendizado democrático da sociedade brasileira.

Providence, RI, fevereiro de 2020.

INTRODUÇÃO

Já ao fim da vida, convidado a avaliar a influência que a historiografia alemã exercera sobre sua obra, Sérgio Buarque de Holanda sugeria o quanto os "*Wanderjahre* alemães", segundo expressão sua, haviam sido importantes para sua formação. Nos anos passados na Alemanha é que conhecera, ainda durante a República de Weimar, nomes como os de Meinecke, Sombart ou Weber (cf. Graham, 1982, p. 5; Holanda, 1979, p. 29).

A despeito da recusa do historiador em se declarar filiado, irrestritamente, a uma ou outra corrente teórica, é possível detectar, em *Raízes do Brasil*, uma forte marca do pensamento alemão, em especial um traço weberiano. Embora citado com parcimônia, Weber é fundamental para a compreensão do livro. Se não foi uma receita metodológica conclusiva, tampouco se trata de um longínquo referencial teórico. Na verdade, Weber funciona como um contraponto, numa composição complexa e cheia de detalhes, que reclama do leitor atenção e sucessivas releituras.

Em *Raízes do Brasil*, uma trama de significados aponta para o sentido da colonização portuguesa e entremostra caminhos muito diversos de pesquisa, que o leitor pode percorrer e apreciar. Um tom algo errático pode perturbar em alguns momentos, como se nos perdêssemos no emaranhado de fios que a explicação lança sobre as fontes históricas, ordenando-as num trabalho que, tão logo desnudado, pode reconfortar o leitor.

Weber fornece um contraponto porque sua presença não se limita a sugestões temáticas ou a argumentos metodológicos, embora umas e outros sejam fundamentais. *Raízes do Brasil*, não apenas no plano do método, tem Weber como uma voz sobre a qual se estabelece uma rica polifonia. Valho-me, para o desenvolvimento dessa ideia, de sugestões como a de Antonio Candido, que nota a presença do autor alemão no livro de Sérgio Buarque e salienta a originalidade de sua utilização (Souza, 1992, p. 123-138).[1]

....
1. Trata-se do prefácio a *Raízes do Brasil*, que foi escrito em 1967, para ser publicado na quinta edição do livro, de 1969, e que constaria de todas as edições subsequentes.

Dentre as muitas interpretações de *Raízes do Brasil*, várias ressaltam o caráter plenamente datado da obra, escrita num momento em que medravam grandes sínteses históricas, notabilizando-se, dentre elas, *Casa-grande & senzala*, de Gilberto Freyre, e *Evolução Política do Brasil*, de Caio Prado Júnior. Cada qual a seu modo, tais sínteses buscavam alimentar a "ânsia de introspecção social" a que se referiria o próprio Freyre, apresentando uma nova e importante coleção de livros lançada por José Olympio (Freyre *in* Holanda, 1936).[2]

Raízes do Brasil tem limites e alcance pautados por seu tempo. É um livro em que os anseios renovadores do modernismo estão presentes, embora nele a experimentação estética ceda espaço a um sóbrio inquérito da formação social brasileira, incidindo sobre a história colonial e imperial do país. Mas há, na obra de estreia de Sérgio Buarque, uma maneira muito peculiar de se refletir sobre a cultura. Se a interpretação histórica é responsável por redesenhar o passado, ela não revela apenas um "caráter nacional brasileiro". Diferentemente, busca os traços explicativos de atitudes presentes em 1936, quando foi editado, e que permanecem ou se alteram nas décadas seguintes.

Voltando-se para o passado colonial, Sérgio Buarque pretendia encontrar as raízes de uma postura prevalecente na realidade política do Brasil, onde dificilmente se estabelecem, com satisfatória clareza, os limites entre o domínio privado e o espaço público. Era o olhar contemporâneo, interessado e insubstituível, que desvelava o passado, para nele buscar uma conduta típica de homens e mulheres vindos da Península Ibérica, em especial de Portugal, e também da África, misturando-se à gente que habitava o território que se chamaria Brasil.

Ainda que a "objetividade" fosse o atributo declarado de vários estudos históricos à época, informando também a feitura de *Raízes do Brasil*, não há, da parte do historiador, a pretensão de se apagar diante da análise da história. A marca weberiana pode surgir aí: o estudo do passado não nos isenta de pressupostos valorativos, embora uma intrincada relação com as fontes e a escrita obrigue o cientista, ou o historiador, a resguardar seus mais caros valores no momento em que realiza sua investigação. Ainda assim, o conhecimento segue sendo a construção de um sujeito cognoscente e, por trás de toda construção há, necessariamente, um indivíduo com sensibilidade e argúcia peculiares.

....
2. As notações em rodapé, no presente livro, datam, é claro, de antes que a edição crítica de *Raízes do Brasil* estivesse disponível. Hoje o leitor pode se valer dela em Holanda (2016). A trinca Freyre-Buarque-Caio Prado seria celebrizada também no já referido prefácio a *Raízes do Brasil*, ao qual regressarei diversas vezes.

Recusando os cânones de uma historiografia positivista, que toma a realidade como algo em si mesmo significativo, Sérgio Buarque se abria ao horizonte da interpretação, em que o olhar não pretende esgotar o real, almejando apenas o ingresso no terreno da *compreensão*. O entendimento de *Raízes do Brasil* pode se aprofundar se o ensaio for referido àquela tradição de estudos compreensivos tão viva na Alemanha do período entreguerras, em meio aos ecos da "querela dos métodos", que envolvera, no final do século XIX, neokantianos e positivistas em torno do conhecimento da história.

Tal foi o ambiente em que viveu o historiador nos seus anos alemães, já às voltas com o ambicioso projeto de escrever uma "Teoria da América", que de fato nunca viria a lume, embora fosse fornecer material para a composição de alguns dos capítulos de *Raízes do Brasil*, anos depois (Holanda, 1979, p. 29-30).

Entre a estada na Alemanha, nos anos de 1929 e 1930, e a edição de *Raízes do Brasil*, em 1936, resta um ensaio de psicologia social, publicado em 1935 e intitulado "Corpo e Alma do Brasil". Nele, é discutida a "psicologia" do "homem cordial", numa reflexão sobre os sentimentos mais profundos da gente brasileira. O caráter psicologizante da discussão pode dar a impressão de que o historiador se entretinha tão somente em fixar uma psicologia social, expressando um espírito coletivo para apontar, a partir dele, soluções para a assimilação das novas ideias e dos novos hábitos que os "novos tempos" traziam consigo, à medida em que despontavam, no horizonte do país, a urbanização e a industrialização.

Aceitando a prevalência do conteúdo psicológico na análise do "homem cordial", terminaríamos por concluir que a empresa de Sérgio Buarque, em *Raízes do Brasil*, teria se resumido à caracterização da personalidade típica do brasileiro, mediante a análise de sua psicologia, para então estabelecer as linhas gerais de uma cultura brasileira. Tomando tais premissas como suficientes para a compreensão do livro de estreia de Sérgio Buarque, veríamos um *continuum* entre a personalidade forjada ao longo da história e a própria cultura. No entanto, não parece ter sido esse, exatamente, o objetivo do autor de *Raízes do Brasil*.

Observando atentamente a malha teórica sobre a qual se sustenta sua argumentação, pode-se perceber a importância que nela desempenha a tradição de estudos *compreensivos* de que Weber é representante singular. O autor de *A ética protestante e o espírito do capitalismo* traz, para Sérgio Buarque de Holanda, uma contribuição que vai além da sugestão de uma arquitetura tipológica, permitindo-lhe, de fato, quebrar a continuidade entre personalidade e cultura.

O "individualismo metodológico" de Weber o afastava, programaticamente, da avaliação da personalidade dos sujeitos, deslocando a atenção do cientista para a *conduta* dos agentes sociais. Esta era a forma de encontrar as regularidades básicas que garantiriam, ao estudioso da cultura, fixar o típico, anulando ou desconsiderando as irregularidades de uma ação não regrada. Por isso a ideia da vivência (*Erlebnis*) será substituída pela noção de *conduta*.

Parece-me ser este o caminho seguido por Sérgio Buarque, em *Raízes do Brasil*. A averiguação de uma *ética* peculiar é possível exatamente quando se forjam "individualidades históricas" como "aventura" ou "cordialidade", isto é, tipos ideais, que nada mais são que ficções científicas, instrumentos cognitivos que auxiliam no deslindamento da história, permitindo atribuir-lhe um *sentido* específico, tecendo uma rede de problemas e temas mediante os quais se possa compreendê-la.

Portanto, "aventura" e "cordialidade" não são configurações reais da cultura brasileira, nem tampouco o resultado imaterial de uma personalidade "aventureira" ou "cordial". São antes instrumentos que polarizam o real, marcando traços significativos das condutas da gente do passado, segundo o ponto de vista irredutível do historiador. Seguindo tais ideias, a "cultura" não se consubstancia em atitudes pessoais determinadas, mas são as condutas prevalecentes na sociedade, ao longo da história, que conformam, no plano da imaginação do cientista, uma explicação sobre a própria cultura. Portanto, o que era um *continuum* entre personalidade e cultura se transforma numa tensão entre o quadro típico-ideal e o desenrolar dos fenômenos.

O olhar do historiador é fundamental para a construção de uma explicação de cunho compreensivo. Tal olhar recai sobre as fontes históricas e os testemunhos passados, ou seja, sobre outros olhares e impressões perdidos no tempo, a serem resgatados e ordenados pela mente laboriosa do estudioso. A ordenação resulta, precisamente, no tipo ideal.

Se Weber foi importante para a composição de *Raízes do Brasil*, foi também porque suas ideias a respeito do "espírito do capitalismo", ou mesmo do "mercado", ou de uma dominação de tipo "patrimonial", serviram de contraponto ao historiador. A "aventura", em particular, pretende esclarecer e explicar uma conduta bastante diversa daquela desenhada pelo pensador alemão, quando se referia ao agente capitalista. Mas, ao fim e ao cabo, o "espírito do capitalismo" fornece a Sérgio Buarque de Holanda os elementos para a conceituação de uma ética aventureira, em grande medida oposta à ética dos "novos tempos".

A "cordialidade", por seu turno, sugere uma atitude desenvolvida ao longo de um passado colonial em que a *família*, como núcleo autárquico, reinava soberana, estendendo seu domínio por todos os cantos e sobre todas as pessoas, livres ou escravizadas. Conforme procurarei esclarecer, o homem cordial tem, na família de tipo patriarcal, seu espaço privilegiado. Também aí Weber terá sido importante, porque é em relação ao mercado capitalista e à gestão burocrática que Sérgio Buarque constrói a noção de cordialidade, expressando, através dela, a incapacidade de separar o espaço público do privado, já que, para o homem cordial, os vínculos primários são os únicos aceitáveis, o que inviabilizaria a manutenção adequada do espaço público no Brasil, desde sempre pautado pelas relações de cunho pessoal e familiar.

***

O primeiro capítulo, intitulado "Uma síntese modernista", pretende apontar os influxos do pensamento modernista a partir das primeiras décadas do século XX, fornecendo um quadro rápido da ânsia de redescoberta do Brasil, que parece ter tomado as mentes dos intelectuais, dando forma a uma antiga tradição ensaística de que *Raízes do Brasil* é produto especialmente interessante.

No segundo capítulo, intitulado "Um prelúdio weberiano: as categorias se anunciam", discuto questões relativas ao método em Weber, procurando ressaltar o que parece relevante para a compreensão da fixação de tipos como "aventura" e "trabalho", anunciados logo no início do segundo capítulo de *Raízes do Brasil* e fundamentais para a compreensão da colonização, se a quisermos ver através das lentes que o historiador oferece. A intenção não foi investigar o próprio método weberiano, mas sim averiguar o modo como ele terá servido de inspiração a Sérgio Buarque.

No terceiro capítulo, "Uma suíte sociológica: as categorias se desenvolvem", esclareço como "trabalho" e "aventura" ganham movimento e se particularizam, permitindo compreender uma conduta típica na colonização portuguesa da América. O aventureiro somente se deixa compreender em oposição ao trabalhador. Na antítese que permite demarcar as atitudes de cada um, e nas mediações que os tornam indissoluvelmente ligados, pode-se ver aquilo que Antonio Candido, fundando uma chave interpretativa de *Raízes do Brasil*, chamou de "admirável metodologia dos contrários".

Ainda no terceiro capítulo, procuro averiguar outras fontes em que Sérgio Buarque foi beber, em sua conceituação de trabalho e aventura. Detenho-me brevemente sobre Pareto, com seus *speculatori* e *rentieri*, e também sobre

William Isaac Thomas e Florian Znaniecki, com sua análise dos ex-camponeses poloneses na Chicago das primeiras décadas do século XX, que culmina com a "teoria dos quatro desejos fundamentais" de Thomas.

No quarto capítulo, "Uma invenção a duas vozes: aventura e cordialidade", discuto, a partir das considerações de Weber sobre o mercado e a impessoalidade que envolve o universo do capitalismo, os aspectos convergentes daqueles dois tipos ideais: aventura e cordialidade. Detenho-me então sobre o sentido da ausência de uma "civilização agrícola" na colonização portuguesa na América, e a plasticidade com que os colonizadores teriam se amoldado ao meio e à cultura locais, saindo-se vitoriosos numa empresa que, segundo a visão de Sérgio Buarque em *Raízes do Brasil*, jamais teria se deixado ordenar por um impulso civilizador rígido.

Retomando a ideia das "raízes rurais" da sociedade brasileira, discuto ainda a incapacidade que tiveram os colonos, aferrados a uma sociabilidade de matriz familiar, para fundar uma cultura política sobre a base impessoal e abstrata das relações que, tipicamente, se estabeleceriam na cidade, no mercado, ou, já no plano do Estado, na própria burocracia.

No quinto e último capítulo, intitulado "Um réquiem para um 'pobre defunto' na cidade", rediscuto cordialidade e aventura, agora a partir do balanço entre "ordem" e "desordem", nos planos da economia e da sociedade. Será possível então compreender a incompatibilidade lógica entre o homem cordial e o indivíduo abstrato do liberalismo. No entanto, procuro acentuar o caráter dialético que preside *Raízes do Brasil*, sugerindo que uma visão dualista não constitui chave adequada para interpretá-lo. Assim, a leitura ganha em profundidade e complexidade, permitindo evitar o caminho fácil dos que procuram classificar tudo que analisam em torno das categorias estanques do "arcaico" e do "moderno".

Retomo ainda algumas discussões do modernismo literário para compreender a origem das preocupações de Sérgio Buarque com o "desordenado" da sociedade brasileira. Discuto então a fecunda interpretação que Oswald de Andrade fez do homem cordial, invertendo os termos com que se costuma enquadrá-lo. Ao fim, retomo a questão da desordem da sociedade brasileira, supostamente menos rígida que outras, apontando para as perguntas latentes em *Raízes do Brasil* sobre a ordem e a política. Para tanto, acompanho mais uma sugestão de Antonio Candido, que vê, no "radicalismo" de Sérgio Buarque, uma chave produtiva para a análise de seu livro de estreia (Souza, 1990, p. 4-18).

Finalmente, à guisa de conclusão, arrisco algumas rapidíssimas pinceladas sobre a atualidade e a inatualidade de *Raízes do Brasil*, seus temas e seu desenvolvimento.

* * *

Há de se perceber uma importante ausência neste livro. Recorro à crítica literária de Sérgio Buarque de Holanda apenas esporadicamente, quando ela esclarece algumas passagens e dialoga, indiretamente, com o texto propriamente "sociológico", ou "historiográfico", do autor. Seus estudos de crítica literária ensejam uma investigação mais aprofundada sobre os caminhos que ligam o modernista ao historiador, conectando ainda as preocupações com a forma à sensibilidade no trato da história. Fica aqui indicado um caminho de pesquisa, que, a meu ver, deve ocupar os estudiosos da obra de Sérgio Buarque no futuro.[3]

* * *

No trabalho de pesquisa junto à Coleção Sérgio Buarque de Holanda, abrigada na Biblioteca Central da Unicamp, utilizei vários livros do historiador, valendo-me de seus grifos e anotações marginais, em alguns casos atribuindo-lhes especial atenção. Ainda que a marginália não dê acesso imediato à leitura feita pelo escritor, achei importante salientar os grifos e as notas rabiscadas pela mão pressurosa de Sérgio Buarque. Mesmo quando não se pode precisar a data exata das anotações, restará ao leitor, sempre que possível, a notícia de uma leitura atenta e de um olhar altamente seletivo, características próprias do historiador.

Foi tarefa das mais agradáveis conviver com sua biblioteca, encontrando nela raras peças, bem como livros menos importantes. Não tenho a pretensão de haver desvendado os "mistérios da biblioteca", como os chamou Otto Maria Carpeaux, referindo-se ao trabalho de revirar os livros de uma pessoa que já morreu.[4] Mas, certamente, pude sentir um pouco o ambiente em que

....
3. À altura da publicação da primeira edição deste livro (1999), os artigos de crítica literária de Sérgio Buarque haviam sido publicados recentemente, sob a organização de Antonio Arnoni Prado, cf. Holanda (1996). Posteriormente, a ligação entre o modernista e o historiador em Sérgio Buarque de Holanda me ocuparia, em Meira Monteiro (2012).

4. Numa digressão sobre "os mistérios da biblioteca", Carpeaux (1968, p. 263-267) se dirige aos que acreditam na secura dos catálogos de bibliotecas: "Um catálogo de biblioteca pode

respirava o autor de *Raízes do Brasil*, o que, se não foi condição *sine qua non* para que este livro surgisse, tampouco foi desimportante.

....
ser a fascinante imagem da alma do defunto que antigamente o manuseava". No entanto, ele mesmo lembra que, no caso dos portadores de uma erudição enciclopédica, o conteúdo da biblioteca pode revelar pouca coisa.

CAPÍTULO 1
Uma síntese modernista

Na década de 1930

Em *Raízes do Brasil* há uma singular tipologia, onde o que há de generalizante vai ganhando matizes, transformando-se aos poucos numa poderosa ferramenta de compreensão. Num primeiro lançar de olhos, não é incomum notar, no livro, uma tentativa de generalização e de compreensão totalizante da sociedade brasileira, como se o autor buscasse a essência da formação nacional.

É inegável que o ensaio de Sérgio Buarque participa de um momento especial da história intelectual brasileira, quando se mergulhava, tão fundo quanto possível, na diversidade cultural do país, buscando sínteses esclarecedoras. O papel seminal que *Raízes do Brasil* desempenhou na inteligência da história brasileira, juntamente com *Casa-grande & senzala*, de Gilberto Freyre, e *Evolução política do Brasil*, de Caio Prado Júnior, só se deixam compreender quando se toma em conta aquele momento.

A década de 1930 foi um período de efervescência intelectual. É claro que tempos anteriores também testemunharam profundas inquirições sobre o Brasil. Seria empobrecedor supor que a revolução de 1930, por si só, ensejou o questionamento da formação política e social do país. Aliás, o golpe de 1937, que estenderia o governo Vargas até 1945, abafou violentamente qualquer movimento de mais radical contestação, refreando ou anulando os espíritos democráticos. O que a revolução de 1930 parece ter possibilitado, mais que o livre desenvolvimento dos espíritos, foi a "normalização" ou "rotinização" de aspirações e inovações de décadas anteriores, permitindo a um público relativamente amplo tomar ciência das experimentações estéticas e teóricas até então havidas, abrindo as portas para o processo de institucionalização e sistematização da reflexão social, em torno, sobretudo, das universidades (Souza, 1984, p. 27-29).

A agenda modernista se tornava cada vez mais acessível graças aos esforços da geração que participara, direta ou indiretamente, da Semana de Arte Moderna de 1922 em São Paulo – grito a um só tempo antiacademizante e nacionalista, que buscava a adequação de princípios estéticos e filosóficos, em voga na Europa, à realidade brasileira. Dessa peculiar síntese entre nacionalismo e cosmopolitismo nasceriam algumas das mais importantes obras da literatura e das artes brasileiras.

Em seu célebre e algo melancólico retrato do movimento modernista em sua "fase heroica", Mário de Andrade recorda o trabalho levado a cabo e a viva incompreensão por que passaram os modernistas, até que suas inquietações e pesquisas fossem aceitas e continuadas por novas gerações. Sérgio Buarque de Holanda, modernista de primeira hora, diria a Homero Senna, em entrevista de meados da década de 1940, que

> o movimento modernista facilitou o aparecimento de novas formas de expressão e criou um ambiente propício a toda experiência, no terreno artístico. Reagiu, sobretudo, contra certos estorvos que limitavam o horizonte literário e também contra os preconceitos que baniam da literatura determinados temas, considerados não literários, indignos de interessar a um artista. Numa palavra, bateu-se por uma nova visão da vida e, por conseguinte, da arte. Os moços que surgem hoje e encontram o caminho aberto, não avaliam o esforço que foi preciso despender para aplainar o chão, removendo o entulho. (Senna, 1968, p. 105)

A experimentação estética e a abertura a novas tendências artísticas resultavam num ambiente literário renovado, em que floresceriam as mais diversas explicações do país. Tais esforços se materializariam num amplo trabalho de interpretação do passado, tendo como resultado ensaios abrangentes e percucientes, verdadeiros "retratos do Brasil".

O passado se tornava uma chave de compreensão dos dilemas presentes, e voltar-se a ele, com os instrumentos teóricos que iam se tornando acessíveis, era tarefa das mais urgentes.[1]

....
1. Referindo-se retrospectivamente ao legado modernista da década de 1920, Sérgio Buarque, em discurso proferido quando empossado na Cadeira da Academia Paulista de Letras patroneada por Euclides da Cunha, lembrava, àqueles que o recebiam, a importância dos primeiros tempos do movimento que pretendeu redescobrir o país. Dizia então que, vencida "a fase guerreira, o modernismo quis equiparar-se, de fato, a um novo descobrimento do Brasil. [...] O resultado é que muitos dos que antes declamaram contra o passado, põem-se agora a interrogar o passado, condição necessária daquele descobrimento" (Holanda, 1962, p. 78).

O modernismo "rotinizado"

O anseio libertário dos anos 1920 logo daria seus frutos. Passada a "fase heroica", acostumamo-nos a pensar na "rotinização" a que se refere Antonio Candido. A normalização do legado modernista dos primeiros tempos trazia fôlego novo para as aventuras literárias e logo mais científicas das novas gerações. A crescente urbanização e a industrialização formavam o cenário em que um novo equilíbrio se estabelecia, em que novas personagens surgiam e em que se percebia, com progressiva clareza, que mesmo as velhas personagens não eram ainda suficientemente conhecidas. À sociedade culta, restaria um mergulho no passado, em busca de uma identidade coletiva que logo se revelaria quimérica, já que muitas eram as identidades que podiam explicar o país. A história não tardaria a revelar sua face proteica e densa.

É esse o quadro em que o desenvolvimento do mercado editorial vai tomando vulto. *Raízes do Brasil* é o primeiro volume da coleção "Documentos Brasileiros", editada por José Olympio. Tal coleção teria, como primeiro coordenador, Gilberto Freyre. Ao prefaciar o ensaio de Sérgio Buarque de Holanda, o colega pernambucano apresenta aquela empresa editorial como algo que vinha responder à "ânsia de introspecção social" da "nova inteligência brasileira". Não se tratava, portanto, de mera

> aventura editorial, mas de uma coleção planejada e organizada com o maior escrúpulo e com todo o vagar, visando corresponder não só às necessidades do estudioso como à curiosidade intelectual de todo brasileiro culto pelas coisas e pelo passado do seu país. (Freyre, 1936, p. VI)

Almejava-se um público cada vez maior para a literatura de cunho político e social. No entender de Freyre, "Documentos Brasileiros" ampliaria o universo de leitores, somando, aos estudiosos tradicionais, todos aqueles que simplesmente se interessassem pelo país. Este é o clima que convida a mergulhar no passado colonial, sacando daí grandes sínteses históricas.

Para falar com Paulo Arantes (1992, p. 21), trata-se de um conjunto de ensaios histórico-sociológicos em que

> se esquadrinha, sínteses são tentadas, são procuradas explicações de nossa cultura, sempre no terreno sincrético e predileto do "ponto de vista" não especializado, um gênero misto, construído na confluência da criação literária e da pesquisa científica, forma original de investigação e descoberta do Brasil.

É a esse "gênero misto" que pertence *Raízes do Brasil*. Num momento de grandes sínteses, o ensaísmo forma o canal por onde se expressa o desejo de conhecimento da realidade nacional, e o resultado é um texto que entranha, na própria forma, os dilemas e os impasses que se apresentavam, com maior ou menor claridade, às vistas de todos. A época, por assim dizer, convidava aos grandes voos do espírito, resguardando, contudo, um sentido precípuo de objetividade.

Herdeiro de uma tradição

Raízes do Brasil é fruto dessa estufa, herdeiro de uma tradição ensaística fundamental no esforço de formação de uma consciência nacional. Século XIX adentro, o ensaio, em suas várias formas, fora ganhando espaço como veículo de ideias, como palco de debates ou retrato de costumes da sociedade brasileira. Com forte teor ilustrado, veiculado sobretudo pela imprensa, essa espécie literária pode, segundo Alexandre Eulálio (1992, p. 67), "reivindicar a mais ilustre tradição" no Brasil.

A contribuição do movimento modernista para o reordenamento do cenário artístico nacional é enorme. Ainda assim, pode-se relativizar seu papel "civilizador", sempre que o compreendermos como caudatário daquela tradição. Ainda segundo Alexandre Eulálio, tratava-se de uma relação singular com o passado:

> Encontrando entre os escritores jovens alheios ao movimento uma prosa amadurecida e cheia de recursos que segue determinados ideais, a oposição estilística e artesanal dos "futuristas" – Oswald de Andrade, Mário de Andrade, Antônio de Alcântara Machado – será muito fecunda no sentido da síntese que irão realizar, à procura de um discurso ricamente plástico, que vai se aproveitar das novas conquistas mas não deixará de utilizar a tradição. (Eulálio, 1992, p. 58)

Não há dúvida, para quem o leia com atenção, que Sérgio Buarque sempre buscou esse "discurso ricamente plástico". A postura modernista, expressa na busca de novas ferramentas (as "novas conquistas" a que alude Eulálio) também é evidente em sua obra. Em *Raízes do Brasil*, especialmente, a presença da teoria estrangeira não é estorvo para a compreensão da realidade brasileira, nem afetação de algum cosmopolitismo pomposo. O autor atentava para as potencialidades da teoria, mas continuava a ouvir a "tradição", buscando nos cronistas, viajantes e historiadores passados, fontes para sua própria compreensão do Brasil, que se postulava, àquela altura, como unidade conceitual e política. O momento era de investigação e enfrentamento das raízes híbridas, isto é, "mestiças", da formação histórica brasileira, elevada agora ao plano imaginoso do ensaio.[2]

Se os primeiros tempos do modernismo foram de fato iconoclásticos, a década de 1930 não o foi. Mas mesmo a rotina não turvaria completamente o espírito dos jovens modernistas. Postados na década anterior num verdadeiro campo de batalha, em que se afirmavam identidades e se conquistavam posições, nos anos 1930 (malgrado a arbitrariedade destas datações) aquele espírito seria retomado por muitos, talvez de forma mais serena. A síntese da "tradição" e das "novas conquistas" reaparece justamente no ensaísmo. Uma dupla síntese, aliás: de fontes locais e estrangeiras no estudo do país, e da própria realidade, aglutinando elementos vários e dispersos em grandes unidades de sentido, através de explicações abrangentes e sintéticas.

O esforço sintético

Tal esforço de síntese, em seu duplo aspecto, pode se revelar de formas distintas, embora igualmente ricas, nos três ensaios que formam o tríptico proposto por Antonio Candido: Gilberto Freyre, Sérgio Buarque de Holanda e Caio Prado Júnior. É claro que o tempo tratou de lhes dar contornos diferentes, conforme os ia lendo um público cada vez maior e mais exigente. Gilberto Freyre traria, em chave culturalista, a herança escrava à discussão da formação nacional, até que se acumulassem leituras críticas de sua obra, notando-lhe o veio abundantemente conservador. Caio Prado Júnior fundou uma análise dialética da formação brasileira, abrindo caminho para uma tradição do pensamento histórico e sociológico ainda hoje bastante forte no meio universitário. Sérgio Buarque de Holanda possui uma contribuição também notável: em *Raízes do Brasil*, a atenção se volta simultaneamente ao

....
2. Não é possível desvincular o esforço de síntese do modernismo brasileiro da ideia de "mestiçagem", problema "que teve uma trajetória desigual na história do ensaio hispano-americano, preocupando apenas tangencialmente a Bolívar ou José Martí, [e que] só será discutido de modo consistente na década de vinte, quando a mestiçagem abre novas perspectivas de valorização do modelo latino-americano de cultura" (Cortez, 1978, p. 162).

grande traço, característico da síntese, e ao pequeno detalhe, característico de uma análise mais minuciosa.

É dentro daquela necessidade de introspecção, imaginada por Freyre, que se encontra Sérgio Buarque. Respondendo ao debate do tempo, sobre as alternativas políticas do país à esquerda e à direita e sobre o resgate ou não de tradições de que os brasileiros seríamos herdeiros, o historiador é o continuador de um impulso modernista que pretendia iluminar o passado e que, ao mesmo tempo, apontava para os condicionamentos que este mesmo passado impunha. No centro de tudo, está a pergunta sobre a democracia e o espaço para a renovação social.[3]

O sentido de objetividade convidava ao mergulho profundo nas fontes do passado. Para acompanhá-lo, convém, num primeiro momento, esclarecer o procedimento metodológico em *Raízes do Brasil*. A presença de Weber é inequívoca no ensaio de Sérgio Buarque e é possível percebê-la como fundamental, embora discreta, temperada pela presença ou influência de outros autores da teoria clássica das ciências sociais. Tudo mediado, é claro, por uma forte dose de imaginação.

Ao atentar para a "discrição" em *Raízes do Brasil*, Antonio Candido, no prefácio à 4ª edição do livro, reputa-lhe uma clareza especial, resultante da lucidez de seu autor, que teria conseguido fundir,

> na tonalidade civilizada do ensaio, os dados mais seguros do pensamento econômico e sociológico com o discernimento psicológico, revelando de maneira [...] coerente o todo e a parte, o real e o racional, a tese e a antítese, numa síntese discretamente luminosa. (Souza *in* Holanda, 1963, p. IX-XI)

Em *Raízes do Brasil*, as citações são relativamente poucas, e a prosa, elegante. O ensaio de teor sociológico não se rende à linguagem truncada de muitos dos textos das ciências sociais, nem aos ouropéis grandiloquentes que os modernistas tanto odiavam. Mas a elegância não vem a expensas do rigor científico. Trata-se, aqui também, daquele "gênero misto" a que aludia Paulo Arantes, quando se referia à confluência entre literatura e ciência.

---

3. Para a caracterização de algumas das raízes modernistas de *Raízes do Brasil*, ver Avelino Filho (1987, p. 33-41).

Em busca de sinais

Não é meu objetivo mapear conclusivamente a herança teórica que ordena *Raízes do Brasil*. Tal carta sequer deveria interessar, porque não há mapas, para o terreno das ciências sociais, conclusivos ou inequívocos. Buscam-se aqui, tão somente, sinais importantes de Weber no livro de estreia de Sérgio Buarque, para então perceber como são construídas duas categorias seminais de *Raízes do Brasil*, que reaparecerão, como um *Leitmotiv*, em estudos posteriores do autor.

Categorias como "trabalho" e "aventura", como se verá, são essenciais para a compreensão do texto e sobretudo da mensagem política que nele subjaz. A falta de um espírito de organização adequado às normas abstratas de um concerto propriamente coletivo aparece já na ideia do "aventureiro", em oposição à ética do "trabalho". É precisamente no espírito autossuficiente e personalista do colonizador ibérico, em especial lusitano, que Sérgio Buarque vai encontrar as raízes de uma atitude contemporânea, qual seja, a recusa sistemática das regras acordadas segundo padrões não familiares. O "homem cordial" será, então, o tipo que sintetiza a tragédia coletiva brasileira, apontando o destino desconcertante do país no cenário dos "novos tempos": um país que se urbanizava, mas que se revelava, paradoxalmente, desafeito para a vida na *pólis*.

Procurando inicialmente destrinçar a construção das categorias "trabalho" e "aventura", pretendo colocá-las em evidência, para perceber sua força na composição geral do ensaio e seu papel prenunciador no corpo da obra do historiador. Assim, será possível notar que *Raízes do Brasil* é de fato uma grande síntese de herança modernista, embora seja também dotado de uma acuidade interpretativa que ultrapassa o simples panorama da formação social e histórica, mergulhando no labirinto de sentidos ocultos na experiência da gente do passado. Gente vária, que aquelas categorias ajudam a conhecer e compreender.

CAPÍTULO 2
Um prelúdio weberiano: as categorias se anunciam

Dois princípios conflitantes

Um trabalho precioso de composição orienta *Raízes do Brasil*. A vista do historiador oscila constantemente entre o pequeno e o grande traço. Dando conta do que é geral, encontra-se no ensaio uma tipologia que busca abarcar nada menos que a história da adaptação do europeu a um novo mundo. Assim, no início do segundo capítulo do livro, encontra-se uma afirmação generalizante e à primeira vista peremptória:

> Nas formas de vida coletiva podem assinalar-se dois princípios que se combatem e regulam diversamente as atividades dos homens. Esses dois princípios encarnam-se nos tipos do aventureiro e do trabalhador. (Holanda, 1963, p. 18)[1]

Aventura e trabalho seriam, portanto, categorias fundamentais para a compreensão da vida em sociedade. O aventureiro é aquele que ignora as fronteiras e vê, nos espaços ilimitados, o alvo distante que lhe trará vultosa recompensa. Sua demanda é pelos resultados imediatos, preferencialmente aqueles que não exijam dele grande esforço. Pouco labor e ganho alargado, num curto período, são as diretrizes de sua ação. O trabalhador, ao contrário, se vale de um trabalho persistente e constante, tendo alvos eventualmente modestos, porém seguros. Importa-lhe menos o retorno imediato e tremendo, e mais a estabilidade advinda do labor lento e minucioso (*Raízes*, p. 18-9).

----
1. Esta será a edição (4ª) citada daqui em diante (apenas "*Raízes*" e o número de página), salvo nos casos em que alguma discrepância com edições anteriores seja importante para minha própria argumentação.

À primeira vista, tais caracterizações insinuam uma psicologia social assentada sobre os traços firmes daqueles dois tipos. São eles dois princípios da vida social. Contudo, esses traços, na própria exposição do autor, vão lentamente vergando, cedendo não ao peso de uma teoria prolixa; ao contrário, eles abrem caminho para que as personagens históricas – a gente vária a que eu me referia logo acima, com suas expectativas, idealizações e seus valores – vão se entremostrando, em sua multiplicidade, por meio de suas próprias condutas.

Mas como se dá essa flexibilização? Como categorias que se anunciam tão amplas, referentes a nada menos que a "vida coletiva", podem ao fim revelar-se atinentes a uma formação específica e, além disso, permitir ao historiador delinear atitudes em meio a uma história de longa duração? Este é o problema que se descortina, tão logo se adentra o universo composto pelas tipologias de *Raízes do Brasil*.

Mais adiante, já esboçados os contornos do aventureiro e do trabalhador, uma expressiva passagem dá conta do problema metodológico que envolve a tipologia proposta:

> Entre esses dois tipos não há, em verdade, tanto uma oposição absoluta como uma incompreensão radical. Ambos participam, em maior ou menor grau, de múltiplas combinações e é claro que, em estado puro, nem o aventureiro, nem o trabalhador, possuem existência real fora do mundo das ideias. Mas também não há dúvida que os dois conceitos nos ajudam a situar e a melhor ordenar nosso conhecimento dos homens e dos conjuntos sociais. E é precisamente nessa extensão superindividual, que eles assumem importância inestimável para o estudo da formação e evolução das sociedades. (*Raízes*, p. 19-20)

São conceitos opostos que, embora se combatam ("de morte", segundo expressão presente apenas nas primeiras edições [Holanda, 1936, p. 20]),[2] podem combinar-se, já que apenas existem, separados e estanques, no mundo das ideias.

....
2. É curiosa a supressão da expressão adverbial em edições mais recentes, atenuando a exclusividade dos dois conceitos e realçando porventura o balanço dialético que permite compreendê-los um em oposição ao outro, sem que seja impossível a existência de ambos os princípios simultaneamente, contraditoriamente "encarnados", por exemplo, num mesmo indivíduo. Hoje é possível percorrer as alterações entre as edições com a consulta à edição crítica de *Raízes do Brasil*, a que me referi anteriormente.

A breve concessão a um terreno ideal não permite flagrar, em Sérgio Buarque, algum traço idealista ou essencialista, que aliás não seria sem par, na moda do ensaísmo coevo. Entretanto, o historiador segue uma inspiração weberiana e, como bem se sabe, o autor de *A ética protestante e o espírito do capitalismo* evitou qualquer aproximação idealista ou essencialista dos objetos que construiu e com os quais lidou.

O mundo dos valores resguardado

Ao refletir sobre a especificidade e a tarefa das ciências sociais no mundo moderno, Max Weber se depara com um problema caro ao pensamento alemão, ao menos desde Kant: como conhecer os fenômenos do mundo histórico se eles não são regidos por leis universais e exatas? Como compreendê-los, diante da imponderabilidade da ação humana, ditada antes pela liberdade e autonomia do indivíduo que pelas leis de um mundo natural? Talvez não seja exagerado dizer que toda a reflexão metodológica weberiana busca respostas a tais questões, na tentativa de estabelecer um procedimento metódico adequado à compreensão do mundo da cultura.

A radical separação entre as esferas da ação e do conhecimento é o primeiro passo de Weber em sua busca metodológica. Não caberia ao cientista social vaticinar o futuro, apontando os rumos da ação individual, o que seria atributo de um "profeta". A ciência apenas pode revelar ao indivíduo o alcance e as prováveis consequências de sua ação, além dos meios de que dispõe para atuar. Se atentasse para o "correto" e o "incorreto", a ciência se tornaria "ética", alternativa que Weber recusa enérgica e programaticamente (cf. Weber, 1992, p. 111).[3]

O cientista social imaginado por Weber jamais deveria entrar no terreno normativo das "avaliações". Utilizar-se de um discurso pretensamente científico para fazer valer veleidades e crenças pessoais era atitude pouco louvável, posto que encontradiça no meio acadêmico. O campo dos valores deveria se resguardar numa esfera que lhe é própria – a da ação – e o discurso científico deveria se abster ao máximo da assunção deste ou daquele valor.

No entanto, o próprio campo dos valores dá sentido à ideia da realidade empírica como *cultura*. Para Weber (1992, p. 127), o conceito mesmo

---
[3]. Trata-se, no caso, do ensaio "A 'Objetividade' do Conhecimento na Ciência Social e na Ciência Política".

de cultura é um conceito de valor. O trabalho científico ganha seu caráter esclarecedor por tornar reconhecíveis as relações últimas da ação individual com os valores que a orientam e lhe conferem sentido. Interessa a Weber que o cientista social desnude tais relações, mantendo, contudo, certa "liberdade face aos valores", resguardando-os numa esfera que lhes é própria.[4]

Se as atitudes individuais se guiam por valores últimos, interessa ao cientista social vê-los ali onde operam, não lhe cabendo, contudo, julgá-los:

> Weber não se interessa pelos valores transcendentes neles mesmos. Como sociólogo, ele procura sobretudo ver como tais valores que pertencem a um "mundo das ideias" chegam a implantar-se naquele que em contrapartida ele chama de "mundo das realidades". A realização de um valor cultural no mundo empírico supõe que ele intervém num campo de forças onde outros valores então se altercam pela supremacia. É neste mundo concreto que a incompatibilidade e o antagonismo dos valores se manifestam de maneira evidente. [...] O sociólogo não se interessa pelos valores, que por definição são transcendentes e ideais, senão na medida em que eles representam um fator determinante na maneira pela qual o homem conforma a realidade. (Piché, 1994, p. 333-334)[5]

Weber não pretende discutir a validade dos valores. Os "deuses e demônios" a que amiúde se refere estão em constante guerra (esta, sua contribuição original frente ao irenismo da filosofia dos valores de Rickert, cf. Piché [1994, p. 333]) e é em tal cenário que o cientista social se movimenta, com a difícil missão de buscar uma "objetividade" que não se baseie na neutralidade axiológica pura e simples, mas, bem ao contrário, possa situar o próprio cientista no interior da cultura, resguardada, porém, a esfera valorativa.

....
4. A propósito da "neutralidade axiológica" no campo das ciências sociais, Weber a considera quimérica e mesmo indesejável. Ao longo de minha pesquisa, Marcos Seneda me chamou atenção para a expressão alemã que compõe o título do ensaio teórico de Weber, de 1917, sobre "O Sentido da 'Neutralidade Axiológica' nas Ciências Sociais e Econômicas". *Wertfreiheit*, traduzida por "neutralidade axiológica", bem poderia entender-se por "liberdade face aos valores", o que dá conta do resguardo da esfera dos valores no trabalho científico.
5. A tradução é minha (PMM), sempre que se trate de texto referido em edição estrangeira, com exceção do espanhol. Algum trecho em alemão ou latim foi traduzido oralmente por outrem e, neste caso, as referências não constarão nas notações bibliográficas.

Em busca de regularidades

As ciências sociais se destacam pela apreciação do "aspecto qualitativo dos fatos". Tal afirmação nos situa, de uma perspectiva weberiana, num campo alheio ao das ciências naturais, embora nem elas possam prescindir da noção de "qualidade". Ainda que Weber não endosse por completo a cisão entre as "ciências do espírito" e as "ciências da natureza", a particularidade do seu método sociológico é patente. A feição antipositivista de seu pensamento pode se revelar aí: as ciências sociais tratam de fenômenos dotados de sentido, para cujo reconhecimento e compreensão as fórmulas exatas das ciências naturais não são adequadas.

Não se trata apenas de uma distinção de objetos científicos. Na verdade, os *fins cognitivos* das ciências sociais diferem dos fins das ciências naturais. O cientista social não pode, ou não deve, pretender alcançar o conhecimento nomológico, conclusivo e universal, que se deve esperar do cientista natural, dentro dos cânones de um positivismo naturalista. Baldados seriam os esforços do sociólogo nessa direção. Mas nem por isso, registra Weber, vinham se poupando, à sua época, esforços em tal direção.

A tentativa de encontrar regularidades na história, das quais se pudesse extrair "leis" universais de sentido unívoco, amparava-se muitas vezes na crença de que a psicologia poderia fornecer o substrato para uma espécie de "química" da vida social:

> [...] ainda hoje, não desapareceu completamente a opinião de que é tarefa da psicologia desempenhar, para as diversas ciências do espírito, um papel comparável ao das matemáticas para as "ciências da natureza". Para tal, ela deveria decompor os complexos fenômenos da vida social nas suas condições e efeitos psíquicos, reduzi-los a fatores psíquicos mais simples, e, enfim, classificar estes últimos em gêneros e analisar as suas relações funcionais. Assim, ter-se-ia conseguido criar, senão uma "mecânica", ao menos uma "química" da vida social nas suas bases psíquicas. (Weber, 1992, p. 126)[6]

....
6. Os grifos refletem os trechos sublinhados no exemplar de Sérgio Buarque, hoje guardado na Coleção Sérgio Buarque de Holanda, na Biblioteca Central da Unicamp. Comparei, com o máximo cuidado possível, a edição alemã e a edição brasileira deste ensaio, buscando perceber quais grifos ou anotações se pode, com bastante segurança, atribuir a Sérgio Buarque (cf. Weber, 1922, p. 173). Doravante, assinalo o que encontrei grifado ou realçado (apenas com um risco lateral, vertical, destacando certo período do texto) por meio das indicações, nas notas, "grifos SBH" ou "realçado SBH".

Weber ressalta que se tal trabalho fosse realizado, não se teria dado senão um primeiro passo na busca da compreensão da realidade cultural. Afinal, ainda que se "conseguisse decompor em fatores últimos e simples todas as conexões causais imagináveis da coexistência humana", teríamos como resultado, na melhor das hipóteses, uma imensa casuística de conceitos e regras com validade de leis. Mas, ainda assim,

> tornar-se-ia impossível chegar algum dia a <u>deduzir</u> a realidade da vida a partir destas "leis" e "fatores". Não por subsistirem ainda, nos fenômenos vitais, determinadas "forças" superiores e misteriosas [...], mas simplesmente porque, para o reconhecimento da realidade, só nos interessa a constelação em que esses "fatores" (hipotéticos) se agrupam, formando um fenômeno cultural historicamente significativo para nós; e também porque, se pretendemos "explicar causalmente" esses agrupamentos individuais, teríamos de nos reportar constantemente a outros agrupamentos igualmente individuais, a partir dos quais os "explicássemos", embora utilizando, naturalmente, os citados (hipotéticos) conceitos denominados "leis". O estabelecimento de tais "leis" e "fatores" (hipotéticos) apenas constituiria, para nós, a primeira das várias operações às quais o conhecimento a que aspiramos nos conduziria. A segunda operação [...] seria a análise e a exposição ordenada do agrupamento individual desses "fatores" historicamente dados e da combinação concreta e significativa dele resultante. [...] A terceira operação seria remontar o máximo possível ao passado e observar como se desenvolveram as diferentes características individuais dos agrupamentos de importância para o presente, e proporcionar uma explicação histórica a partir destas constelações anteriores, igualmente individuais. Por fim, uma quarta operação possível consistiria na avaliação das constelações possíveis no futuro. (Weber, 1992, p. 126-127, grifo SBH)

A longa referência se justifica pela importância desta passagem para a compreensão do procedimento metodológico que inspiraria, em grande medida, o autor de *Raízes do Brasil*. Retomando o passo: ainda que se construísse um tal arcabouço de determinantes psicológicas da ação humana, historicamente condicionadas, que alcançasse, por sua amplitude, vasta gama de fenômenos, não teríamos chegado, para falar novamente com Weber, a "nem mais nem menos que aquilo que um dicionário das combinações da química orgânica significa para o conhecimento biogenético dos reinos animal e vegetal". Estaríamos ainda no plano da "química" social.

Mas como ultrapassá-lo? Como adentrar o mundo da cultura, onde os fatos não existem como dados significativos em si mesmos, mas onde apenas existem os fenômenos a que deve o próprio indivíduo atribuir sentido, conforme a relação que estabeleça entre eles e seus mais caros valores?

Abusando da metáfora bioquímica de Weber, o conhecimento de leis e regularidades não basta para conhecer a configuração do mundo à nossa volta: o próprio domínio da química não é suficiente para explicar animais e vegetais. Saltando para o universo da cultura, conclui-se que o estabelecimento de regularidades na compreensão do mundo histórico não é bastante para o seu conhecimento. No máximo, tal estabelecimento pode auxiliar na compreensão do cientista social, à medida em que lhe permitirá ordenar a realidade empírica, tornando possível encontrar conexões de sentido regulares nas experiências dos indivíduos.

Aí, no entanto, a metáfora revela seu limite: assim como a química auxilia a explicação da natureza, mas não a esgota, o estabelecimento de regularidades que se convertam em leis auxilia a compreensão da história, mas tampouco a esgota.

O paralelo entre as ciências naturais e as ciências culturais deveria então se limitar a um procedimento momentâneo, que é a busca de regularidades. Uma vez detectadas tais regularidades, deve-se parar por aí. Afinal, quando se busca compreender a história, se esclarece a diferença substantiva entre as duas modalidades científicas, nos termos de seus objetivos específicos: as ciências da cultura, ao contrário das outras, tratam de indivíduos que perseguem determinados fins e que, orientados por esses fins e em função deles, *agem* e *interagem* com outros indivíduos.

O acesso à realidade: atenção à conduta

A necessidade que têm as ciências sociais de conceitos com valor heurístico vai ficando patente, à medida que se avança no ensaio weberiano. Qualquer que seja o arcabouço teórico (as "regularidades", "leis" etc.) arquitetado pelo cientista social, ele não será mais que um meio do conhecimento, uma ferramenta no perscrutamento da realidade empírica. Esta, restará sempre como universo da ação humana, que o cientista procura compreender forjando ferramentas conceituais tão precisas e rigorosas quanto possível. Contudo, o acesso à realidade se faz sempre *por meio* delas, não sendo possível, a quem procure conhecê-la, revivê-la em sua singularidade ou totalidade, mas apenas compreendê-la e explicá-la, de forma sempre parcial e transitória.

O problema do acesso à realidade nos leva a orbitar em torno do debate metodológico alemão, cujos ecos mobilizaram Sérgio Buarque de Holanda quando de sua assistemática, porém interessada, passagem pela universidade alemã, entre 1929 e 1930. É plausível que tal debate tenha alimentado a imaginação do historiador brasileiro, orientando, de maneira nem sempre ortodoxa, a construção dos tipos em *Raízes do Brasil*, onde se encontram algumas premissas básicas das propostas metodológicas de Weber.

Acentue-se, no entanto, que a postura metodológica weberiana recusa vigorosamente a solução compreensiva através da pura "revivência".[7] Para além da pura experiência vicária, restaria ao cientista social, ainda assim, a abordagem da realidade através do sentido totalizante da vivência (*Erlebnis*). Este não será, porém, o caminho de Weber, mas sim o de Dilthey.

Sobre a singularidade dos dois pensadores, Gabriel Cohn (1979, p. 26) alerta que

> se para Dilthey trata-se sempre da compreensão de significados de formas de expressão simbólica, para Weber o que cumpre compreender é o *sentido* da ação social para o agente, o que envolve diferenças seguramente não negligenciáveis. Para Dilthey, o termo compreensão designa "o procedimento pelo qual conhecemos algo interno a partir de sinais dados externamente através dos sentidos". Não se afirma, portanto, que se trata de uma captação imediata, intuitiva de significados. O próprio da compreensão é a apreensão de uma *totalidade* significativa, para além dos dados particulares. Seu ponto de partida é "a conexão do todo, que se nos apresenta vivo, para poder chegar ao singular". Essa captação implica uma "revivência", uma reprodução mental do complexo de significados originalmente vivido por outros.

Se Dilthey recusa a captação imediata ou intuitiva dos significados, é porque a apreensão dos sentidos será fruto de um laborioso processo de reprodução mental, que terá o texto, a obra de arte, ou os "sinais dados externamente", como fonte. Ainda assim, a totalidade da *vida* está no horizonte da compreensão diltheyana.

---
7. "Nunca, em parte alguma, o conhecimento conceitual da própria vivência é uma 'efetiva revivência' ou uma simples 'fotografia' do vivenciado, pois a 'vivência' converte-se em 'objeto', adquire sempre perspectivas e conexões que na própria 'vivência' não são 'conscientes'" (Weber, 1992, p. 203).

Se não se trata de abarcar a totalidade significativa de toda a vida humana, pretérita ou presente, o fato é que a "totalidade" se encontra no cerne mesmo da produção literária, que expressa a "travação de vida, valor e significado" – para falar com Dilthey – em que se enreda o indivíduo. Assim, o autor de *Vida e poesia* esclarece, em seu estudo sobre "Goethe e a fantasia poética", que a obra poética não tem como propósito ser a expressão ou a representação da vida, mas *"aísla su tema de la conexión real de la vida y le infunde totalidad dentro de sí mismo"*. Assim é que o poeta pode se satisfazer, ocupando *"todo su ser con la 'revivencia' en un curso de procesos psíquicos, desde el goce por el sonido, el ritmo, la plasticidad sensible, hasta la más profunda comprensión del acaecer y de sus relaciones con toda la anchura de la vida"* (Dilthey, 1978, p. 140).

No entanto, Sérgio Buarque optará por uma via que não a revivência empática e intuitiva da experiência dos sujeitos, e tampouco optará pela via da compreensão totalizante da *vida*, conforme discutirei adiante. Por ora, ressalto que, se para Dilthey o fundamental é a captação, por "revivência" ("reprodução mental"), de uma *totalidade* vivida preteritamente, acessível através de sinais externos, para Weber a totalidade será negada, por assim dizer, em sua raiz.

Ali na própria vivência, onde a hermenêutica vai reencontrar a totalidade do mundo vivido como experiência, resta a irracionalidade da *vida*.[8] Weber, porém, repele qualquer procedimento metódico irracionalista. Não se trata de reviver a totalidade de um momento único e irrepetível, senão de encontrar exatamente o que há de regular e específico na realidade. A vida se manifesta sob o marco da infinitude. Portanto, como sujeitos cognoscentes, cabe a nós selecionar o que poderá parecer relevante no "fluxo inesgotável de fenômenos".

De acordo com Weber (1992, p. 124, grifos SBH),

....
8. Dilthey constrói sua epistemologia exatamente no cruzamento "entre iluminismo e romantismo, tornando problemáticos o universalismo kantiano e o relativismo romântico". Nesse peculiar entroncamento de ideias, a "vida" se mantém refratária a um entendimento nomológico, universalizante: "vida é em termos elementares, produtividade. A vida produz, dá existência, faz reaparecer o que não era, realiza. O novo posto pela vida não necessariamente repõe regularidades, atualizando leis, expondo à observação conexões causais explicáveis. É típico da vida dar à luz a diferença, o singular, o novo em sentido radical, o particular em sentido irredutível. Vida é, portanto, contingência, acidente, acaso. É geração não governável ou antecipável de acontecimentos. A facticidade dá lugar à vivência, descosturada internamente pela arbitrariedade, pelo acaso. Somente *a posteriori* podem-se imputar, aos retalhos caóticos de vivência, as conexões de sentido que os convertem em 'experiência'" (Soares, 1988, p. 105).

> todo o conhecimento da realidade infinita, realizado pelo espírito humano finito, baseia-se na premissa tácita de que apenas um fragmento limitado dessa realidade poderá constituir de cada vez o objeto da compreensão científica e de que só ele será "essencial" no sentido de "digno de ser conhecido".

Num mundo especializado e desencantado, em que as ciências se segmentam e se afirmam em sua especificidade, sequer haveria espaço para a erudição que a hermenêutica pressupõe. Ademais, o sonho acalentado pelo espírito, de reencontrar a totalidade do mundo, se desvanece completamente. É a própria ideia de uma formação humana a um só tempo profunda e ampla, expressa nas diversas significações de *Bildung*, que se esvaía no mundo moderno de Weber, desafiando-o.[9]

Com a recusa de abarcar a totalidade, opta-se pela busca desse "essencial" fragmento limitado, como diz Weber. No lugar da vivência (*Erlebnis*), a *ação social* se torna o foco prioritário das ciências sociais. A própria irracionalidade da vida cede espaço à racionalização progressiva da conduta, conformando um novo centro de atenções. A *Erlebnis*, afinal,

> pressupõe o acesso a um caráter significativo que extravasa a conduta, que conecta o momento com o universo que só existe apreendido em uma vivência. A hermenêutica está envolvida com um fazer que é eminentemente poético, depende de uma ampla *Bildung* do intérprete. Depende de uma totalidade que o próprio Weber resignadamente negou, afirmando que só a ação especializada pode adquirir sentido no mundo moderno. Mas Dilthey opta sem vacilo pela hermenêutica. Weber vai ao polo oposto, as formas de conduta, e elege, como objeto, seu tipo mais extremado, o racional com respeito a fins. Nos aproxima de um mundo em que a tradição vai sendo enxugada e deixa-nos entrever que significados pode ter um destino dentro dele. Não a *Erlebnis*, mas o mundo racionalizado será o tema weberiano. (Seneda, 1993, p. 25)

Ao reconsiderar a compreensão do indivíduo com base em sua conduta, deslocando a atenção de sua vivência para as ações, Weber o situa no interior da cultura, compreendida como o mundo onde se mobilizam os valores, já que toda ação "porta" valores. Conquanto o foco weberiano recaia sobre o

---
....
9. Sobre a importância da *Bildung* na história do pensamento alemão, acompanhando as transformações de seus significados, das reformas educacionais de Humboldt ao tempo de Weber, consulte-se Goldman (1992, p. 25-50).

indivíduo, ele não está em busca de sua interioridade, ou da totalidade do mundo que seria por ele vivenciada, em sua experiência singular. Pelo contrário – e aqui talvez resida um segredo para a compreensão de *Raízes do Brasil* –, interessa a Weber o indivíduo imerso no mundo dos valores, da cultura, onde o que importa não é a vivência cristalizada numa experiência interior, mas sim a conduta do sujeito num mundo em que as possibilidades de ação são inúmeras, embora circunscritas por estruturas de dominação específicas.

Ao recusar uma abordagem da realidade que busque a unicidade e totalidade do momento vivido, Weber constrói um método atento aos tipos de condutas possíveis, com ênfase na racionalização progressiva da ação e no encarceramento do indivíduo num mundo racionalizado e crescentemente desencantado. No tocante a *Raízes do Brasil*, o problema da racionalização é fundamental. Já houve quem interpretasse a obra como o desdobramento de um tema clássico weberiano: o surgimento do "espírito do capitalismo", mais especificamente o surgimento de uma burguesia urbana no Brasil e sua adequação à racionalidade capitalista, tendo como palco a "cidade da revolução urbana", onde paulatinamente se perdem as raízes rurais, bem como muitas das características herdadas dos ancestrais ibéricos (Machado, 1976, p. 189-192).[10]

Mas, para bem compreender os temas que se desenham em *Raízes do Brasil*, convém tecer mais algumas considerações preliminares sobre o método que orienta o historiador em sua construção tipológica.

Sérgio Buarque e a recusa do irracionalismo

É curiosa a fala de Sérgio Buarque de Holanda, numa entrevista pouco anterior à sua morte, em que afirma a Richard Graham que fora influenciado apenas indiretamente pela historiografia alemã, quando de sua passagem por Berlim. Após dizer-se influenciado pelo método de seminários de Ranke e "pela sua liderança na pesquisa histórica sobre documentos", o historiador brasileiro conta ter assistido a palestras de Meinecke e haver lido Kantorowicz e Sombart, dizendo que através deste último chegara a Weber.

....
10. O estudo de Brasil Pinheiro Machado reapareceu, junto a diversos outros trabalhos de interpretação da obra buarquiana, na já referida coletânea que eu e João Kennedy Eugênio organizamos (cf. Meira Monteiro; Eugênio, 2008).

Diante da insistência de Graham (1982, p. 5) em delimitar suas raízes teóricas, quando este lhe pergunta se as leituras dos alemães de fato haviam deixado alguma marca em sua obra, Sérgio Buarque responde: "Sim, deixaram; devo ter sido o primeiro brasileiro a citar Weber em publicação. Mas o principal efeito imediato eu logo descartei: filosofia mística e irracionalismo".

Na apresentação a *Tentativas de mitologia*, seu último livro publicado em vida, Sérgio Buarque relembra com mais detalhe quão importante fora sua passagem pela Alemanha:

> O contato de terras, gentes, costumes, em tudo diferentes dos que até então conhecia, pareceu favorável à revisão de ideias velhas e à busca de novos conhecimentos que me ajudassem a abandoná-las, ou a depurá-las. Recomecei a ler, e recomecei mal, enfronhando-me agora em filosofias místicas e irracionalistas (Klages, etc.), que iam pululando naqueles últimos anos da República de Weimar e já às vésperas da ascensão de Hitler. [...] Foi só depois de conhecer as obras de críticos ligados ao "círculo" de Stefan George, especialmente de um deles, Ernst Kantorowicz, autor de um livro sobre Frederico II (*Hohenstaufen*) que, através de Sombart, pude afinal "descobrir" Max Weber, de quem ainda guardo obras então adquiridas. (Holanda, 1979, p. 29-30)[11]

O ambiente da República de Weimar parece tê-lo entusiasmado. Não só a "euforia mundana boêmia" de seus derradeiros dias o marcou, como sobretudo a "cultura universalista" alemã o fascinou. Isso já transparecia num artigo seu, publicado em *O Jornal*, em novembro de 1930: "Nenhum outro país se mostra tão hospitaleiro às produções culturais de seus vizinhos. Suas fronteiras estão livremente abertas às influências espirituais mais diversas e mais longínquas" (Holanda, 1988, p. 280).[12] Seu entusiasmo chega inclusive a fazê-lo ver, nos rumos tomados pela cultura alemã, uma esperança para o futuro:

………
11. A leitura de Klages deve ter exercido mesmo algum fascínio inicial em Sérgio Buarque, a julgar pelas chocarrices que lhe dirige Raul Bopp, em carta de dezembro de 1930, pedindo-lhe que cuidasse de uma mala sua, durante uma viagem: "Ve se voce concentre todo o geist (sic) em stock, pra não me extraviar (sic) essas aliás unicas propriedades. [...] Geist seu holanda. Nada de teorias do sub-consciente com a mala. Por causa do Klages fui deixando o capote" (SIARQ/Unicamp, Fundo Privado SBH, p. 5, Cp. 29).

12. Veja-se também a série de artigos reunidos sob o título "Nacionalismo e monarquismo na Alemanha", escritos entre janeiro e março daquele mesmo ano. Neles, Sérgio Buarque discorre sobre a ascensão de Hitler, revelando, com extraordinária clareza, o sentido político do crescimento do partido nacional-socialista, afirmando, porém, que as associações patrióticas antipacifistas procuravam "conservar no povo alemão uma tendência que este em sua

E se essa "fluidez" da cultura alemã pôde, em certo momento, encontrar seu correlativo político no desejo de "expansão" antipacifista, ela é, não obstante, a mais preparada neste momento para se tornar o arauto da boa harmonia entre os homens. Podemos ter confiança em que não trairá sua missão. (Holanda, 1988, p. 280)

Para além da má previsão histórica (Sérgio Buarque não é um profeta, ou é um mau profeta...), seu entusiasmo pela cultura alemã em 1930 é patente.

Tanto na entrevista a Graham quanto no prefácio a *Tentativas de Mitologia*, Weber, que fora descoberto em Berlim, é lembrado com certa ênfase, reforçada pela recusa peremptória daqueles elementos – "filosofia mística e irracionalismo" – contra os quais o mestre alemão se insurgira, na esteira da célebre "querela dos métodos". O método weberiano, com sua atenção à ação dos indivíduos, buscava, afinal, varrer do cenário da reflexão científica a mística romântica e o irracionalismo ainda fortes nas primeiras décadas do século XX.

A busca pelas conexões de sentido na conduta humana ao longo da história leva, no limite, a pensar num indivíduo que opta racionalmente por valores disponíveis, e a ideia de um "mercado" de valores não é de todo absurda aqui. Os resquícios de indeterminação, que a consideração da unicidade do momento histórico mantinha intactos, revelariam a irracionalidade da ação humana. Mas Weber se nega a considerar, como determinantes para o curso histórico, quaisquer "forças misteriosas", ininteligíveis e inacessíveis.

Os objetos do mundo histórico, sobre os quais se detém o cientista weberiano, não possuem, em si mesmos, sentido algum, o que o impede, evidentemente, de procurar neles qualquer "essência" ou qualidade interior intrínseca. No limite, os objetos são vazios de sentido, até que o sujeito cognoscente se ocupe deles.

É impossível esquecer aqui Simmel, quando propõe que se libere o homem do historicismo, assim como Kant o livrara do naturalismo. Ao sugerir, em 1905, que o ser humano percebesse que as formas assumidas pela história são criações suas, embora se lhe apresentem como estranhas, Simmel pretendia que se superasse uma espécie de tirania das formas.

....
maioria repele e abomina". O horror do terceiro *Reich* não tardaria a revelar a ingenuidade daquela esperançosa confiança numa Alemanha "ardentemente pacifista, contra todos os ódios e todas as injustiças" (Holanda, 1988, p. 260-261).

O caminho trilhado por Simmel (1971, p. 3-5) é singular, mas sua preocupação em encontrar no indivíduo, como sujeito cognoscente, aquele que "cria" a natureza (em sentido kantiano) e "cria" a história, faz lembrar Weber em seu afã racionalizador, ao buscar varrer do campo metodológico o misterioso e o impenetrável, ou aquilo que Lask, emprestando a expressão a Fichte, chama de "*hiatus irrationalis*" entre o pensamento e a realidade.[13]

Voltando a Sérgio Buarque, é sugestiva a "desconsideração" de elementos adquiridos num primeiro contato com o pensamento alemão.[14] Tão mais interessante se torna essa questão quanto nos lembrarmos que Sérgio Buarque trouxe da Alemanha, para onde fora como correspondente jornalístico em 1929, um calhamaço escrito, que deveria inicialmente chamar-se *Teoria da América*, e do qual, posteriormente, aproveitaria apenas uma parte.

Bem mais tarde, em 1967, numa conferência proferida na Escola Superior de Guerra, Sérgio Buarque recordaria que seus "anos alemães" o inspiraram na investigação de seu próprio país. Quando voltou ao Brasil, fora necessário, diz ele, "explicar-me a mim mesmo ou, se possível, tentar explicar a outros, os traços distintivos da entidade misteriosa e, por menos que o queiramos, ainda indecisa, a que se chama o homem brasileiro". Para tanto, o exame de uma consciência "nacional" não poderia se apartar de sua "consciência pessoal". E esta, ainda segundo o historiador, ligava-se ao "fato de uma residência mais ou menos prolongada em terra estrangeira ter servido para aguçar em mim, prematuramente, certa sensibilidade a contrastes entre indivíduos de formação e cultura distintas". Daí resultaria o seu "patriotismo", que não pertenceria,

....
13. Ver também Oakes (*in* Mommsen; Osterhammel, 1987, p. 438-440).

14. A averiguação dessa primeira filtragem de elementos do pensamento alemão, quando do retorno de Sérgio Buarque ao Brasil, requereria uma mais longa e pausada reflexão, que não faço aqui. Fica, entretanto, a lembrança desse interessante caminho de pesquisa, iluminado que seria por uma análise "geológica" da biblioteca do historiador. As várias "camadas" de livros adquiridos à época por Sérgio Buarque, se bem analisadas em contraste com o conteúdo de seus próprios escritos, pode revelar muito do interesse e mesmo da leitura empreendida pelo historiador. A sugestão de tal análise de "camadas" bíblicas é de Antonio Candido, num trecho de seu discurso na cerimônia de inauguração das novas instalações da Biblioteca Central da Unicamp, que abrigaria, conforme notei acima, a coleção de Sérgio Buarque: "o estudo de tais coleções [bibliotecas pessoais mantidas em sua integridade] vem a ser um instrumento útil para investigar a formação das mentalidades num dado momento histórico. A evolução da cultura de um homem se evidencia nos livros que leu. Através desta cultura é possível esclarecer a história intelectual de um período, pois a formação de uma biblioteca equivale geralmente à superposição progressiva de camadas de interesse, que refletem a época através da pessoa" (Souza, 1993, p. 217).

contudo – diz ele a uma plateia formada principalmente por militares –, *"à variedade exclusivista"* (Holanda, 1967, p. 1).[15]

Entre a estadia na cosmopolita República de Weimar e a edição de *Raízes do Brasil*, seria publicado, em 1935, no primeiro número da revista *Espelho*, dirigida por Américo Facó, um "ensaio de psicologia social" intitulado "Corpo e alma do Brasil", em que Sérgio Buarque discute o "homem cordial", sua aversão aos ritualismos e à vida regrada e concertada coletivamente, em benefício do aspecto personalístico e doméstico de suas relações. Eivado ainda de um psicologismo que revisões ulteriores tratariam de atenuar, o ensaio corresponde aproximadamente aos capítulos 5 ("O homem cordial") e 7 ("Nossa revolução") de *Raízes do Brasil*, embora haja nele partes que comporiam o capítulo intermediário entre aqueles dois. Na primeira edição de *Raízes do Brasil*, contudo, se mantém boa parte do texto de 1935 (cf. Holanda 1987, p. 32-42).[16]

Mas o que terá sido "desconsiderado" no texto original da *Teoria da América*, trazida da Alemanha? Não surpreenderia que tivesse sido exatamente aquilo que podia aproximá-lo de uma abordagem idealista, irracionalista ou essencialista da história. Ele próprio, no Brasil, faria um balanço crítico de sua produção alemã, já com olhos de quem ia se tornando um historiador profissional. Em 1936, Sérgio Buarque de Holanda foi "nomeado"[17] assistente do professor Henri Hauser, na Universidade do Distrito Federal. Neste mesmo ano, publicava suas *Raízes do Brasil*.

Achegando-se a Weber: o mundo dos valores em conflito

A escassez de indícios não permite fazer afirmações peremptórias sobre a opção do historiador por uma orientação weberiana, em detrimento de uma

....
15. O texto da palestra proferida na ESG pode ser lido na já referida coletânea que organizei e puliquei, em 2008, com João Kennedy Eugênio, intitulada *Sérgio Buarque de Holanda: Perspectivas*.
16. Ver também *Tentativas de mitologia* (Holanda, 1979, p. 29-30). E, é claro, consultar a edição crítica de *Raízes do Brasil*, já referida aqui e publicada em 2016.
17. As aspas devem-se ao fato de que, segundo o próprio Sérgio Buarque, foi ele quem escolheu Hauser para assistir, e não o contrário. Por intermédio de Prudente de Moraes, neto, então diretor da Faculdade de Filosofia e Letras e seu dileto amigo, Sérgio Buarque iniciaria um aprendizado muito proveitoso: "De Hauser eu aprendi muito e comecei a aplicar os critérios utilizados por ele para o meu conhecimento de estudos brasileiros para os quais, de fato, eu sempre me devotara, mesmo se com uma curiosidade dispersiva e imprecisa" (Graham, 1982, p. 6). Ver também Holanda (1979, p. 14).

inspiração historicista ou hermenêutica.[18] Se a presença de Weber em *Raízes do Brasil* é clara, ela não é exclusiva e nem mesmo dogmática, embora seja fundamental na arquitetura do ensaio.[19]

Um historiador já observou que a base conceitual de Sérgio Buarque não é facilmente percebida, porque ele se utilizava da teoria "de modo funcional, não como anúncio, mas instrumento" (Iglésias, 1992, p. 25). Se por um lado isso significa que evitava, de forma louvável, uma atitude comum no meio acadêmico – o anúncio da metodologia como uma seção separada do próprio estudo –, por outro lado torna ainda mais difícil o levantamento de sua herança teórica.

A busca de elementos weberianos em *Raízes do Brasil* é bastante verossímil. Em seu livro de estreia, Sérgio Buarque parece fundamentalmente preocupado com a *ação* dos colonizadores, sua conduta, orientada segundo certos valores, configurando uma *ética* cujos significados ele explora e imagina, esmiuçando o sentido da colonização e desvendando as raízes de certas atitudes e posturas contemporâneas.

Ainda tocando solo metodológico weberiano, poderíamos dizer que Sérgio Buarque fala de indivíduos que não são mecanicamente condicionados por uma ética. Ao contrário, eles próprios a constroem, num processo tenso e complexo. Seu foco é a conduta individual (típica), configurando uma ética

---

18. Os próprios termos "historicismo" e "hermenêutica" não se prestam a definições conclusivas. O desenvolvimento ulterior de correntes do historicismo, não apenas na Alemanha, sugere o caráter multifário do termo. Maria Odila Dias advoga a raiz historicista (ou "historista", fazendo valer o rigor terminológico de Sérgio Buarque) do autor de *Raízes do Brasil*, estampada, a seu ver, no aspecto configurativo e perspectivista de suas análises. A perspectiva crítica em relação ao passado, ressalta ainda Dias (1988, p. 78), obrigava-o a forjar um estilo que mantivesse a tensão entre os testemunhos passados e essa mesma perspectiva: "Para ele, como para Dilthey e outros historistas, o estilo era parte integrante do exercício de interpretação e do processo de compreensão ou *Verstehen*, pelo qual o historiador se tornava observador participante de valores e forças peculiares a uma outra época do passado". O espectro amplo do historismo fica patente na observação de Sérgio Buarque, em seu estudo sobre Leopold von Ranke, de que o historismo é antes um tipo de mentalidade que um método ou uma escola (cf. Holanda, *Livro dos Prefácios*, 1996, p. 163-188). Já a hermenêutica quase dispensa comentários sobre seu caráter multíplice. Desde que se desprendeu da exegese das Escrituras Sagradas, com Schleiermacher, vem ensejando os mais variados esforços interpretativos, constituindo-se num dos mais importantes paradigmas da antropologia contemporânea.

19. O trabalho de Marcus Vinicius Carvalho (1997), intitulado *Raízes do Brasil, 1936*, fornece um interessante contraponto para a interpretação "weberiana" que aqui se propõe do ensaio de Sérgio Buarque. Carvalho destaca exatamente a importância de Dilthey na formação do historiador e especialmente a articulação daqueles que são considerados os "três núcleos conceituais" de *Raízes do Brasil*: "tradição, cultura e vida".

específica. Ou seja, a ética do aventureiro não é uma construção apriorística, mas sim o resultado de uma análise minuciosa, através de documentos históricos, atenta à ação de indivíduos determinados, buscando nela um sentido específico no seio do problema maior da colonização ibérica, notadamente lusitana.

Sobre a condicionalidade que baliza ou limita as ações individuais, há que recordar que a liberdade do indivíduo weberiano está exatamente nas suas opções no universo cultural, segundo uma série de possibilidades que apenas o mundo histórico pode facultar. Mundo da cultura, uma vez mais, onde os valores orientam e dão sentido às ações. A opção individual (típica) por certos valores ou fins, como se verá, dá sentido a categorias como "aventura" e "trabalho".

O mundo da cultura, portanto, é aquele em que os valores se apresentam, com maior ou menor claridade, aos indivíduos. A opção valorativa é o atributo de um ser moral que não pode se furtar à escolha. Aproximando-nos de Nietzsche (num ponto em que Weber se aproxima dele e, como veremos, também Sérgio Buarque, à sua maneira), resta lembrar que a moralidade impõe uma resposta frente aos valores. Aceitar um deles não nos faculta conviver, sem fricção, com outros valores que não o nosso, mas significa negá-los.

Circundamos já o campo da política, onde, na percepção de Nietzsche e Weber, não há espaço para a compaixão, tomada como horizonte apaziguador e final (cf. Eden *in* Mommsen; Osterhammel, 1987, p. 415-416). Os atores que se movem nesse palco se veem diuturnamente às voltas com "deuses" e "demônios", metáfora luminosa para um mundo com valores conflitantes, em que o irenismo não tem vez e em que o indivíduo não se rende passivamente a eles, mas autonomamente elege o demônio que entretecerá suas próprias veias.

Sentido e experiência

Se Weber encontra a significação do mundo da cultura nas opções valorativas dos indivíduos ao longo da história, Sérgio Buarque não tomará rumo muito diverso. É óbvio que sua solução para a compreensão da sociedade brasileira não se esgota nas sugestões weberianas. Mas, para Weber, assim como para o historiador brasileiro, a conduta humana constitui o foco do estudioso da cultura. Nesse ponto de toque entre os dois pensamentos, encontra-se uma chave para a compreensão de *Raízes do Brasil* e sua singular tipologia.

No mundo da cultura, o sentido se dá graças à faculdade do ser histórico de encontrar uma significação no universo à volta de si. Apenas o indivíduo pode iluminar uma parte (sempre ínfima) da realidade, dando-lhe sentido como mundo cultural. Insisto que, de uma perspectiva weberiana, o sentido não está no mundo em si, mas no mundo tornado significativo pelo indivíduo. Da mesma forma, o sentido não será encontrado pela *revivência*, mas sim na *experiência*, isto é, ali onde o indivíduo atribui significado ao mundo; no limite, ali onde ele *cria* o seu mundo.

Mas como, exatamente, ir além da experiência meramente individual na análise da cultura? Como evitar a transformação da história numa imensa casuística? Aqui nos aproximamos da noção de tipo ideal. E, uma vez mais, a reflexão de Gabriel Cohn pode ser de grande auxílio:

> [...] não há atributos intrínsecos aos fenômenos que permitam o seu conhecimento pleno através das supostas exigências ensejadas por alguma forma de captação intuitiva. Definitivamente, e isso nunca será suficientemente enfatizado, a compreensão não diz respeito às personalidades dos agentes, muito menos a quaisquer "vivências", mas às suas ações. A Weber não interessa a vivência dos sujeitos, mas sua *experiência*. Vale dizer, também não interessam suas ações de per si, mas sim o estabelecimento de nexos causais entre várias ações do mesmo agente (típico) ou entre as ações de vários sujeitos diversos, num mesmo contexto. Daí a importância, nesse ponto, do conhecimento "nomológico" do pesquisador, pois o que importa é transcender a ação singular como puro evento. Daí também a importância dos procedimentos construtivos envolvidos no tipo, pois do contrário não há como transcender a pura realidade empírica vivida, que é um fluxo inesgotável de eventos singulares. (Cohn, 1979, p. 82)

Eis o ponto em que o conhecimento nomológico passa a ser válido para o cientista social, não como arcabouço de leis universais de sentido unívoco, mas como parte integrante de um instrumental teórico que busca desvendar o sentido do mundo cultural, da perspectiva do cientista-historiador, que procura esclarecer a conduta dos indivíduos num dado contexto histórico.

Interessa ao cientista desnudar as conexões de sentido que possam tornar compreensíveis as imputações causais que envolvem as ações dos indivíduos. Mas a análise depende de um procedimento metodológico adequado, com a construção de conceitos que propiciem o acesso do cientista ao nível da experiência. Tornam-se necessários, portanto, conceitos que ordenem o "fluxo inesgotável de eventos singulares", tornando-o inteligível.

No "mundo das ideias": criando o tipo ideal

Quando Sérgio Buarque fala de trabalho e aventura, ressalvando seu aspecto ideal, ele esclarece a função ordenadora ("nos ajudam a situar e a melhor ordenar nosso conhecimento dos homens e dos conjuntos sociais") de conceitos que, à maneira de Weber, organizam o universo empírico segundo os objetivos teóricos do cientista.

A "extensão superindividual" revela o aspecto de abrangência dos conceitos, que transcendem a experiência individual singular e se firmam como ferramentas do conhecimento, atingindo significação para a compreensão do conjunto. No entanto, sua existência fica claramente circunscrita ao "mundo das ideias", que vem em auxílio do historiador não como ponto final de sua análise, mas como meio para a decifração dos significados possíveis do mundo cultural, compreensíveis, como se viu, através da experiência de indivíduos de carne e osso.

A captação do sentido do mundo histórico requer, segundo o procedimento weberiano, o internamento momentâneo no mundo das ideias. É na imaginação do cientista que se criam as ferramentas que lhe permitirão compreender o mundo. O conceito não é, portanto, uma entidade metafísica, ou o móbil da história. Ele é precisamente uma ferramenta: o meio, não o fim do conhecimento.

Internado em seu "mundo das ideias", o cientista-historiador vai abrir caminho para uma explicação de cunho propriamente compreensivo.[20] O recurso ao tipo ideal lhe permite transcender "a pura realidade empírica", para, através dessa ferramenta metodológica, reter os fios significativos (as "conexões" de sentido) que ligam os indivíduos e suas ações em torno de certas atitudes típicas, eventualmente em torno de uma *ética* peculiar.

A abstração em que nos lançamos, tão logo tomamos o caminho metódico proposto por Weber, é inescapável para quem enfrenta a tarefa de explicar compreensivamente o mundo da cultura. Se nos limitássemos à pura descrição dos fenômenos (e mesmo ela representaria uma "seleção"

....
20. A aparente contradição encerrada na ideia de uma "explicação compreensiva" é superada tão logo lembremos que o próprio Weber a utiliza, naquele texto de 1917, sobre o sentido da "neutralidade axiológica" nas ciências sociais e econômicas, a que me referi diversas vezes aqui. A expressão alemã é "*verstehend zu erklären*". Através dela, podemos ver Weber conciliando duas categorias que no pensamento de Dilthey são exclusivas. A recusa de tal exclusividade pode revelar, por seu turno, a relativização weberiana da classificação dos procedimentos científicos em *idiográficos* ou *nomotéticos*, na acepção de Windelband.

diante da infinitude do real), não encontraríamos as conexões de sentido que nos permitem *compreender* a realidade. Há que encontrar, na realidade, o que há de específico, segundo o ponto de vista particular do cientista. Este é precisamente o momento em que o cientista se vê diante da necessidade de operar um recorte na realidade, isto é, selecionar aquilo que lhe parece relevante, descartando o que não é.

Não se trata, é claro, de uma operação arbitrária. Tampouco a "seleção" se reduz a uma atitude estética. Weber é um cientista, não um pintor. A afirmação não é irrelevante. Lembre-se que Simmel seria considerado, pelo jovem Lukács, assim como por Mannheim, um "impressionista".[21] O jogo intenso das cores, a espessura singular das tintas e a força da reação ao retrato naturalista se traduziriam no estilo digressivo de sua prosa, no ritmo pulsante do pequeno detalhe e da significação ampla que sua filosofia almeja alcançar.

De Sérgio Buarque, por seu turno, houve já quem fizesse relação de seu ensaio com a pintura. Fernando Henrique Cardoso (1993, p. 26) recorda os mestres flamengos quando se detém sobre *Raízes do Brasil*. Francisco Iglésias (1987, p. 126) sintetiza o ensaio como "impressionista mais que documentado". E a própria ideia de um toque impressionista na composição ensaística brasileira tampouco é estranha à época. Em 1928 Paulo Prado reclamara, para seu *Retrato do Brasil*, uma técnica de composição afim à pintura dos impressionistas. No lugar das tradicionais datações e descrições factuais, restariam os elementos essenciais que dominam os indivíduos e a coletividade, transpostos

....
21. Tom Bottomore e David Frisby (1978, p. 31) lembram que Lukács considerava Simmel um "Monet filosófico", verdadeiro "filósofo do impressionismo". Realçando o esteticismo do impressionismo e do trabalho de Simmel, Lukács sugere que o "impressionismo experimenta e valoriza as mais sólidas e eternas formas como a transgressão da vida, de sua exuberância e seu multicolorido, de sua riqueza e sua polifonia; ele é sempre glorificador da vida e põe cada forma a seu serviço. Assim fazendo, contudo, a natureza da forma se torna problemática. [...] Todo movimento impressionista não é mais que o protesto da vida contra as formas que se solidificaram demais nela e as quais se tornam muito fracas nessa paralisia para ser capazes de incorporar sua riqueza em formas". Mannheim (1959, p. 217), por sua vez, afirma que Simmel "tinha uma aptidão para descrever as mais simples experiências do cotidiano com a mesma precisão que é característica de uma pintura contemporânea impressionista, que aprendera a refletir as sombras e os valores da atmosfera até então não observados. Ele pode bem ser chamado o 'impressionista' na sociologia, porque sua habilidade não era a de obter uma visão construída da totalidade da sociedade, mas de analisar a significância das menores forças sociais, antes não observadas".

para aquele "retrato" através de "manchas, mais luminosas, ou extensas" (cf. Prado, 1928, p. 183-184).[22]

A digressão é válida quando menos pelo fato de que o aspecto ficcional é fundamental na composição metodológica weberiana. Mas a composição teórica científica não se confunde com a composição artística. A ressalva não é excessiva, se lembrarmos que Meinecke, referindo-se à tradição científica da história inaugurada por Ranke, afirma que a ciência pode assumir como seu instrumento a própria arte, já que o objeto do conhecimento histórico pode se subtrair ao conhecimento exclusivamente causal. Assim, a exprobação que o positivismo dirige ao historicismo, alegando sua não-cientificidade, não seria, ao menos do ponto de vista formal, de todo injustificada (cf. Meinecke *in* Rossi, 1977, p. 923).

Tanto quanto o pintor, o cientista imaginado por Weber faz um *quadro*. Mas se trata de um quadro cuja composição exige fidelidade à razão. Já se viu que o recurso a formas empáticas de "revivência" é recusado como solução compreensiva, e que se busca um procedimento metódico racional que, ao fim, trata das escolhas racionais de um indivíduo autônomo cujo único *a priori* é sua própria liberdade.

O momento da composição teórica, que Weber sonhava aproximar à técnica de composição wagneriana[23], impõe ao cientista a necessidade de selecionar os traços significativos da realidade. O tipo ideal, como ferramenta teórica forjada criativamente pelo cientista, seria então obtido

> mediante a acentuação unilateral de um ou de vários pontos de vista e mediante o encadeamento de grande quantidade de fenômenos isoladamente dados, difusos e discretos, que se podem dar em maior ou menor número ou mesmo faltar por completo, e que se ordenam segundo os pontos de vista unilateralmente acentuados, a fim de se formar um quadro homogêneo de pensamento. *É impossível encontrar empiricamente na realidade este quadro, na sua pureza conceitual, pois trata-se de uma utopia.* (Weber, 1992, p. 137-138, grifos SBH)

....
22. Para uma crítica ao argumento impressionista na exposição do *Retrato do Brasil*, ver Berriel (1994, p. 162-173). A tese seria publicada mais recentemente, cf. Berriel (2013).
23. Gabriel Cohn (1979, p. 3) ressalta o comentário de Weber, de que a técnica de escritura utilizada por Wagner em *Tristão e Isolda*, se estivesse à disposição em seu trabalho, lhe permitiria "finalmente fazer o que deveria: dizer muitas coisas separadas, uma ao lado da outra, mas simultaneamente".

O caráter utópico do tipo ideal não permite detectar, em Weber, uma teleologia da ação. Não se trata de como *deve* caminhar o indivíduo na história. A utopia weberiana não é o *télos* da ação individual. O apontamento dos rumos necessários da história seria o corolário de uma ciência "ética" que, como já vimos, Weber evitava. O imperativo ético da ação não está no escopo do cientista, mas sim do homem livre, que age no mundo da cultura, no plano da política. A utopia, presente em Weber, posta-se na esfera do conhecimento, resguardada no plano metodológico.

É na irrealidade da construção típico-ideal que se revela seu caráter utópico. Sérgio Buarque alerta para o aspecto ficcional do aventureiro e do trabalhador ("é claro que, em estado puro, nem o aventureiro, nem o trabalhador, possuem existência real fora do mundo das ideias"). Assim também, o tipo ideal weberiano não se confunde com a realidade empírica, sendo antes um "quadro homogêneo de pensamento", traçado pelo cientista interessado em encontrar a "significação cultural" dos fenômenos.

Como ferramenta metodológica, o tipo ideal não é mais que uma ficção científica, destinada ao confronto com a realidade empírica. Uma vez acentuados certos traços da realidade, considerados significativos, trata-se de congregá-los numa totalidade individual coerente, não contraditória (o "quadro homogêneo de pensamento"), que permita, através de comparação com o real, tornar inteligível o desenrolar dos fenômenos históricos, não em sua extensão caótica e infinita, mas em sua significação específica, segundo um horizonte de sentido projetado pelo próprio cientista social.

O mundo da cultura como problema: caráter genético do tipo ideal

Encontrar regularidades nas condutas individuais não produz, segundo o procedimento metódico em questão, um saber exclusivamente nomológico. Na percepção weberiana, a conduta individual permanece irredutível a leis. O devir histórico não é uma imposição apriorística do cientista, mas sim o resultado do desenrolar de fenômenos históricos que somente se tornam compreensíveis através da atenção à experiência humana. O sentido, lembre-se uma vez mais, envolve ações individuais de agentes autônomos. Mas nem por isso as regularidades de conduta inexistem ou são irrelevantes. Na construção do tipo ideal, bem ao contrário, tais regularidades são o fulcro da interpretação histórica.

O aspecto de construção teórica se traduz no caráter *genético* do tipo ideal. Já se viu que não há casualidade na seleção de traços do real com vistas à construção tipológica. Mas então a que critérios responde tal seleção? Não se trata, numa tentação naturalista, de encontrar as causas e a explicação dos fenômenos históricos individuais no próprio mundo dos fenômenos, como se este fosse formado por seres sem liberdade, com significados dados *a priori*. Nas ciências experimentais, como Weber denomina as ciências da cultura, não existem leis unívocas de sentido universal. Reaparece aqui a feição antipositivista de seu pensamento, porque o sociólogo-historiador de que fala somente pode *compreender* o mundo – ainda que procurando *explicá-lo* – se ele próprio, como indivíduo que é, atribuir um sentido específico à realidade que quer dar a entender, seja ela pretérita, presente ou mesmo futura.

O cientista social weberiano, portanto, ilumina a realidade empírica com que lida segundo problemas que ele próprio constrói. No limite, pode-se dizer que a realidade somente se torna inteligível porque foi transformada num "problema". Lembre-se aqui a máxima weberiana segundo a qual o cientista é aquele que transforma num problema o que por convenção é evidente (Weber, 1992, p. 370). Não há como "retratar" a realidade sem envolvê-la em um ou em vários problemas, o que, por seu turno, sugere a porção subjetiva resguardada no processo de seleção que preside a construção do tipo ideal. Afinal, nunca é vã a insistência, o próprio cientista social, mobilizando os elementos que comporão sua explicação, o faz segundo relações de valor que ele mesmo estabelece com o mundo empírico.

O "ponto de vista" do sujeito cognoscente não será jamais irrelevante, pois

> os fenômenos que nos interessam como manifestações culturais, em geral, derivam o seu interesse – a sua "<u>significação cultural</u>" – de ideias de valor muito diferentes, com as quais podemos relacioná-las. Da mesma forma que existem "pontos de vista" os mais diferentes, a partir dos quais podemos considerar como significativos os fenômenos citados, é possível se fazer uso dos mais diferentes princípios de seleção para as relações suscetíveis de ser integradas no tipo ideal de determinada cultura. (Weber, 1992, p. 138, grifos SBH) [24]

O "quadro homogêneo de pensamento", na definição weberiana, comportará então aqueles traços tornados importantes pelo cientista social, segundo

---

24. "Significação cultural" vem sem aspas na edição brasileira de que me utilizei. As aspas constam, porém, da edição alemã de Sérgio Buarque, e por isso as mantive.

uma lógica que obedece a critérios culturais – de escolha de valores –, mas nunca a critérios exclusivamente estéticos ou lúdicos. A propósito, àqueles que consideram a construção de uma "utopia" histórica mero jogo mental, perigoso para a objetividade do conhecimento científico, Weber lembra que,

> de fato, nunca poderá se decidir *a priori* se se trata de mero jogo mental, ou de uma construção conceitual fecunda para a ciência. Também existe apenas um critério, o da eficácia, para o conhecimento de fenômenos culturais concretos, tanto nas suas conexões como no seu condicionamento causal e na sua significação. Portanto, a construção de tipos ideais abstratos não interessa como fim, mas única e exclusivamente como meio de conhecimento. Qualquer exame atento dos elementos conceituais da exposição histórica demonstra, no entanto, que o historiador – logo que tentar ir além da mera comprovação de relações concretas, para determinar a significação cultural de um evento individual, por mais simples que seja, isto é, para "caracterizá-lo" – trabalha, e tem de trabalhar com conceitos que, via de regra, apenas podem ser determinados de modo preciso e unívoco sob a forma de tipos ideais. (Weber, 1992, p. 139, grifos SBH)

A investigação histórica, no discurso weberiano, prende-se à construção típico-ideal. "Ir além da mera comprovação de relações concretas" em busca da "significação" é a tarefa científica por excelência. Aqui reaparece o aspecto parcial de todo conhecimento significativo, que se infere da necessidade de realizar um recorte na realidade, por meio da prévia seleção de traços para a constituição do tipo.

O "conceito-limite"

O potencial esclarecedor da ciência não está no aclaramento total da realidade. Sua função, quase poderíamos dizer *sua validade*, está, como já se viu, em iluminar aspectos significativos do real, de modo a tornar compreensível a conduta humana. O horizonte individual das decisões, por seu turno, escapa ao poder normativo que uma ciência "ética" possuiria. Não sendo o cientista um vaticinador, cabe-lhe, por meio de seu rigor teórico, iluminar o mundo cultural em que estão imersos os indivíduos, esclarecendo-os a propósito dos fins últimos pelos quais podem guiar ou têm guiado suas ações. O tipo ideal é a ferramenta de que se serve o cientista social, mas que não deve ser encarada senão como o meio de esclarecimento que reafirma – ou resguarda, numa esfera que lhe é própria – a autonomia da ação.

Weber não se cansa de alertar para o perigo da confusão entre tipo ideal e história. "Ideal" tem sentido puramente lógico, não se tratando de algo que deva ser seguido como exemplar. Quando se refere ao tipo ideal, esclarece que se trata de

> um quadro de pensamento, não da realidade histórica, e muito menos da realidade "autêntica"; não serve de esquema em que se possa incluir a realidade à maneira de exemplar. Tem, antes, <u>o significado de um conceito-limite, puramente ideal, em relação ao qual se mede a realidade a fim de esclarecer o conteúdo empírico de alguns dos seus elementos importantes, e com o qual esta é comparada</u>. Tais conceitos são configurações nas quais construímos relações, por meio da utilização da categoria de possibilidade objetiva, que a nossa imaginação, formada e orientada segundo a realidade, julga adequadas. (Weber, 1992, p. 140, grifos SBH)

Não devendo o tipo ideal ser seguido como algo exemplar, resta assegurada, no plano lógico, a liberdade do sujeito frente à ciência, já que ele age autonomamente. Porém, se correto tal raciocínio, poderia turvar-se a ideia de *destino*, fundamental na obra de Weber.

Ao apontar para as ambiguidades do pensamento weberiano, Gabriel Cohn assevera que o que permite a conjugação, num mesmo constructo teórico, da ideia da liberdade do sujeito e da "trama inexorável do seu destino" é o próprio procedimento *genético* da construção típico-ideal. Afinal,

> na medida em que apenas se tornam significativos os traços individuais [...] que têm a ver com o modo como influíram ou influem sobre determinados valores contemporâneos não questionados, seus desdobramentos no tempo já estão *prefigurados* na sua própria construção. [...] O conceito de tipo ideal incorpora, na sua expressão mais pura, as ambiguidades do empreendimento weberiano. Ele combina, num "todo não contraditório", a concepção da liberdade e da autonomia do sujeito com a de que suas ações têm consequências que poderão questionar pela base esses mesmos atributos. Vale dizer, toma o indivíduo como "caráter", mas o faz mediante um procedimento que desde logo o vincula ao seu "destino". (Cohn, 1979, p. 130)

De uma forma ou outra, o estabelecimento de "relações" na configuração típico-ideal traz à luz não apenas a categoria de "possibilidade objetiva", como também a de "imputação causal". Ambas são fundamentais na construção do tipo ideal. Para esclarecer o procedimento metodológico em tela, retomo aqui o trilho de Weber, em seu arrazoado a propósito do surgimento do "espírito do capitalismo".

"Imputação causal" e "possibilidade objetiva"

Logo na introdução a sua obra mais conhecida, *A ética protestante e o espírito do capitalismo*, Weber (1992, p. 1-4) elege seu problema: por que apenas no Ocidente moderno apareceram fenômenos culturais universais em seu valor e significado? Por que a "ciência", como a conhecemos modernamente, aparece somente no Ocidente? Por que a moderna "música racional", a moderna arquitetura, a moderna Universidade, o Estado moderno, são fenômenos deste mesmo Ocidente? Enfim, por que o capitalismo somente se firma e ganha significado universal no Ocidente?

Ao associar a noção de capitalismo à calculabilidade, à racionalidade das operações, à previsibilidade e à expectativa individual em termos de capital, Weber não faz mais que plantar um problema: como surgiu tudo isso? Colocada a questão de outra forma: quais as possíveis causas desse desenvolvimento? Aqui, justamente, surge a *imputação causal* como instrumento próprio do cientista social.

Weber não caminha atrás da causa única do moderno espírito do capitalismo. O capitalismo não é uma força, ou uma individualidade histórica significativa em si mesma, autônoma e independente da perspectiva do historiador. Ele se *transforma* num problema, justamente a partir do ponto de vista do investigador. A partir desse problema, será construída uma explicação *possível* de seu desenvolvimento. Não será excessivo recordar que, no fecho de sua obra, Weber (1992, p. 132) nota que faltaria ainda investigar como a ascese protestante fora influenciada pela "totalidade das condições sociais, especialmente pelas econômicas". Não se trata, obviamente, de uma concessão a uma interpretação materialista da história, mas sim da lembrança de que uma observação causal da cultura e da história é sempre uma introdução, jamais uma conclusão. Ela não é, por si só, bastante ou conclusiva.

O autor de *A ética protestante e o espírito do capitalismo* jamais se lança a um relativismo simplório, como se a verdade simplesmente não existisse, ou como se ela se ocultasse absolutamente. Antes, assume o caráter transitório e necessariamente parcial de toda investigação histórica. Nem por isso tal investigação pode ser considerada incorreta. Apenas não há, nos próprios objetos, uma característica que lhes seja essencial, nem deve o cientista social imaginar que se aproximará da coisa em si, à maneira de um *noumeno*. Na esteira da fenomenologia, mas em tensão com ela, ele constrói seu problema, ilumina a realidade segundo seus objetivos e, no limite, retoma o seu desenrolar segundo certa significação, jamais descobrindo a história como ela "realmente aconteceu".[25] De forma diversa, ele lhe imputa certas cadeias causais que possam desnudá-la, em seus significados para o indivíduo contemporâneo, de acordo com os sentidos que esse mesmo indivíduo possa dar ou ter dado a suas ações, em seu curso histórico.

Se a racionalidade é a marca fundamental e fundante do capitalismo moderno, Weber trata de se perguntar de onde ela veio. Como surgiu o "sóbrio capitalismo burguês, com sua organização racional do trabalho"? Excluídas de sua reflexão ficam as formas de capitalismo de caráter irracional e especulativo, do "especulador" que Weber (1992, p. 7) chama de "aventureiro capitalista".[26] Interessa-lhe a organização capitalística assentada no trabalho formalmente livre, num momento em que a contabilidade e a técnica se tornam imprescindíveis. Aqui entramos na imputação causal, que pode iluminar o trabalho da construção típico-ideal.

Weber associa o surgimento do espírito do moderno capitalismo ao nascimento de uma ética protestante. Nas máximas de Benjamin Franklin encontra o que seria uma ética religiosa laicizada. A *vocação* religiosa, segundo suas investigações, fora ganhando, a partir da Reforma, um aspecto secular. É no mundo do século que o homem se aproxima de Deus. À ascese monástica se sobrepõe uma ética religiosa voltada para o mundo terreno. Na célebre formulação de Weber (1992, *A Ética Protestante*, p. 130), "o ascetismo foi levado para fora dos mosteiros e transferido para a vida profissional, passando a influenciar a moralidade secular".

....

25. A expressão "como realmente aconteceu", aqui empregada, nada tem a ver com a controvertida fórmula rankeana do *"wie es eigentlich gewesen"*, que, embora se possa traduzir por "tal como efetivamente sucedeu", presta-se a confusões, conforme alerta Sérgio Buarque em *Livro dos Prefácios* (Holanda, 1996).

26. Embora fiquem excluídas da reflexão weberiana, figuras como a do "especulador" e do "aventureiro capitalista" serão importantes no tocante a Sérgio Buarque. O "especulador" aparecerá em *Raízes do Brasil* através da categoria dos *"speculatori"* de Pareto, fundamental, juntamente à categoria dos *"rentieri"*, para a compreensão do "aventureiro" e do "trabalhador". Já a ideia do "aventureiro capitalista" não aparecerá em Sérgio Buarque nesta exata forma, embora, como se verá à frente, a conceituação weberiana esclareça consideravelmente o significado que o historiador brasileiro atribui à "aventura".

O ascetismo laico, que o protestantismo criara, termina por se entranhar no cotidiano do indivíduo, regulando-lhe a conduta, tornando-o propenso às atividades fatigantes e metódicas e o afastando do luxo exibitório e perdulário. Da combinação entre o labor infatigável, que a vocação determina como imperativo ético, e a restrição sistemática do consumo, decorre a acumulação capitalista.

Perceba-se nesse arrazoado que Weber encontra as origens do moderno espírito do capitalismo por meio da imputação de certas causas, hipotéticas, ao decurso histórico. Aqui figura o processo de verificação, ou de comparação do tipo ideal com o que se poderia chamar de realidade. O contraste se dá através da comparação dessa "individualidade histórica" que é o "espírito do capitalismo", expresso nas máximas de Benjamin Franklin, com o que as Igrejas Reformadas formularam em termos ético-vocacionais. A vocação religiosa tinha sua razão na aproximação do homem ao Reino de Deus. Laicizada, tal vocação se revestiu de uma racionalidade sufocante, tragicamente aprisionadora.

Ao buscar a regularidade de uma conduta tipicamente capitalista, Weber trouxe à luz a obra de Franklin e, na intenção de explicá-la, buscou uma cadeia causal que pudesse torná-la compreensível. O nascimento de uma ética religiosa específica, a partir da Reforma, mostrou-se uma *possibilidade objetiva* da origem do "espírito do capitalismo". Com isso não se encerrou o problema, está claro. O procedimento genético envolvido na construção desse tipo ideal que é o espírito do capitalismo termina por situá-lo como *problema*, que não se esgota em si, mas necessariamente suscita novos problemas. A "eterna juventude" das ciências históricas se revela exatamente no caráter problemático da construção típico-ideal.[27] A despeito de sua irrealidade, o tipo ideal é um produto histórico, fruto de uma certa época e de um certo ponto de vista.

Weber se lançou numa explicação causal da história. O aspecto nomológico do conhecimento se revela naquelas regularidades expressas, por exemplo, nas máximas de Franklin. O "espírito do capitalismo", como construção típico-ideal, procura fixar experiências dispersas em torno de certas regularidades, inteligíveis através dessa totalidade significativa que é o tipo ideal.

....
27. "[...] existem ciências dotadas de eterna juventude. É o caso, por exemplo, de todas as disciplinas históricas, de todas aquelas para as quais o fluxo constantemente progressivo da cultura continuamente suscita novos problemas. Na essência de sua tarefa está o caráter transitório de todas as construções típico-ideais, mas também o fato de serem inevitáveis construções típico-ideais sempre novas" (Weber, 1992, *Metodologia*, p. 148).

Por meio dele, o cientista-historiador busca a generalização, sem, contudo, render-se a ela. Como ferramenta metodológica, o tipo ideal é um instrumento compreensivo de grande valia, que não visa necessariamente o que é *genérico*, mas exatamente o que é *específico* nos fenômenos estudados (Weber, 1992, *Metodologia*, p. 145).

Sérgio Buarque de Holanda: weberiano?

Como se verá logo mais, categorias como "aventura" e "trabalho" são melhor compreendidas quando se tem em vista a natureza ordenadora e problematizadora dos conceitos, à maneira de Weber. Como já alertei, não se trata de confundir os dois autores, já que os problemas que eles encaram são diversos, como diversos são os elementos que mobilizam sua imaginação.

Se há, como defendo aqui, construções típico-ideais em *Raízes do Brasil*, convém recordar que o labor científico sempre reserva espaço para a criatividade. Se por um lado a "seleção" que precede a forjadura dos tipos ideais não é casual ou aleatória, por outro lado ela não se fecha em possibilidades estanques. Bastando que sejam objetivas, ou verossímeis, as possibilidades de imputação causal são sempre várias. Se assim for, pode-se compreender Sérgio Buarque como alguém que foi à Alemanha e de lá trouxe um conhecimento teórico inestimavelmente rico, que no entanto não significaria nada, não fosse sua criativa percepção da realidade brasileira, isto é, não fosse a atribuição de certo sentido ao desenrolar do curso histórico.

Se o autor de *Raízes do Brasil* não se utiliza da metodologia weberiana de forma cabal e ortodoxa, nem por isso se deve evitar uma análise, por assim dizer, "weberiana" de sua obra. Insisto que o historiador não foi um "weberiano" puro. Por dois motivos, aliás. Primeiramente, não era de seu feitio agarrar-se a qualquer teoria com exclusividade, porque, se assim fizesse, o espaço da imaginação seria drasticamente restringido, ou até anulado, pela presença maciça do modelo teórico. Em segundo lugar, fica no ar quão pouco weberiano seria um "weberiano" puro no Brasil da década de 1930. As reflexões do mestre alemão apontam, afinal, para a historicidade da construção teórica que auxilia o cientista social, sendo inimaginável que alguém, deslocado no tempo e no espaço, possa fazer as mesmas reflexões, da mesma maneira e com os mesmos instrumentos que outrem, situado em contexto diverso. Não era o próprio Weber quem alertava para a necessidade imperiosa da criação científica continuada, interminável? Se a história é fluxo, como parece ser para os dois autores em questão, ela é suficientemente matizada e irregular para que se evitem as transposições imediatas da reflexão, de um contexto a outro.

Se Weber foi um autor fundamental em dado momento da carreira de Sérgio Buarque de Holanda, não o terá sido sempre e de forma absoluta. Já quase ao fim da vida, o historiador revelaria, num estudo sobre Ranke, o quanto o "método do 'tipo ideal'" lhe parecia então insuficiente:

> [...] se com Max Weber a ideia de "compreensão", no sentido em que foi usada por alguns neokantianos, teve maior longevidade foi, entre outros motivos, por ter sido associada a um método, o do "tipo ideal", que pareceu lançar uma ponte entre as tradicionais categorias das ciências da natureza e os procedimentos adotados nas ciências do homem. Assim ele só passou, em geral, por uma solução plausível enquanto não se percebeu mais claramente que escamoteava, sem superá-lo, o recurso inevitável a generalizações. (Holanda, 1996, *Livro dos Prefácios*, p. 176)

O comentário um tanto acrimonioso sobre o método weberiano não chega a desautorizar, a meu ver, uma investigação como a que proponho aqui. Sérgio Buarque escreveu essas linhas na década de 1970, e seus trabalhos posteriores a *Raízes do Brasil* diferem bastante, em sua composição, daquele primeiro estudo.

Sua recusa em produzir um ensaio "atualizando suas ideias", para compor uma possível edição francesa de seu livro de estreia, já numa idade avançada, revelaria o caráter "plenamente datado" da obra, segundo suas próprias palavras (Coelho, 1976, p. 3-4). Mas é justamente esse caráter datado que pode interessar. A natureza compósita de *Raízes do Brasil* guarda, afinal, uma riqueza singular, em que Weber, como veremos, é um autor importante, mas não o único.

CAPÍTULO 3
Uma suíte sociológica: as categorias se desenvolvem

A origem ibérica

As raízes ibéricas da formação social brasileira não eram um tema inusitado em 1936, quando o livro de Sérgio Buarque de Holanda foi lançado. Três anos antes, Gilberto Freyre desenvolvera singularmente o assunto. Em *Casa-grande & senzala*, a Península Ibérica, em especial Portugal, figura como uma espécie de ponte entre a Europa e a África. Sofrendo longamente a influência mourisca, o português não teve apenas escurecida sua tez, segundo o antropólogo pernambucano. Sua formação cultural foi também influenciada pela presença africana e as rígidas instituições medievais "amoleceram-se" com os ares vindos do outro continente. Amolecimento que também se daria no contato com os indígenas americanos, sendo então a "cultura europeia amaciada pelo óleo da mediação africana" (Freyre, 1977, p. 52).

Os brasileiros seriam, de acordo com essa visão, fruto de uma "bicontinentalidade". Mesmo a mais rígida das instituições que aportaram nas Américas, a missão jesuítica, tinha suas raízes tocando solo africano. O misticismo inaciano se colore, segundo Freyre, de tons muçulmanos, expressos na sensitividade dos *Exercícios Espirituais* (Freyre, 1977, p. 53). O europeísmo cedia, em todos os sentidos, ao peso de influências externas.

Entretanto, o estudo das raízes ibéricas da civilização brasileira tinha uma história mais longa. Já no século XIX, Aníbal Falcão (s.d.)[1] escrevera a interessantíssima *Fórmula da civilização brasileira*, onde, mediante a contraposição "sociológica" entre a Holanda e a Ibéria, cantava as glórias da vitória

....
1. Tal ensaio, escreveu-o o jovem recifense, apóstolo do positivismo e defensor ardoroso da República e da abolição, em 1883, no Rio de Janeiro. Cf. o "Prefacio biografico", por Luiz Annibal Falcão (s.d., p. 27).

portuguesa no Recife, já que a superioridade moral da civilização ibérica em relação à batava lhe parecia evidente. Bem verdade que de uma evidência forjada segundo uma singular leitura de Comte.

Em *Raízes do Brasil*, a herança ibérica desponta como tema logo no primeiro capítulo, intitulado "Fronteiras da Europa". Desde aí, Sérgio Buarque atribui importância à ideia da "fronteira". Através dela, o historiador poderia penetrar o problema fundamental de qualquer história das civilizações: mundos diversos que se tocam, culturas que se chocam, com maior ou menor intensidade, num esbater-se cheio de significados. Signos culturais, linguagem, técnicas materiais, formas de sociabilidade e princípios de organização são elementos que se fundem numa nova paisagem.

Da orquestração desses elementos, vulneráveis não apenas às novas condições do meio, mas principalmente aos elementos que compõem a cultura local, nasce o sentimento de desterro, de deslocamento, de impertinência e incompletude. Surge então a figura – fundante na reflexão de Sérgio Buarque de Holanda – do "desterrado", que se deixa compreender por aquela "sensação de não estar de todo" comum aos relatos de viajantes e à ficção da primeira metade do século XIX no Brasil (Süssekind, 1990, p. 15-21).

Não há despropósito na lembrança desse traço comum à ficção e à prosa do viajante. Em 1936, conhecer o Brasil levava o estudioso a recorrer necessariamente àquela literatura. Ainda que uma preocupação com a sistematicidade dos estudos históricos despontasse já, através de uma literatura especializada, nas páginas de um Capistrano de Abreu ou de um Affonso Taunay (mestres marcantes na formação de Sérgio Buarque), as novas gerações estavam atentas ao olhar curioso do viajante que andara por terras americanas.[2]

....
2. Taunay fora, por um breve período, professor de história de Sérgio Buarque no colégio São Bento e responsável por sua estreia na imprensa, no *Correio Paulistano* de 22 de abril de 1920, com artigo intitulado "Originalidade literária" (cf. Barbosa *in* Holanda, 1988, p. 11). As cartas recebidas por Sérgio Buarque, de autoria de Affonso de E. Taunay, denotam uma cordial relação entre os dois historiadores, misto de respeito e admiração. Cf. SIARQ/Unicamp. Fundo Privado SBH, p. 6, Cp.73, 78; p. 7, Cp. 91, 99, 136. Vejam-se também as referências ao mestre saudoso, no já citado discurso da Academia Paulista de Letras, quando da posse da cadeira que pertencera ao próprio Taunay (cf. Holanda, 1962). Capistrano de Abreu, por seu turno, exerceu, segundo o mesmo Sérgio Buarque, papel importante no desenvolvimento de um pensamento histórico no Brasil, na primeira metade do século XX. Em 1951, o autor de *Raízes do Brasil* assim o caracterizava: "pesquisador constante e nunca inteiramente satisfeito, tendo trabalhado mais do que qualquer outro, depois de Varnhagen, para revelar, valorizar e bem aproveitar testemunhos escritos de nossa formação nacional, ele sabia, no entanto, que esses documentos só falam verdadeiramente aos que ousam formular-lhes perguntas precisas e bem pensadas. Sabia, em outras palavras, palavras de um

É interessante compreender *Raízes do Brasil* como caudatário de uma tradição que engloba tanto a literatura de viagens e a ficção, como uma tradição de estudos históricos ainda incipiente, que poderia ter seu marco inicial, porventura, no clássico ensaio de Von Martius, oferecido ao Instituto Histórico e Geográfico Brasileiro em 1843 e significativamente intitulado "Como se deve escrever a história do Brasil". Ali, o viajante elabora uma minuciosa agenda de trabalhos e funda toda uma matriz do pensamento social no Brasil.

Mais uma vez nos situamos no entroncamento entre a literatura e a ciência, na zona imprecisa em que floresce *Raízes do Brasil*. Região de fronteira, como a própria Península Ibérica, que Sérgio Buarque define como "região indecisa entre a Europa e a África" (*Raízes*, p. 4).[3] Imaginando uma origem singular do processo de formação da sociedade brasileira, o historiador volta os olhos para o outro lado do oceano, e para as formas de sociabilidade e as características individuais que marcariam a experiência colonial.

O traço ibérico por excelência é, para Sérgio Buarque, a "cultura da personalidade". A importância que espanhóis e portugueses atribuem à autonomia de cada indivíduo em relação aos outros marca sua originalidade. Para eles,

> o índice do valor de um homem infere-se, antes de tudo, da extensão em que não precise depender dos demais, em que não necessite de ninguém, em que se baste. Cada qual é filho de si mesmo, de seu esforço próprio, de suas virtudes... – e as virtudes soberanas para essa mentalidade são tão imperativas, que chegam por vezes a marcar o porte pessoal e até a fisionomia dos homens. (*Raízes*, p. 4-5)

Não é difícil perceber o quanto esse "bastar-se" torna difícil uma associação segundo normas que ultrapassem o próprio indivíduo e sua absoluta autonomia. A célebre fórmula – "em terra onde todos são barões não é possível acordo coletivo durável, a não ser por uma força exterior respeitável e temida"

....
grande mestre moderno – Marc Bloch – que toda pesquisa histórica supõe, desde os passos iniciais, que o inquérito tenha uma direção definida" (Holanda, 1951, p. 12-13). Tal texto se encontra também na já referida coletânea que eu e João Kennedy Eugênio organizamos, *Sérgio Buarque de Holanda: perspectivas* (2008). Sobre Capistrano de Abreu, ver Bottmann (1989); Guimarães (1996, p. 77-91).

3. A imagem da "indecisão" entre África e Europa fora já utilizada por Freyre (1977, p. 4-6), quando, ainda em *Casa-grande & senzala*, define o povo português como "indefinido entre a Europa e a África", afirmando haver, em Portugal, uma "indecisão étnica e cultural" entre os dois continentes.

– encontra sua explicação nessa característica, tão forte, que vincaria até mesmo a face da gente que a carrega.

No caso de Portugal, mesmo a nobreza, nota o historiador, tem sua marca invertida, pois importaria mais a nobreza revelada na eminência individual que aquela herdada. Assim, explica o autor de *Raízes do Brasil*, a burguesia mercantil pôde muito cedo ascender socialmente, misturando-se à gente nobre e adequando-se a suas tradições. Curiosa burguesia esta, para a qual as tradições importam mais que a "razão fria e calculista" (*Raízes*, p. 9-11).[4] Veremos logo adiante que aí se esboça uma mentalidade não propriamente capitalista, ao menos não no sentido que o termo adquiriu com Max Weber.

A repulsa ao trabalho

A repulsa à moral fundada no culto do trabalho, fundamental para a construção das categorias "trabalho" e "aventura", é o resultado de uma mentalidade avessa a qualquer forma de associação que não resguardasse a autonomia e a "inteireza" da personalidade.

A associação pelo trabalho, necessária para viabilizar a produção e a circulação ampliadas, estabelece uma cooperação que é estranha à gente ibérica, mas seria familiar aos povos protestantes. Vale a pena olhar de perto como Sérgio Buarque compreende a repulsa ao trabalho, em particular ao trabalho mecânico.

Inspirado em Francisco Rodrigues Lobo, o historiador supõe que o indivíduo lusitano, segundo os traços que lhe atribui o poeta, como que se reflete sobre si mesmo e renuncia à possibilidade de modificar a face do mundo. Ele "se basta" e, se é bastante, por que haveria de alterar a ordem do mundo? Por que trabalhar sobre um objeto exterior a si, se só ele mesmo importa? Por que submeter-se a algo que não é ele próprio? Afinal, o trabalho manual "visa

----

4. No capítulo em questão, na primeira edição do livro, não se faz ainda menção ao caráter prematuro da unidade política do Estado na Península Ibérica. Em 1936, Sérgio Buarque se vale de Spengler para aventar a relação entre a pouca importância da hereditariedade entre os portugueses, de um lado, e a origem romana da ideia de *família* entre eles, por outro. Família romana que "abrange, ao contrário da germânica, não uma sucessão, mas antes o grupo dos vivos, com o paterfamilias ao centro" (cf. Holanda, 1936, p. 10-11; nota A, p. 165). Como se verá adiante, a origem românica da família ibérica será um tema importante para explicar o alcance praticamente ilimitado do poder patriarcal, em *Raízes do Brasil*, a partir de suas novas edições.

a um fim exterior ao homem e pretende conseguir a perfeição de uma obra distinta dele" (*Raízes*, p. 12).

Num espectro mais amplo, o trabalho manual nada acrescentaria à dignidade do homem ibérico. A aversão à associação pelo trabalho, por seu turno, resulta numa louvação do ócio, em detrimento do negócio. Por isso, uma

> digna ociosidade sempre pareceu mais excelente, e até mais nobilitante, a um bom português, ou a um espanhol, do que a luta insana pelo pão de cada dia. O que ambos admiram como ideal é uma vida de grande senhor, exclusiva de qualquer esforço, de qualquer preocupação. E assim, enquanto povos protestantes preconizam e exaltam o esforço manual, as nações ibéricas colocam-se ainda largamente no ponto de vista da antiguidade clássica. (*Raízes*, p. 12-13)[5]

Mantendo o ponto de vista que valoriza a contemplação e o amor, mais que a atividade produtiva, o indivíduo ibérico se distanciaria das formas de organização racional da coletividade, que advêm da solidariedade criada a partir do trabalho. Diferentemente, esse indivíduo apenas cultivou a solidariedade no recinto doméstico, ou entre amigos, mas não entre companheiros de labuta. Ou seja, apenas ali onde as relações mais próximas se dão, mas jamais em nível "gremial ou nacional" (*Raízes*, p. 13).

A disciplina entre povos ibéricos é fundada nas relações pessoais de obediência, de indivíduo a indivíduo (a "obediência cega" a que alude Sérgio Buarque, referindo-se à "renúncia" da personalidade), mais que nos "princípios medievais e feudais de lealdade" (*Raízes*, p. 14). Neste ponto, o leitor é levado a imaginar a disciplina florescendo apenas no campo das relações pessoais, nunca no plano das relações mais impessoais que sustentam a hierarquia do trabalho moderno.

---

5. Aqui também há uma diferença na primeira edição, onde os protestantes são apresentados não apenas como os exaltadores do esforço manual, mas também como os "herdeiros nesse ponto do mundo medieval, que não desprezava o trabalho físico" (Holanda, 1936, p. 13).

A "admirável metodologia dos contrários"

Já se observou que os tipos, em *Raízes do Brasil*, seriam construídos à maneira de Weber, sendo-lhes dado, porém, certo balanço dialético. Esta é a análise clássica de Antonio Candido, em seu conhecido estudo que acompanha o livro de Sérgio Buarque desde sua quinta edição, prefaciando-o, como já tive oportunidade de referir. Ali, o crítico literário o nomeia "clássico de nascença", epíteto que bem poderia valer para o próprio ensaio de Candido, hoje inseparável do livro.

A importância do Prefácio de Candido para a compreensão de *Raízes do Brasil* é tão notável que gerou, de um conhecido cientista político brasileiro, a seguinte exclamação, em tom de remoque: "Sérgio Buarque de Holanda? O do livro *Raízes do Brasil* é uma invenção do Antonio Candido".[6]

Se de fato o ensaio de Candido é hoje inseparável de *Raízes do Brasil*, *Raízes do Brasil* é inimaginável sem a apresentação de Antonio Candido. Nesse sentido, a aparente facécia de Wanderley Guilherme dos Santos revela uma aguda percepção do que a interpretação de Candido representa para a inteligência da obra primeira de Sérgio Buarque de Holanda.

Em sua introdução a *Raízes do Brasil*, o autor da *Formação da literatura brasileira* realça a tradição de que o trabalho de Sérgio Buarque seria herdeiro: a dicotomia da reflexão latino-americana, expressa em dualidades como "civilização e barbárie", transmudada porém por uma sensibilidade dialética. Assim, segundo Candido, em

> vários níveis e tipos do real, nós vemos o pensamento do autor se constituir pela exploração de conceitos polares. O esclarecimento não decorre da opção prática ou teórica por um deles, como em Sarmiento ou Euclides da Cunha, mas pelo jogo dialético entre ambos. A visão de um determinado aspecto da realidade histórica é *obtida*, no sentido forte do termo, pelo enfoque simultâneo dos dois. Um suscita o outro, ambos se interpenetram e o resultado possui uma grande força de esclarecimento.

Nesse processo Sérgio Buarque de Holanda aproveitou o critério tipológico de Max Weber, mas modificando-o, na medida em que focaliza pares, não pluralidades de tipos, o que lhe permite deixar de lado o modo descritivo para tratá-los de maneira dinâmica, ressaltando principalmente a sua interação

---

6. O chiste, disse-o Wanderley Guilherme dos Santos a Elio Gaspari (1994, p. 40-43).

no processo histórico. O que haveria de esquemático na proposição de pares mutuamente exclusivos se tempera desta forma por uma visão mais compreensiva, tomada em parte a posições de tipo hegeliano: "[...] a história jamais nos deu o exemplo de um movimento social que não contivesse os germes de sua negação – negação essa que se faz, necessariamente, dentro de um mesmo âmbito". (Souza, 2011, p. 127-128)

A "metodologia dos contrários", fincada no pensamento social brasileiro e ressignificada por Sérgio Buarque, "alargaria" e "aprofundaria" a dicotomia da reflexão social latino-americana, superando o dualismo das análises que se constroem sobre polaridades como moderno e arcaico, civilização e barbárie etc.

Entre a prosa oscilante e mesmo digressiva do historiador, de um lado, e o jogo de dualidades básicas que orientavam há muito a inteligência da situação brasileira, de outro, Candido percebe um balanço que talvez explique aquele "sentimento da dialética" de que fala Paulo Arantes (1992, p. 9-45).

Em suma, evitando cair nas malhas de um pensamento dual, que realça as ambiguidades sem resolvê-las, ou antes, mantém-nas intactas ao fazer a opção exclusiva por um dos termos da oposição, Sérgio Buarque teria encarado aquilo que se lhe põe à frente como um problema único que, para tornar-se compreensível, deveria se desdobrar num movimento da imaginação regido pela negatividade.

Não à toa, em sua interpretação Candido realça um trecho de *Raízes do Brasil* em que se expressa um movimento particular de negação, "dentro de um mesmo âmbito", de ideias que nortearam momentos importantes da história política latino-americana. Convém recontextualizar, então, aquelas palavras ("a história jamais nos deu um exemplo de um movimento social...") que revelam, segundo o crítico, um acento hegeliano.

Ao discutir a perda de características ibéricas e rurais no processo de urbanização, Sérgio Buarque sugere que o Estado brasileiro fora, durante o Segundo Reinado, uma instituição estável, capaz de refletir certa estabilidade do quadro social, de que não se exclui a escravidão. Nesse caso, as formas exteriores do Estado se mantiveram, a despeito da alteração daquele quadro. Daí decorre, segundo o historiador, a "separação da política e da vida social", segundo a fórmula de Alberto Torres (*Raízes*, p. 172).

Diante de tal separação, a solução mais convencional seria o compassamento da "vida social" à "política" através de um bem ordenado conjunto de leis e normas; como se o conjunto social respondesse imediatamente às ordenações abstratas, sem lhes antepor quaisquer freios. Enfim, como se entre a sociedade e o Estado não houvesse mais que uma continuidade, bastando a quem quisesse reformá-la que o reformasse primeiro.

Ideais abstratos foram então erigidos em princípios diretores da vida social. No caso brasileiro, a reforma legal pareceria, a uma elite esclarecida, suficiente para a alteração do quadro social. No caso mais geral da independência dos países latino-americanos, suas elites se guiaram muitas vezes pelos ideais da Revolução Francesa, como se da abstração daqueles princípios pudesse nascer uma sociedade perfeita. O que ocorreu, segundo Sérgio Buarque, foi exatamente o oposto: aquelas ideias terminaram ajustadas "aos nossos velhos padrões patriarcais e coloniais" (*Raízes*, p. 174). Ainda assim, elas puderam vigorar plenamente justo num país sul-americano, o Uruguai batllista. Lá, o impersonalismo democrático foi levado a suas últimas consequências e se pretendeu, assim, que o Estado ficasse imune aos mandos e desmandos pessoais.

Chegamos aqui ao ponto em que Sérgio Buarque lança mão daquela fórmula que despertou a atenção de Candido. A antítese "liberalismo-caudilhismo" marcaria o âmbito das ideias contraditórias que vinham guiando a política latino-americana, em sua busca por ajustar a vida social às instituições. Mas o curioso é que dois princípios antagônicos pudessem florescer a partir de ideias semelhantes. O caso é que, colocado

> no polo oposto à despersonalização democrática, o "caudilhismo" muitas vezes se encontra no mesmo círculo de ideias a que pertencem os princípios do liberalismo. Pode ser a forma negativa, da tese liberal, e seu surto é compreensível se nos lembrarmos de que a história jamais nos deu o exemplo de um movimento social que não contivesse os germes de sua negação – negação essa que se faz, necessariamente, dentro do mesmo âmbito. [...] Uma superação da doutrina democrática só será efetivamente possível, entre nós, quando tenha sido vencida a antítese liberalismo-caudilhismo. (*Raízes*, p. 174-175)[7]

O problema se coloca a partir dos dois termos antitéticos – "caudilhismo" e "liberalismo" –, despontando daí o dilema cuja resolução se daria a partir de uma síntese, com a "superação da doutrina democrática". Retornarei ao tema em seu devido tempo, quando, em capítulo à frente, discutirei a mensagem política que subjaz ao texto de Sérgio Buarque de Holanda. Por ora, interessa

....
7. Na primeira edição, o primeiro termo da antítese, ao invés de "liberalismo" é "impersonalismo" (cf. Holanda, 1936, p. 150).

apenas ressaltar a possibilidade de enxergar o ensaio com base na chave interpretativa proposta por Antonio Candido.

Postados em terrenos opostos, liberalismo e caudilhismo expressam relações políticas essencialmente diversas entre os indivíduos. De um lado, o impersonalismo ("democrático", na acepção de Sérgio Buarque); de outro, a relação estabelecida numa base eminentemente pessoal. Como formas de compreensão da vida política, elas estão, entretanto, num mesmo âmbito. É o que permite ao historiador compreendê-las a partir de uma antítese, segundo a oposição em que se colocam no seu desenvolvimento ao longo da história. Sua oposição se torna passível de solução através da transcendência dos termos opostos, mediante sua síntese. No caso, quando tiver sido "vencida a antítese" entre os dois termos da equação.[8]

O traço hegeliano apontado em Sérgio Buarque estaria referido a uma visão que compreende o desenvolvimento histórico como inserido num processo contraditório, em que a negatividade pode revelar o caráter das ideias, compreendidas dinamicamente, em seu movimento incessante.

Antonio Candido ressalta o caráter dinâmico que se imprime aos tipos em *Raízes do Brasil*, mediante sua "interação no processo histórico". Contudo, os tipos não são "conceitos" em sua acepção hegeliana. Vale a pena recorrer a Hegel para perceber como o *movimento*, necessário para a constituição do conceito, transparece num trecho do Prefácio da *Fenomenologia do Espírito*, em que o autor, segundo nota o tradutor brasileiro, salienta "a insuficiência da concepção da substância como identidade rígida". Segundo Hegel, a

> substância vivente é também o ser que na verdade é *sujeito* ou, o que dá no mesmo, é verdadeiramente efetivo somente na medida em que é o movimento do pôr-se-a-si-mesma, ou é a mediação consigo mesma do tornar-se outra. Como sujeito, ela é a pura *simples negatividade* e, justamente por isso, é a cisão

....
8. Segundo José Ferrater Mora, a "estrutura triádica" tese-antítese-síntese, atribuída a Hegel e considerada a estrutura básica do método dialético, de fato quase não aparece no texto hegeliano, sendo, antes, um conjunto de expressões presentes no texto fichteano, e também em Schelling, numa utilização de resto duramente criticada por Hegel. A "triplicidade", manifesta na tríade "tese-antítese-síntese", é criticada por seu formalismo monótono, "monocromático". Sobre a triplicidade especificamente hegeliana, *"si se quiere darle el nombre 'tesis-antítesis-síntesis', habrá entonces que cualificarlo considerablemente, y habrá sobre todo que flexibilizar al máximo el movimiento, o 'auto-movimiento', al punto que no se podrá ya considerar que 'la vida del Concepto' se ha quedado jamás detenida en ninguno de los puntos de esta tríada. Pero entonces la expresión 'tesis-antítesis-síntesis' representará más bien un obstáculo para la comprensión de dicho movimiento y será mejor ponerla en cuarentena"* (Ferrater Mora, 1992, p. 719-720).

do simples ou a duplicação que se põe que é novamente a negação dessa diversidade indiferente e do seu oposto. O verdadeiro é unicamente essa diversidade que se *reinstaura* ou a reflexão em si mesmo no ser-outro. Não é uma unidade *original* enquanto tal, ou *imediata* enquanto tal. É o devir de si mesmo, o círculo que pressupõe seu fim como seu alvo, tem esse fim como princípio e é efetivo somente por meio da sua realização e do seu fim. (Hegel, 1974, p. 19)

Não sendo a categoria de Sérgio Buarque uma "substância", ainda assim é possível pensá-la, apenas para fins de compreensão do método em *Raízes do Brasil*, como "simples negatividade", ou "mediação", a despeito de não se constituir em "sujeito". Afinal, é necessário, para realizar seu fim – unicamente de auxiliar a compreensão –, que aquela categoria se desdobre, se negue e, dinamicamente, readquira sua própria identidade e unidade.

No caso de "trabalho" e "aventura", que aqui interessam mais diretamente, são princípios opostos – "solidariamente opostos", na expressão de Paulo Arantes – que se deixam compreender mediante uma contínua tensão, que os mantém, a um só tempo, unidos e separados. Separados, porque sua diversidade se revela no processo analítico, indispensável no procedimento científico; unidos, porque sua própria identidade se encontra mediada sempre pelo outro termo, isto é, encontra-se na negação de seu oposto. Sua "verdade" está, então, naquilo que cada um deles *não é*. Nem por isso, seu oposto é o "falso". Bem ao contrário, em seu oposto encontra-se sua própria verdade.[9]

---

9. Sobre o *"verdadeiro* e o *falso"*, Hegel diz, ainda no Prefácio de *A Fenomenologia do Espírito*, que "pertencem aos pensamentos determinados que, privados de movimento, valem como essências próprias que permanecem cada uma no seu lugar, isoladas e fixas, sem se comunicar uma com a outra. Ao contrário, deve-se afirmar que a verdade não é uma moeda cunhada, que está pronta para ser guardada e usada. [...] O falso [...] seria o outro, o negativo da substância que, como conteúdo do saber, é o verdadeiro. Mas a própria substância é essencialmente o negativo, em parte como distinção e determinação do conteúdo, em parte como um *simples* distinguir, isto é, como o Si e o saber em geral. É um fato, que se pode saber falsamente. Quando algo é sabido falsamente, significa que o saber está em desigualdade com a sua substância. Mas justamente essa desigualdade é o distinguir em geral, o momento essencial. Dessa distinção provém exatamente a sua igualdade, e essa igualdade que se tornou tal é a verdade. Mas não há verdade de tal sorte que a desigualdade seja eliminada como as escórias o são do metal puro ou como o instrumento é posto de lado, uma vez o vaso terminado. Ao contrário, a desigualdade ainda está presente imediatamente no verdadeiro como tal, está presente, como o negativo, como o Si. [...] Exatamente em razão da significação e exatamente para indicar o momento do *perfeito ser-outro*, as expressões da desigualdade não devem mais ser utilizadas quando o seu ser-outro foi suprimido." Idem, p. 28-29. É nesse sentido que se pode falar em "falso" e "verdadeiro". Mais uma vez, se desconsiderarmos a substancialidade

O entendimento dessas categorias – e, por extensão, o entendimento de todas as polaridades que povoam *Raízes do Brasil* – depende da atenção àquela oposição fundamental, isto é, depende da disposição do leitor em compartilhar de uma série de raciocínios regidos pela negatividade. No limite, pode-se dizer que depende da disposição do leitor em se deixar envolver por um movimento incessante de negação, o qual, através de um jogo dialógico que opõe e aproxima as características de "trabalho" e "aventura", permite descobrir, ao fim, a unidade do problema, quando finalmente "trabalho & aventura" desponta como uma antítese capaz de expressar os limites e o alcance da explicação compreensiva que se desenha no segundo capítulo de *Raízes do Brasil*.

A ética do trabalho e a ética da aventura

Viu-se anteriormente que Sérgio Buarque, logo no início daquele capítulo, anuncia "trabalho" e "aventura" como princípios opostos, por meio dos quais seria possível compreender o passado colonial brasileiro. Viu-se também que os tipos se constroem com inspiração weberiana, embora se dobrem à "metodologia dos contrários" sugerida por Antonio Candido.

Na esteira de Weber, os significados ocultos na experiência dos indivíduos são buscados mediante um "conceito-limite" cuja gênese se dá na análise da ação, cujo sentido leva a inquirir os valores que orientam a conduta humana. A preocupação de Weber em compreender o sentido da ação racional com relação a fins, num universo crescentemente desencantado, cada vez mais refratário à tradição, explica a importância atribuída ao capitalismo para o mundo contemporâneo. Numa Alemanha ambiguamente estacionada à porta dos "novos tempos", vivendo em toda sua extensão o sentido e a ubiquidade da mentalidade engendrada a partir do capital, era presumível que uma inteligência singular enfrentasse, com as armas das ciências sociais que então se firmavam, o destino reservado aos indivíduos no mundo "moderno".

Na periferia daquele mundo, comungando os signos e o sentido do capitalismo, era de se esperar que o quadro social brasileiro ganhasse também uma interpretação original. Em suma, Sérgio Buarque realçou elementos significativos da conduta dos ascendentes ibéricos, revelando os valores

....
e a essencialidade dos momentos de constituição do saber, o raciocínio hegeliano pode valer para o caso de Sérgio Buarque e suas categorias.

pelos quais guiavam suas ações, para compreender os dilemas que o mundo contemporâneo colocava na ordem do dia de seu próprio espaço, isto é, para compreender por que aquele mesmo capitalismo podia se revelar de modo tão particular, quando visto do Brasil.

Ao tentar explicar a história, o autor de *Raízes do Brasil* focaliza o embate do colonizador com o novo meio e suas gentes, percebendo como os "pais ibéricos", em especial os portugueses, foram lenta e plasticamente se amoldando à nova realidade, deixando-se guiar por aquela mentalidade que o historiador cunhou de "espírito de aventura".

O aventureiro se distingue fundamentalmente do trabalhador, como os povos caçadores e coletores se distinguem dos povos agricultores. Para o aventureiro, segundo o autor,

> o objeto final, a mira de todo esforço, o ponto de chegada, assume relevância tão capital, que chega a dispensar, por secundários, quase supérfluos, todos os processos intermediários. Seu ideal será colher o fruto sem plantar a árvore. (*Raízes*, p. 18)

O aventureiro apenas se interessa pelo resultado, sem se preocupar com o método e menos ainda com o trabalho que deverá despender para alcançá-lo. Seu interesse gravita em torno daquilo que se põe ao longe, sem que lhe importe o que está ao largo ou no meio, entre ele e o ponto de chegada. Daí, aliás, a etimologia: "aventura", alerta Sérgio Buarque na primeira edição de *Raízes do Brasil*, "vem do latim: *adventura, advenire*", isto é, aquilo que está por vir (Holanda, 1936, p. 20).

Uma concepção espacial e temporal é peculiar a esse tipo. Importando-lhe o "objeto final", não o meio ou os meios, sua visada naturalmente se alarga. Por isso, ele "ignora as fronteiras". Por isso também, vive "dos espaços ilimitados, dos projetos vastos, dos horizontes distantes". O tempo, ao contrário do espaço, se contrai dramaticamente: a recompensa será tanto mais bem-vinda quanto mais imediata houver sido sua aquisição (*Raízes*, p. 18-19). "Imediato" reencontra aqui sua pluralidade semântica: sem mediação, sem nada de permeio, instantaneamente.

O trabalhador é em tudo a antítese do aventureiro. Ele enxerga antes

> a dificuldade a vencer, não o triunfo a alcançar. O esforço lento, pouco compensador, e persistente, que no entanto mede todas as possibilidades de esperdício e sabe tirar o máximo proveito do insignificante, tem sentido bem nítido para

ele. Seu campo visual é naturalmente restrito. A parte maior do que o todo. (*Raízes*, p. 19)

O espaço se encolhe drasticamente e o tempo se estende interminavelmente. O objetivo desse tipo é alcançar os mais longínquos resultados. Longínquos, porém, apenas no tempo. No espaço, sua atenção se volta ao detalhe, àquilo que se põe a sua frente. Cada obstáculo é encarado com resignação e é pacientemente vencido, mediante um trabalho lento, que não encontra conforto no vulto do resultado, mas sim na segurança advinda de sua própria constância e permanência.

Desenham-se duas éticas opostas: o trabalhado e a aventura. No jogo dialético dos tipos, desponta o conflito inevitável entre duas ordens morais. O trabalhador, diz Sérgio Buarque,

> só atribuirá valor moral positivo às ações que sente ânimo de praticar e, inversamente, terá por imorais e detestáveis as qualidades próprias do aventureiro – audácia, imprevidência, irresponsabilidade, instabilidade, vagabundagem – tudo, enfim, quanto se relacione com a concepção espaçosa do mundo, característica desse tipo.

Já os aventureiros enaltecerão tudo aquilo que se faça com vistas a uma recompensa imediata e, em sentido inverso ao do outro tipo,

> as energias que visam à estabilidade, à paz, à segurança pessoal e os esforços sem perspectiva de rápido proveito material passam, ao contrário, por viciosos e desprezíveis para eles. Nada lhes parece mais estúpido e mesquinho do que o ideal do trabalhador.[10]

Opondo-se tenazmente no campo moral, os dois tipos somente se deixam compreender naquela dupla referência: o trabalhador é, em princípio, a antítese do aventureiro e suas características ganham significado e se afirmam pela negação das qualidades do outro tipo. A compreensão de sua própria identidade se faz, assim, pela mediação do outro termo, ou, como já apontado aqui, através da análise negativa de seu oposto.

....
10. "Instabilidade" e "vagabundagem", como qualidades execradas pelo trabalhador, aparecem apenas a partir da segunda edição de *Raízes do Brasil*.

Quando me referi ao anúncio das categorias "trabalho" e "aventura", sugeri que uma psicologia social transparecia, no início do segundo capítulo de *Raízes do Brasil*, como se fosse bastante para compreender a formação social brasileira. As categorias pareciam, segundo essa impressão inicial, abarcar toda forma possível de sociabilidade. Sugeri também que o próprio desenvolvimento das categorias, ao longo do livro, permitira relativizar aquela primeira impressão.

Cumpre ainda lembrar que a "ética" referida por Sérgio Buarque jamais é um condicionante absoluto. A ação humana se efetiva num universo de valores conflitantes, como no caso de Weber, e a opção individual por certos valores, seja ela consciente ou não, dá rumo e sentido à conduta do sujeito. Se "aventura" é uma categoria que ajuda a compreender a história da colonização no Brasil, não é porque os indivíduos se guiem, necessariamente, por uma abstrata ética da aventura. Insisto não se tratar de uma operação procustiana, em que a conduta deva necessariamente adequar-se a uma categoria previamente estabelecida. Menos ainda se trata de uma gente que se guia por um "espírito" flutuante, concebido um pouco à maneira romântica, lembrando aquela "inata voz, [que] para o alto e para a frente guia", segundo as belas palavras de Goethe.

Tais palavras têm lugar nas meditações que o Fausto faz ao lado de Wagner, enlevado diante do crepúsculo e da possibilidade de, "num impulso alado", acercar-se do "imortal farol", afastando-se da treva para se perder nas alturas do pensamento. A "inata voz" sobrevém então ao canto da cotovia, apontando para o alto e para a frente (Goethe, 1949, p. 72-73).

Weber se valeu desse trecho do *Fausto* para encerrar seu estudo sobre a "objetividade" do conhecimento nas ciências sociais. No fecho de seu ensaio metodológico, exorta o homem de ciência a se precaver contra a inconsciência do significado cultural dos fatos que analisa. Deixando-se levar pelo valor intrínseco do conhecimento, este homem termina por naturalizá-lo e, assim,

> um dia o significado dos pontos de vista adotados irrefletidamente se torna incerto e o caminho se perde no crepúsculo. A luz dos grandes problemas culturais desloca-se para mais além. Então, a ciência também muda o seu cenário e o seu aparelho conceitual e fita o fluxo do devir das alturas do pensamento.

Como se "às asas da alma" se aliasse "uma asa corporal", a ciência segue, então, a luz sempre vagueante da cultura (cf. Weber, 1992, p. 153-154).

As digressões são válidas, porque o problema que nos cinge, no tocante a Sérgio Buarque, é também o de Weber: no perscrutamento da realidade empírica, a ciência é antes um valor que um método inequívoco. Por isso, fica circunscrita ao universo da cultura e jamais se alça para fora dele, imaginando-se infalível ou sempiterna. Já quanto ao "espírito" de aventura, não é senão uma categoria compreensiva (típico-ideal), fruto daquela ciência e, portanto, não deve tampouco imaginar-se fora do terreno da cultura, que procura ordenar.

É interessante que a própria expressão "espírito de aventura", bem como sua correlata "espírito de trabalho", possam algumas vezes perder, em edições mais recentes de *Raízes do Brasil*, o vocábulo "espírito". Assim, já na quarta edição do ensaio, vemos o "espírito de aventura" ser substituído, ao menos uma vez, por "gosto da aventura". Talvez não tenha havido mais que uma alteração de ordem estilística, como tantas outras que se processaram nas várias revisões do texto. Mas, talvez, nessa pequena alteração, possa se revelar a preocupação do autor em não confundir um constructo teórico com a ideia romântica de um "espírito" que congrega e unifica o ânimo coletivo.

De uma forma ou outra, não parece razoável ver o desenrolar da história, em *Raízes do Brasil*, como o desdobramento de ideias em direção ao conceito, ou como o automovimento do conceito, ou ainda como sua efetividade. A abstração – o "mundo das ideias", de Sérgio Buarque e também de Weber – é necessária apenas como ferramenta, conforme já foi dito. O conceito é mero instrumento; a ciência mesma, mero valor. Jamais a ciência poderá ser a "realidade efetiva do Espírito", como para Hegel (1992, p. 22).

Tampouco há, em *Raízes do Brasil*, um desenvolvimento teleológico, ou um desenrolar do plano da razão ao plano sensível, e deste novamente ao plano da razão, marcando as fases da história. Não se trata de uma história regida pelos conceitos, mas apenas de uma história vista através deles. A presença de Hegel ficaria assim limitada ao tempero dialético que, a acreditarmos em Antonio Candido, dá o tom com que se operam os conceitos em *Raízes do Brasil*.

Nunca é demais insistir que o tipo ideal, em sua acepção weberiana, não é uma construção apriorística, a que deva adequar-se toda a rede de explicações de que se valerá o cientista social. Pelo contrário, o procedimento genético obriga o investigador a encontrar os significados culturais com os quais poderá explicar certas atitudes presentes no mundo. O conhecimento se guia, assim, pela rede de questões que o próprio investigador estabelece, não de forma totalmente casual, como já se viu, mas a partir de um aturado trabalho de investigação em fontes documentais.

É por meio de tal investigação que os traços fundamentais do "trabalho" e da "aventura" são, por assim dizer, "coletados" e reunidos sob aqueles rótulos.

Por exemplo, a percepção de uma agricultura predatória, praticada segundo um espírito mais próximo da mineração que do labor propriamente agrícola, permite a Sérgio Buarque formular a ideia de uma civilização "aventureira", possuidora de uma ética contraposta à ética morigerada e mais burguesa do "trabalhador". Insisto ainda uma vez que a análise das fontes precede a construção teórica. O historiador analisa, tão minuciosamente quanto possível, as condutas dos indivíduos antes de lhes emprestar a marca da "aventura".

Ao se deter sobre as atividades agrícolas na colônia, o historiador pretende atribuir certo sentido à conduta dos indivíduos. E o faz atentando para variadas fontes, de modo a aproveitá-las em cada um de seus detalhes, seja para a análise das formas de que se reveste a sobrevivência material dos colonizadores, seja para a consideração da mentalidade com que encararam e pensaram o novo mundo. Mas são fundamentalmente eles – os colonizadores vistos através dos documentos históricos – a fonte da criação teórica em *Raízes do Brasil*.

No entanto, se os sujeitos históricos são, com sua herança ibérica e especialmente lusitana, o foco prioritário do historiador, nem por isso a construção do arcabouço teórico do livro se nutrirá, unicamente, das fontes que dão acesso às condutas daquela gente. Nem só os testemunhos dos viajantes e cronistas, ou os documentos da colônia, são a matéria com que lida Sérgio Buarque. Também elementos da teoria sociológica que então se desenvolvia em outras partes do mundo formarão o caudal de referências de *Raízes do Brasil*. Alguns desses elementos, como se verá logo mais, são especialmente importantes para a construção de categorias como "trabalho" e "aventura".

A oposição incompleta

Se entre o trabalhador e o aventureiro não há uma oposição completa e radical, isso se deve ao seu caráter típico-ideal. Apenas no "mundo das ideias", como já se viu, eles podem existir em estado puro, *utópico*, segundo a expressão weberiana. Ali, e somente ali, não se prestam a combinações.

Já no mundo histórico (o "mundo das realidades" de Weber), os princípios do trabalho e da aventura podem se combinar num mesmo indivíduo. Nem por isso as categorias perdem seu poder de esclarecimento, exatamente porque não são, como alerta Antonio Candido, apenas descritivas. Desfechar um olhar vertical sobre aquele mundo depende, no caso, da destreza do autor em operar o jogo dialógico entre os tipos, realçando sua dialeticidade.

Fugindo à mera descrição, o historiador procura realçar a tensão entre os dois princípios, apontando duas éticas opostas. Mas aí uma ressalva lhe parece necessária. A oposição poderia ocorrer apenas se fossem princípios pertencentes a um mesmo âmbito moral. Uma longa nota de pé de página em *Raízes do Brasil* é, neste caso, bastante sugestiva. Nela, Sérgio Buarque sugere que, entre os dois tipos, uma

> oposição só teria lugar se pertencessem à mesma família moral. Nesse sentido, o reverso do tipo do trabalhador seria, talvez, o do pequeno *rentier*. Da mesma forma, o polo contrário do tipo do aventureiro pode ser representado principalmente pelo vagabundo anti-social, o *outlaw* ou o simples ocioso. A distinção aqui sugerida [do trabalhador e do aventureiro] aparenta-se assim à que estabeleceu Vilfredo Pareto entre os *rentieri* e os *speculatori*. Analisada em confronto com a famosa teoria dos "quatro desejos fundamentais", formulada por W.I. Thomas, de tão fecundas aplicações em diversos ramos da ciência social, pode-se dizer que ao tipo do aventureiro correspondem de modo predominante o "desejo de novas sensações" e o de "consideração pública". O "desejo de segurança" e o de "correspondência" estariam representados sobretudo no tipo do trabalhador. (*Raízes*, p. 19)[11]

Esta rica passagem deve ocupar um pouco nossa atenção, por conter algumas das referências que, no campo sociológico, interessaram ao historiador e entraram em sua própria construção tipológica.

Não estou sugerindo que a passagem seja um "mapa da mina", capaz de revelar os caminhos percorridos pelo autor no desenho dos dois tipos. No entanto, ela nos dá indícios de algumas fontes em que Sérgio Buarque foi beber, antes de redigir seu ensaio. Mas nunca é demais repisar que autores como Pareto, William Isaac Thomas e alguns de seus vulgarizadores, não fornecem ao historiador uma receita pronta a ser aplicada à realidade da colonização ibérica e lusitana.

De toda forma, a complexidade da malha teórica de *Raízes do Brasil* convida a atentar para a origem de conceitos como "aventura" e trabalho", submetendo-os a uma avaliação que tome em conta, tanto quanto possível, as diferentes referências teóricas de que Sérgio Buarque se valeu, e que parecem

---

11. Na primeira edição, a teoria de William Isaac Thomas não é mencionada. Porém, como se verá aqui, não é de todo improvável que Sérgio Buarque tenha se utilizado daquela teoria, ainda que não de maneira explícita ou direta, já na composição do texto original de *Raízes do Brasil*.

funcionar como importante contraponto em seu ensaio de interpretação do Brasil.

Pareto: *speculatori* e *rentieri*

Em seu monumental *Tratado de Sociologia Geral*, Vilfredo Pareto estabelece, entre os parágrafos 2231 e 2236, a distinção entre os *rentieri* e os *speculatori*, que chamou a atenção de Sérgio Buarque e temperou a construção dos tipos do trabalhador e do aventureiro.

Com o olhar voltado à classificação das ações humanas a partir de seus aspectos lógicos ou não lógicos, Pareto procura delinear atitudes econômicas diversas que, habitualmente, seriam confundidas sob o mesmo rótulo de "capitalistas". Não terá sido casual a referência do historiador brasileiro à obra do cientista social italiano, já que nela, a propósito da relação que os indivíduos travam com sua atividade econômica, uma curiosa distinção marca duas atitudes básicas, distintas e opostas: a dos "empreendedores" e a dos "possuidores de poupança".

Detentores de interesses e inclinações conflitantes, tais figuras não devem ser confundidas com tipos ideais weberianos. Não se trata de indivíduos, ou individualidades históricas, que se procura explicar a partir de regularidades na conduta humana, ou de sua significação para o desenrolar dos fenômenos históricos, segundo o ponto de vista insubstituível do cientista. O procedimento científico em questão, na delimitação de empreendedores e possuidores de poupança, pretende explorar diferenças essenciais entre os homens no tocante a suas relações econômicas, a partir de uma exaustiva análise indutiva de ações concretas ao longo da história, com um olhar fundamentalmente distanciado.

Procurando alçar as ciências sociais à condição de "ciências lógico-experimentais", Pareto pretendia repertoriar, numa empresa verdadeiramente titânica, as combinações de instintos e fins objetivos e subjetivos que operam na constituição das atitudes humanas. A questão da irracionalidade, ou antes, da não logicidade, encontra soluções bastante diversas nos dois autores. Embora ambos se afastem programaticamente de quaisquer reflexões metafísicas, o problema da determinação e da liberdade reaparece quando se lê o texto de Pareto. Mas seu próprio escopo o faz tomar as ações unicamente em função de sua logicidade ou não logicidade, segundo um bem delimitado esquema classificatório. Assim, a atenção de Weber ao espaço da liberdade, onde a ação humana se orienta segundo uma opção racional por valores, cede terreno, no caso de Pareto, a uma extensa e pretensamente neutra descrição do conteúdo instintivo, na maior parte das vezes não lógico, de atitudes concretas e crenças objetivas, documentadas ao longo da história.

Não me detenho sobre as diretrizes metodológicas expressas no *Tratado de Sociologia Geral*. Interessa apenas perceber como algumas reflexões pontuais de Pareto podem ter entrado, ainda que por vias indiretas, na composição de "trabalho" e "aventura".[12]

O exemplar do *Tratado de Sociologia Geral* utilizado por Sérgio Buarque é provavelmente o que ainda hoje repousa nas prateleiras de sua coleção particular, na Unicamp. Intensamente grifado em seu primeiro volume, trata-se de uma edição francesa (cuja tradução foi revista pelo próprio autor) de 1932, em dois grossos volumes.[13]

No tocante àquela confusão amiúde estabelecida na classificação dos fenômenos econômicos ditos "capitalistas", o autor do *Tratado* ressalva as várias diferenças entre os "empreendedores" e os simples "possuidores de poupança". No caso dos primeiros, têm lugar entre eles

> aqueles que bem desenvolveram o instinto das combinações, indispensável para conseguir sucesso nessa profissão; permanecem entre os simples possuidores de poupança aqueles em que prevalecem os resíduos da classe II ["das ações não lógicas"]. Portanto, os empreendedores são geralmente pessoas aventureiras, em busca de novidades, tanto no campo econômico quanto no social, e não lhes desagradam de modo algum os movimentos, dos quais esperam poder tirar vantagem; os simples possuidores de poupança, pelo contrário, são com frequência pessoas quietas, medrosas, sempre de orelha em pé como a lebre, que esperam pouco e sempre temem os movimentos cujas despesas sabem, por dura experiência, que quase sempre são chamadas a fazer. A inclinação para a vida aventureira e perdulária, como aquela em direção a uma vida calma e voltada para a poupança, são em grande parte efeito de instintos e muito pouco de raciocínio; são semelhantes às outras inclinações dos homens, como a coragem,

....
12. Fica aqui a sugestão de um caminho de pesquisa que considere a leitura de Pareto feita por Sérgio Buarque de Holanda. No caso, valeria a pena retomar o "desconsiderado diálogo de Weber e Pareto", segundo expressão de Alan Sica, para iluminar a compreensão das determinantes psicológicas das ações humanas em *Raízes do Brasil*. Sobre tal "diálogo", veja-se Sica (1988, p. 225-265).

13. Utilizo-me, para efeito de citação, da edição brasileira de uma coletânea de textos de Pareto (1984, p. 107-111: §2231-2236 do *Trattato di Sociologia Generale*).

a covardia, a paixão pelo jogo, a concupiscência, as disposições para certos exercícios do corpo ou por certos trabalhos intelectuais, etc. (Pareto, 1984, p. 108)

Dentre os instintos básicos que governam as ações humanas, o "instinto de poupança", essencialmente "não lógico", se encerra nas seguintes características: a calma, o receio, tudo enfim que se oponha ao arrojo, numa atitude que, na linguagem figurada de Pareto, lembra a desconfiada lebre, com suas orelhas sempre rijas. Basicamente, essas pessoas cabem, numa classificação mais geral, na categoria dos *rentieri* (R).

Já os *empreendedores* desenvolvem outros instintos básicos, em especial o "instinto das combinações", com os quais se guiam de uma forma "aventureira", sempre prontos a tirar de qualquer situação uma vantagem adicional. O "movimento" lhes é favorável. O oposto, enfim, da calma e quietude do poupador. Na classificação mais geral, cabem na categoria dos *speculatori* (S).

É claro que a conceituação econômica e a classificação paretianas diferem da tipologia de Sérgio Buarque. Os *speculatori*, segundo Pareto, são os principais causadores "das mudanças e do progresso econômico e social". Já os *rentieri*, diferentemente, são um "poderoso elemento de estabilidade, que em muitos casos evita os perigos dos movimentos aventureiros da categoria (S)" (Pareto, 1984, p. 110).

Ainda que não se deva imaginar os *rentieri* como "conservadores" e os *speculatori* como "progressistas" e "revolucionários", são estes últimos (S) os propulsores de muitas das mudanças sociais que redefinem a história. Mas quem são eles? Segundo Pareto, as atividades econômicas não são determinantes absolutos da categoria a que pertencem os indivíduos. Um comerciante em varejo pode normalmente estar em (R), mas um comerciante em atacado pode tanto estar nela quanto em (S) (Pareto, 1984, p. 111). Importa notar que os *speculatori* são elementos dinamizadores na história. A combinação entre as duas categorias é que vai determinar a maior ou menor estabilidade da sociedade.

O "aventureiro" de Pareto nem sempre se parece ao "aventureiro" de Sérgio Buarque de Holanda. De toda forma, "audácia, imprevidência e irresponsabilidade" se aproximam mais do "instinto das combinações" que do "instinto de poupança". Se ao "aventureiro" de *Raízes do Brasil* não corresponde diretamente o *speculatore* paretiano, menos ainda lhe corresponderá o *rentiere*. Este melhor se encaixaria no tipo do "trabalhador". "Medir todas as possibilidades de esperdício", como faz este último, é, afinal, atitude mais da ressabiada lebre que do arrojado lebréu. Os *speculatori* são, no entender de Pareto, se não aniquiladores, ao menos aproveitadores dos *rentieri*.

Se não há coincidências absolutas, há alguns pontos de toque entre os dois autores. Se aos *speculatori* cabe a função de dinamizadores e causadores de muitas das "mudanças e do progresso econômico e social", como diz Pareto, aos "aventureiros" de *Raízes do Brasil* não caberá papel menos importante. Porque, segundo Sérgio Buarque, na

> obra de conquista e colonização dos novos mundos coube ao "trabalhador", no sentido aqui compreendido, papel muito limitado, quase nulo. A época predispunha aos gestos e façanhas audaciosos, galardoando bem os homens de grandes voos. E não foi fortuita a circunstância de se terem encontrado neste continente, empenhadas nesta obra, principalmente as nações onde o tipo do trabalhador [...] encontrou ambiente menos propício. (*Raízes,* p. 20)

Os "aventureiros" são os primeiros devassadores (ironicamente, poderíamos chamá-los de primeiros "atravessadores"...) do Novo Mundo. Mesmo os ingleses, nota o historiador, não se afastavam totalmente daquele tipo, a despeito do que comumente se pensa. A desídia não seria, assim, apanágio exclusivo dos povos tropicais (*Raízes,* p. 20-21). Sérgio Buarque chega a atribuir à "pouca disposição para o trabalho" – "ao menos para o trabalho sem compensação próxima" – o aspecto negativo que anima as grandes empresas do tempo das navegações. Desprovidos do zelo excessivo e temeroso do trabalhador, os aventureiros se lançam obstinadamente em direção ao Novo Mundo, fugindo à monotonia do trabalho cotidiano. Muita vela e pouco lastro.[14]

....
14. Mais de uma vez a ideia inversa – "pouca vela, muito lastro" – aparece nos escritos de Sérgio Buarque, sempre referindo a atitude temerosa diante do novo; atitude que prende ao mundo conhecido, contraindo o espaço da criação. Assim, nas páginas iniciais de seu derradeiro livro, em que procura descrever a personalidade do segundo Imperador, o historiador nota que, a Pedro II, não faltaram "meios de vislumbrar algumas das grandes reformas de que o império precisava, mas em geral tinha voo baixo". Mais adiante: "Ao esforço ativo contrapunha-se a perplexidade ante as possíveis consequências de um salto no escuro. O resultado era que o insopitável afã de mobilidade se perdia em si mesmo, numa dança de São Guido". Por fim, reafirma a importância dos poderes imperiais, ressalvando, contudo, que "esses poderes ele os utilizou, por menos que o desejasse, no sentido de moderar e até de esmagar as reformas necessárias à modernização do país". Em todos os momentos mais significativos da história de seu reinado, demonstrara o segundo Imperador extrema prudência. "Ora, a meticulosa prudência deixa de ser virtude no momento em que passa a ser estorvo: lastro demais e pouca vela" (Holanda, 1985, p. 19-20). Em *Visão do paraíso*, na apreciação da empresa devassadora do novo mundo, levada a cabo pelas duas coroas ibéricas, o historiador também se vale da

As "fraquezas" reveladas pelo aventureiro – a famigerada "indolência", ou sua "ânsia de prosperidade sem custo" – se convertem em sua fortaleza. Precisamente aqui, Sérgio Buarque parece se afastar de Pareto. Vejamos como isso acontece.

No caso dos *speculatori*, o "instinto das combinações" é desenvolvido de modo a tirar o máximo proveito das situações diante das quais se veem. Um princípio essencialmente instintivo como aquele poderia fazer pensar na simples irracionalidade da ação. Mas é o próprio Pareto (1984, p. 108) quem alerta que todas "as ações do homem que se originam no instinto podem ser modificadas mais ou menos pelo raciocínio".

Será o caso, como ele próprio afirma, dos homens que possuem o "instinto de poupança". Mas será também o caso, como se depreende da leitura daqueles parágrafos do *Tratado*, dos *speculatori*. Se a especulação se alimenta sempre de um instinto básico, torna-se fundamental perguntar *como* cada homem opera tal instinto. A astúcia e o engenho nas especulações são também essenciais. Não à toa, na categoria (S) predominam, segundo Pareto, os resíduos da classe I, isto é, aquela das ações lógicas.

O raciocínio entra então a serviço do sucesso econômico, sugerindo um esforço que, afastando-nos de Pareto, pode parecer bastante ordenado e consciente, ainda que imprevidente. Aqui, Sérgio Buarque encontra uma solução peculiar para a compreensão da colonização ibérica: não foi uma atitude exatamente ordenada, mas sim desordenada, que prevaleceu na empresa colonizadora. Neste ponto, aquela sua primeira grande generalização – a "gente ibérica" – vai se relativizando: os portugueses, mais que os espanhóis, souberam aproveitar-se daquela falta de ordem para se adaptar plasticamente, "desleixadamente", ao meio novo, com suas peculiaridades geológicas, climáticas e culturais.

Voltarei, à frente, ao tema da "ordenação", que pode ser uma chave para a compreensão da cordialidade, deixando entrever a mensagem política que se subentende no texto de Sérgio Buarque. Por ora, a ideia do "desordenado" da colonização portuguesa nos afasta de Pareto. De fato, o "aventureiro" de *Raízes do Brasil* pouco se parece ao *speculatore* do *Tratado de Sociologia Geral*. O engenho do primeiro, afinal, está mais na facilidade com que assimilou

---

....
imagem de excessiva vela e pouco lastro, referindo o alarme que aos moralistas portugueses do Quinhentos causava o espírito inventivo e por vezes fantasioso do humanismo do resto da Europa. Ali, porém, era já a diferenciação das atitudes lusitanas e castelhanas que se realçava, despontando o "realismo repousado, quase ascético ou ineloquente" das primeiras crônicas portuguesas da América (cf. Holanda, 1992, p. 134-135).

técnicas e hábitos nativos, deixando-se moldar pela nova paisagem, e menos nas combinações maquinadas com sagacidade, visando o lucro próximo, características dos *speculatori*.

Já na primeira edição de *Raízes do Brasil*, Sérgio Buarque indicou a semelhança, ou antes, a relativa proximidade de seus tipos com os de Pareto, o que permitiu traçar a analogia que acabo de sugerir. No entanto, não se tratando de encontrar a fonte única e inequívoca de seus tipos, convém avançar na investigação de outras fontes, não menos importantes.

Thomas e Znaniecki e os camponeses poloneses

Em 1918, eram editados em Chicago os dois primeiros volumes da importante obra de Florian Znaniecki e William I. Thomas, *The Polish Peasant in Europe and America* (Zaretsky *in* Thomas; Znaniecki, 1984, p. 47). Pedra fundamental de um imenso edifício que viria posteriormente a se construir, aquele estudo apontou alguns dos rumos principais que seguiria a reflexão sociológica norte-americana, especialmente aquela ligada à Universidade de Chicago.

Distanciando-se e distinguindo-se dos estudos sociais baseados em abordagens reducionistas, que tomam os "dados sociais" isoladamente, visando apenas a uma espécie de "técnica social", a análise de Thomas e Znaniecki se concentra sobre a experiência individual de imigrantes poloneses, desde sua situação instável na terra natal até a adaptação mais ou menos precária ao meio urbano norte-americano.

Envidando esforços para renovar os estudos sociológicos, *The Polish Peasant* desenvolve pioneiramente uma alternativa "fenomenológica" às abordagens "comportamentais ou reducionistas" então correntes (Thomas; Znaniecki, 1927, p. 3). Valendo-se do estudo de casos individuais, trata-se de uma reflexão sobre a desintegração de uma sociedade tradicional, de origem rural, e a formação de uma sociedade nova, industrializada e consumista.

Em sua *"methodological note"*, que Sérgio Buarque leu atentamente,[15] Thomas e Znaniecki sugerem que se deixasse as ciências sociais desenvolverem-se livres de quaisquer pressupostos "práticos". Segundo eles, a análise

....
15. Utilizo, para o cotejamento de algumas das ideias de Thomas e Znaniecki (1927, p. VII-IX e p. 1-86) com as de Sérgio Buarque, a "nota metodológica" da edição de 1927, num exemplar pertencente ao historiador, intensamente grifado e anotado por ele, provavelmente quando ainda jovem, a julgar pela letra característica com que foram grafadas as anotações ao lado do texto.

empírica não deveria estar a serviço da "técnica social". Ainda assim, posto que desinteressada, tal análise poderia se revelar útil, à medida que mostrasse a inadequação de toda reforma social pautada, unicamente, na melhoria das condições materiais da população. O ponto de vista habitual dos "reformadores sociais" era radicalmente invertido: condições materiais apropriadas não criariam as "tendências" desejadas nos indivíduos, mas as "tendências sociais" é que poderiam modificar suas condições de sobrevivência (Thomas; Znaniecki, 1927, p. 13-14).

Ao deslocar o foco da reflexão social do ambiente meramente físico para o indivíduo e suas características, os autores põem em relevo a relação entre as condições objetivas e subjetivas no desenrolar histórico. Perguntando-se sobre a influência dos indivíduos na organização social e cultural e, ao mesmo tempo, sobre a influência desta sobre os próprios indivíduos, Thomas e Znaniecki concluem pela necessidade de atenção simultânea aos dois polos daquela intrincada relação. Aqui surgem as ideias fundamentais que, a meu ver, terão importado mais profundamente para o autor de *Raízes do Brasil*.

Observando e investigando as influências das condições objetivas da vida social sobre os indivíduos e, de seu lado, o peso das condições subjetivas sobre a vida social, os autores de *The Polish Peasant* formulam os termos básicos de sua reflexão: os "valores sociais" e as "atitudes".

Por valor social – ou simplesmente "valor", como passam a chamá-lo – Thomas e Znaniecki (1927, p. 21) entendem

> qualquer dado que tenha um conteúdo empírico acessível para os membros de algum grupo social e um sentido em relação ao qual ele é ou pode ser objeto de atividade. (grifos SBH)[16]

Os valores são, portanto, referidos à ação. Seu "sentido" surge exatamente quando se dá a conexão entre eles e as ações humanas, isto é, quando eles são requisitados, mediante a ação, pelos indivíduos. O próprio mundo é um universo de valores e somente ganha sentido para os homens por isso. O "valor social", segundo Thomas e Znaniecki (1927, p. 21),

---
16. Sigo aqui as convenções adotadas no capítulo anterior, no que se refere aos grifos e realces feitos pelo historiador em seus livros.

é então oposto à coisa natural, que tem um conteúdo, mas, como parte da natureza, não tem sentido para a atividade humana, sendo tratada como "desvalorada" [*valueless*]; quando a coisa natural assume um sentido, ela se torna então um valor social.

A própria natureza somente ganha sentido a partir de sua inclusão no mundo dos valores, sendo este o palco em que os homens se movimentam. O caráter relacional das ações humanas, referidas a valores diversos, por sujeitos diversos, vai ficando então patente, no compasso do pensamento dos dois autores.

Fica aqui a sugestão de outro caminho de pesquisa, agora em campo mais cerradamente metodológico, que retome a importância do estudo clássico dos dois autores para a formação do jovem Sérgio Buarque de Holanda, buscando imaginar as relações prováveis ou presumíveis que ele próprio poderá ter estabelecido entre aquele texto e as leituras de Weber. A propósito, um cientista social norte-americano como Parsons, e mesmo seus seguidores, utilizariam mais tarde essa combinação, conquanto, segundo Zaretsky, percam "a tensão entre a teoria e a investigação histórica que marca *The Polish Peasant* (e a metodologia historicamente saturada do mentor de Parsons, Weber) em seu intento de desenvolver uma teoria dos sistemas sociais em geral" (Zaretsky *in* Thomas; Znaniecki, 1984, p. 30).

É verdade que o tema do livro de Thomas e Znaniecki – a desintegração de uma sociedade tradicional, rural, e os dilemas de uma sociedade urbanizada e industrializada – não está distante dessa espécie de ponto de fuga de toda a composição de *Raízes do Brasil*, que é a urbanização e a problemática perda das "raízes rurais".

Regressando a Thomas e Znaniecki (1927, p. 22, grifos SBH), a atitude é compreendida por eles como

> <u>um processo de consciência individual que determina uma atividade real ou possível do indivíduo no mundo social.</u> [...] <u>A atitude é então a contrapartida individual do valor social; a atividade, não importa em que forma, é o laço entre eles</u>. Por sua referência à atividade e portanto à consciência individual, o valor é distinto da coisa natural. Por sua referência à atividade e portanto ao mundo social, a atitude é distinta do estado físico.

Ao demarcar a abordagem sociológica da realidade, os autores distinguem o mundo físico do mundo social. Mas mesmo a atenção aos indivíduos e sua volição não aproximará o sociólogo de uma análise psicológica individual do universo humano. Isso porque, para Thomas e Znaniecki, a atitude transcende o indivíduo, embora emane dele. Enquanto o processo psicológico, segundo dizem, fixa o "estado de alguém", a atitude é sempre uma "atitude *em direção a algo*" (Thomas; Znaniecki, 1927, p. 23).

A atitude é, portanto, o foco preferencial do sociólogo imaginado pelos dois autores. Atitude, porém, referida a todo o conjunto de regras e costumes do grupo social, seus condicionamentos e seus valores. Não se trata de qualquer atitude, ou qualquer grupo de valores, mas daquelas atitudes e daqueles valores relativos às regras mínimas para a manutenção do grupo. As "instituições sociais", compreendidas como o conjunto de regras de comportamento e as atitudes individuais que as envolvem, são o objeto da sociologia.

Nesse ponto é que a sociologia se distingue da psicologia, e não apenas da psicologia individual, mas também da chamada "psicologia social". Sendo também uma ciência da cultura, sua preocupação se dá, porém, em torno da organização social, e não em torno do "lado subjetivo da cultura" (Thomas; Znaniecki, 1927, p. 33). Assim se estabelece a orientação metodológica dos dois autores, girando em torno das consequências sociais das atitudes individuais, elas próprias fruto de uma opção consciente do indivíduo.

A ordenação causal dos fenômenos, que tanto preocupara Weber, ganha, com Thomas e Znaniecki, uma solução teórica que alia a liberdade da ação humana ao condicionamento da organização social. Relativizando a concepção durkheimiana do fenômeno social como derivado exclusivamente de outro fenômeno social, numa cadeia ininterrupta, os autores de *The Polish Peasant* realçam a dupla referência do fenômeno, causado tanto social como individualmente, derivando tanto da opção consciente e livre do sujeito, quanto das condições determinadas pela sociedade. Ou, conforme os "termos mais exatos" de sua conceituação, a "causa de um valor ou de uma atitude nunca é uma atitude ou um valor sozinhos, mas sempre uma combinação de uma atitude e de um valor" (Thomas; Znaniecki, 1927, p. 44, realçado SBH).

Valor e atitude são os polos da análise sociológica, referidos, respectivamente, ao conjunto social, suas normas e costumes, e às ações individuais, que podem tanto guiar-se irrestritamente por aquelas normas como podem, ao contrário, modificá-las, embora as tenham sempre e necessariamente como referência. Tal modificação é, afinal, o objeto que Thomas e Znaniecki têm em mente, quando observam e interpretam a crise dos valores tradicionais dos camponeses poloneses, desde sua migração para a América até a adaptação problemática ao novo padrão de vida oferecido pelos Estados Unidos.

As atitudes dos ex-camponeses na Chicago das primeiras décadas do século XX são o complexo laboratório dos sociólogos. Entretanto, as atitudes dos imigrantes não serão explicadas em função do novo ambiente físico que habitam. Menos ainda, as causas dessas atitudes serão encontradas exclusivamente no conjunto de valores ideais da sociedade americana. É do choque e da combinação de valores diversos que surgirão as soluções individuais para a crise vivida, expressas nas atitudes e nas inclinações dos poloneses em seu exílio.

Talvez esse jogo de valores tenha sido o que chamou a atenção de Sérgio Buarque. Mais uma vez, não pretendo considerá-lo devedor absoluto dos dois sociólogos. No entanto, torna-se no mínimo curioso observar algumas das leituras que fazia e imaginar como elas o teriam influenciado.

No caso de *The Polish Peasant*, a nota metodológica que precede o texto se detém sobre a compreensão "causal" da história. A preocupação com o caráter nomotético da ciência, contudo, não exclui da análise histórica, como já sugeri, a liberdade de escolha do sujeito, quando este opta por valores. A busca de leis que regem a ação deve respeitar a especificidade de cada ambiente social (de olho nos "valores" do grupo social, portanto), atentando para a corrente incessante de atitudes individuais, algumas das quais podem criar ou assimilar novos valores, em momentos de crise. É por conta da dificuldade dessa empresa que os dois sociólogos, assim como Weber, acreditavam que a sociologia, se quisesse realmente alcançar o *status* de "ciência experimental", deveria renovar seu arcabouço teórico, pondo-o constantemente à prova diante do desenrolar dos fenômenos (Thomas; Znaniecki, 1927, p. 62-65).

Este é o ponto em que as abordagens se tocam e, ao mesmo tempo, mais enfaticamente divergem. As evidências, no caso de Thomas e Znaniecki, são encontradas por meio de um processo investigativo incessante, com a "observação" e a conferência ininterrupta da validade das leis que se revelam ao cientista social, mediante um método indutivo. As evidências, para colocá-lo de forma esquemática, emanam do próprio material empírico com que lida o observador.

Vejam-se, a propósito, as seguintes considerações sobre a análise do material epistolar com que lidam os autores:

> a análise das atitudes e carácteres presentes em notas feitas a cartas particulares e nas introduções a séries particulares [de cartas, em sua maior parte agrupadas por família] não contém nada que não esteja essencialmente contido nos próprios materiais; sua função é apenas isolar atitudes simples, mostrar suas analogias

e dependências, e interpretá-las em relação com o pano de fundo social no qual aparecem. (Thomas; Znaniecki, 1927, p. 76)

Já no caso de Weber, como visto, o procedimento nomológico não pretende descobrir leis unívocas de desenvolvimento da realidade, mas apenas fornecer ao cientista social instrumentos coerentes e exatos (isto é, não contraditórios) para o entendimento do sentido do desenrolar dos fenômenos. Mas a posição do observador não pode ser descartada, já que a "seleção" operada sobre a realidade, se não se dá aleatoriamente, tampouco é guiada pela própria realidade dos "fatos".

A solução weberiana parece mais próxima daquela forjada por Sérgio Buarque, quando comparada à solução de Thomas e Znaniecki. O autor de *Raízes do Brasil* não está, propriamente, em busca da lógica intrincada dos fatos. Seu horizonte é o da interpretação, não o do simples desvelamento do que é, ou seria de fato, o real. Por isso, aliás, a importância dos aspectos narrativos na construção da explicação. Mais que relatar a história, trata-se de reconstruí-la imaginativamente através das palavras.

A recusa da consideração da "realidade empírica" como algo que, por si só, possui sentido, nos coloca diante da necessidade da reconstrução da própria realidade, que somente se torna "real" porque foi compreendida e englobada no universo dos valores. No trabalho do cientista social weberiano, a linguagem desempenha um papel fundamental, porque é como fenômeno de linguagem que a "realidade" pode aparecer diante de nossos olhos e ser explicada.[17]

No horizonte da interpretação se destaca o cientista social como presença iniludível e necessária. A construção de categorias como "trabalho" e "aventura", em *Raízes do Brasil*, não faz sentido senão neste horizonte. A "generalização" é o procedimento momentâneo da constituição do tipo, recurso que não há como escamotear e que se dá no plano da linguagem. Sérgio Buarque não está à cata das leis de desenvolvimento que regeriam a história brasileira. As regularidades, que se encontram expressas nas atitudes típicas do aventureiro e do trabalhador, não são senão sinais que o próprio historiador, de seu ponto de vista irredutível, aponta, seleciona e combina num certo constructo teórico, de modo a mergulhar no terreno significativo da história.

....
17. A propósito da importância da narrativa na reconstrução e interpretação do passado na obra de Sérgio Buarque de Holanda, advogando suas raízes historistas, ver Dias (1988, p. 71-79; 1985, p. 5-64).

Nesse sentido, Sérgio Buarque se aproxima mais de Weber que dos dois sociólogos. Ainda assim, a atenção ao indivíduo, suas ações e os valores que as orientam, é atributo tanto de uma teoria quanto de outra. Na obra de Weber, o mundo dos valores em conflito, lembro uma vez mais, é o palco em que se desenrola a trama trágica de um aturdido indivíduo moderno. É também, no caso de Thomas e Znaniecki, o palco do imigrante polonês, que figura, não menos aturdido, na cena da Chicago do início do século XX. E se o palco de *Raízes do Brasil* é outro, os signos do "moderno" são também seu objeto fugidio, que assombra o autor em sua tentativa de compreender os dilemas contemporâneos anunciados por uma sempre problemática "modernização".[18]

No caso do método proposto em *The Polish Peasant*, busca-se a interação entre o indivíduo e as condições objetivas de sua existência social. Em outras palavras, a atenção do sociólogo recai sobre o confronto dos valores disponíveis e das atitudes existentes. A crise dos valores tradicionais significa a mudança, em escala acelerada, das instituições e de toda a organização social. Significa também que muitas das inclinações básicas dos indivíduos se veem refreadas, ou estimuladas, conforme sua maior ou menor adequação às mudanças em curso. Os "desejos" aparecem aqui, na análise de Thomas e Znaniecki, como elementos fundamentais da individualidade, formando o objeto por excelência de sua formulação teórica. Formulação, para fazer eco às palavras de Sérgio Buarque, de "tão fecundas aplicações" nas ciências sociais.

Os "quatro desejos fundamentais"

Como sugerido há pouco, os autores de *The Polish Peasant* se preocupavam com a independência da teoria social em relação a seus aspectos práticos, isto é, evitavam o atrelamento da teoria à "técnica social". Mas, ao mesmo tempo, admitiam que a teoria sociológica poderia ser "útil" para as reformas sociais. Thomas e Znaniecki (1927, p. 66) chegam a sugerir que a técnica social, bem orientada pela investigação e pela teorização científica, poderia se aproximar, nos termos de sua aplicabilidade e eficiência, da técnica industrial.

Assim, operando com as variáveis determinadas pelos valores, pelas atitudes preexistentes e pelo aspecto sempre consciente do indivíduo que se

....
18. Referindo-se ao "homem cordial" como categoria típico-ideal, Fernando Novais (1995, p. E-2), em resenha largamente inspirada nas análises de Antonio Candido, considera que aquela categoria, anunciada a certa altura da obra, "ficará sempre como referencial para indagar os caminhos ou descaminhos de nossa modernização".

coloca diante das atitudes a tomar, seria possível, no limite, definir e orientar as ações humanas, por meio de uma verdadeira "tecnologia" social. No entanto, uma importante ressalva se faz, porque numa sociedade complexa a aplicação de tal método se tornaria especialmente difícil. Ademais,

> tanto do ponto de vista moral quanto do hedonista e também do ponto de vista do nível de eficiência do indivíduo e do grupo, é desejável desenvolver nos indivíduos a habilidade de controlar espontaneamente suas próprias atividades por meio de uma reflexão consciente. (Thomas; Znaniecki, 1927, p. 72)

A liberdade do indivíduo, isto é, a autonomia de sua "reflexão consciente", sugere a possibilidade de escapar das determinações rigorosas do conjunto social, que limita e direciona as atitudes individuais, fazendo com que o controle mecânico da vida individual, baseado em princípios tecnológicos, se torne praticamente impossível.

Neste ponto é que a teoria dos "quatro desejos fundamentais" de Thomas vem em auxílio do cientista social. Segundo o sociólogo, há uma variedade de desejos universais agindo sobre os indivíduos. Deles, são enumerados os principais: o desejo de "novas sensações" ("*the desire for new experience*"); o desejo de "consideração pública" ("*the desire for recognition*"); desejo de "segurança" ("*the desire for security*"); e o desejo de "correspondência" ("*the desire for response*").

As versões para o português são do próprio Sérgio Buarque. Os "quatro desejos" aparecem na nota metodológica de *The Polish Peasant*, e também no manual de Park e Burgess (1924, p. 488-490), em que o trabalho de Thomas intitulado "The Persistence of Primary-Group Norms in Present-Day Society" é sintetizado.

Também neste caso, consultei o exemplar de Sérgio Buarque, intensamente grifado e anotado. A versão ora apresentada para os "quatro desejos" se refere a tal edição. A referência ao texto de Park e Burgess, por seu turno, aparece a partir da segunda edição de *Raízes do Brasil*, a exemplo do que ocorre com a referência direta à teoria de William I. Thomas.

A sociedade, segundo Thomas e Znaniecki (1984, p. 73), é um "agente de repressão" dos desejos individuais. Inaugura-se, portanto, a consciência sobre o "mal-estar na civilização".

A lembrança da expressão freudiana não é impertinente, uma vez que a teoria dos desejos de Thomas é devedora, a um só tempo, de Nietzsche e Freud (Zaretsky *in* Thomas; Znaniecki, 1984, p. 11). Da mesma forma, o processo civilizador como repressor dos desejos não seria tampouco estranho a Weber. Numa carta endereçada a Lukács e datada de 1913, o sociólogo alemão se coloca diante do problema da racionalização e do erotismo:

> O que é *formado* é, naturalmente, não *só* o que pode ser *valorado*, que está acima do que pode ser experimentado; *formado* é também o *erótico*, que mergulha nas profundezas e sonda as mais remotas frestas do calabouço. Ele compartilha com toda vida formada o destino carregado de culpa e está próximo até mesmo da atitude estética, na qualidade de sua oposição a tudo que pertence ao reino do Deus alheio às formas. (Weber *apud* Schwenker, 1996, p. 170)

De toda forma, a moral é estabelecida para a conservação do grupo, com o abafamento daqueles desejos que não colaborem para o bem-estar coletivo. Importa aqui compreender o conteúdo dos "desejos fundamentais", já que eles entraram indiretamente na composição tipológica de Sérgio Buarque, servindo a entender melhor os tipos do trabalhador e do aventureiro.

Partindo dos "desejos fundamentais" de Thomas e confrontando-os com os tipos básicos expostos no segundo capítulo de *Raízes do Brasil*, Sérgio Buarque afirma que, ao aventureiro, corresponderia predominantemente o desejo de "novas sensações" e o de "consideração pública". No manual de Park e Burgess (1924, p. 11), de que se serviu o historiador, o desejo de novas sensações é visto como transitando, no campo moral,

> da procura do jogo e da procura do prazer à procura do conhecimento e procura de ideais. Ele é encontrado igualmente no vagabundo e no explorador científico. [...] Em sua forma pura o desejo de novas sensações implica movimento, mudança, perigo, instabilidade, irresponsabilidade social.

O desejo de consideração pública, por sua vez, se expressaria

> em recursos para obter distinção aos olhos do público. [...] A "sede de poder" [*will to power*] cabe aqui. Talvez não tenha havido acicate tão forte para a atividade humana nem motivo tão naturalmente admitido quanto o desejo de "fama eterna" [*undying fame*], e seria difícil estimar o papel que o desejo de consideração pública desempenhou na criação de valores sociais. (Park; Burguess, 1924, p. 11, grifos SBH)

É notável a coincidência de alguns desses elementos, caracterizadores dos desejos de "novas sensações" e de "consideração pública", com aqueles presentes na definição do tipo aventureiro. O "movimento" é central para a compreensão da ética da aventura. Em termos menos abstratos, isto é, mais próximos às fontes estudadas pelo historiador, como compreender a agricultura itinerante e predatória, que tanto incomodara os governantes ao longo de toda a história colonial, sem uma referência ao movimento quase constante dos plantadores, sem rumo certo e sem planejamento?

Resultaria a atividade agrícola praticada no Brasil apenas de uma assimilação do hábito indígena e de suas técnicas "rudimentares"? Ou se trata da conjugação de elementos como o braço escravo, a terra farta e a demanda gigantesca do mercado europeu? Ou, diferentemente, trata-se do resultado de um traço psicológico, ou seja, do desejo de novas experiências e novas sensações?

Insisto que a caracterização do aventureiro e do trabalhador não obedece simplesmente aos princípios de uma psicologia social. O traço típico-ideal empresta à figura do aventureiro sua "irrealidade". Neste ponto, Weber, como inspirador de Sérgio Buarque, foge à herança do pensamento alemão haurida por Thomas. O autor da teoria dos "quatro desejos fundamentais" se formara na Alemanha na tradição da etnologia de Wundt, ainda no século XIX (Zaretsky in Thomas; Znaniecki, 1984, p. 11). Conquanto tenha posteriormente se afastado dela, ele formulou uma teoria fundamentalmente baseada em princípios de desiderabilidade, o que não é o caso de Weber, e tampouco será o de Sérgio Buarque de Holanda.

Identificar na "psicologia" do adventício a causa da agricultura predatória e extensiva praticada na colônia seria equivocado, ou insuficiente. Não cabe uma resposta única às perguntas sobre as causas da agricultura predatória na colônia. Não basta dizer que havia um "desejo de novas sensações". No entanto, mediados pela imaginação, os elementos da teoria de William Isaac Thomas ajudam a fixar a imagem do europeu que, entregando-se ao Novo Mundo, assimilaria técnicas nativas, se aproveitaria da conjuntura internacional do tráfico de escravos e do mercado europeu, e se utilizaria da fartura de terras para colonizar.

Se o "movimento" é fundamental na ética da aventura, que dizer da "mudança", do "perigo", da "instabilidade" e da "irresponsabilidade social"? Ao descrever o aventureiro, Sérgio Buarque alia a "audácia", a "imprevidência" e a "irresponsabilidade" a uma concepção "espaçosa" do mundo. Ou seja, sobre a terra vasta a ser explorada, medram aquelas características. A visão imediatista e sem limites do colonizador lembra, em grande medida, a sede por novas experiências.

Assim também no tocante ao desejo de "consideração pública". A pouca disposição para o trabalho não era, para Sérgio Buarque, "o aspecto negativo do ânimo que gera as grandes empresas"? (*Raízes*, p. 21). E não foi a "ânsia de prosperidade sem custo, de títulos honoríficos, de posições e riquezas fáceis", o elemento a acicatar a empresa colonizadora? Não foi tal ânsia, ao menos em parte, a criadora de novos valores sociais, expressos no "gosto da aventura"?

Vale a pena deter-se sobre outras características do desejo de consideração pública, que podem iluminar o "aventureiro". De uma longa lista dos modos de reconhecimento público, destacam-se "o comportamento corajoso, a exibição através de adornos e vestes, a pompa real, a exibição de opiniões e de conhecimento, a posse de dotes especiais" (Park; Burgess, 1924, p. 489).

Não é preciso avançar na listagem para nela encontrar elementos próximos àqueles que caracterizam a "gente de nossa terra", tipicamente aventureira. O desejo de consideração pública, exibitório por excelência, não será acaso aquele mesmo do português que esgota suas energias na "procura incessante" da posição de destaque? Ou, dito de outra forma, na procura incessante da fama imorredoura? Com ironia, Sérgio Buarque lembra que, ainda nos tempos atuais, convivia-se diariamente

> com a prole numerosa daquele militar do tempo de Eschwege, que não se envergonhava de solicitar colocação na música do palácio, do amanuense que não receava pedir um cargo de governador, do simples aplicador de ventosas que aspirava às funções de cirurgião-mor do reino... (*Raízes*, p. 22)

O desejo de ascender socialmente, ou de se parecer à classe mais alta, é ressaltado também por meio daquela "presunção de fidalguia" que fazia com que a jovem burguesia mercantil assimilasse, ao menos em sua exterioridade, os princípios e os signos das classes dirigentes, na terra do Mestre de Aviz (*Raízes*, p. 8-11). Sérgio Buarque associa, a tal movimento de classes, um frouxo, quase inexistente princípio de hierarquia, característica fundamental para a noção da "cordialidade", como se verá adiante.

Ao trabalhador corresponderiam, predominantemente, o desejo de "segurança" e o de "correspondência". A oposição entre ele e o aventureiro, construída de modo a somente compreendê-los em conjunto, a partir de sua mútua repulsão, reaparece na oposição do desejo de segurança ao desejo de novas sensações. Diferentemente deste, aquele implicaria a evitação do perigo e da morte, cuidado, conservantismo. A incorporação numa organização (família, comunidade, Estado) provê a maior segurança. [...] entre os camponeses da Europa, representados pelos nossos grupos de imigrantes, todas as linhas de comportamento estão predeterminadas para o indivíduo pela tradição. Em tal grupo o indivíduo está tão seguro quanto segura for a organização do grupo, mas evidentemente ele mostra pequena originalidade ou criatividade. (Park; Burguess, 1924, p. 489, grifos SBH)[19]

Já o desejo de correspondência seria um

anelo, não pelo reconhecimento do público em geral, mas pela apreciação mais íntima dos indivíduos. Ele é exemplificado no amor maternal [...], no amor romântico, na afeição familiar, e em outros laços pessoais. Saudade [*homesickness*] e solidão [*loneliness*] são expressões dele. Muitos dos recursos em prol do reconhecimento seguro [*securing recognition*] são usados também para a correspondência segura [*securing response*]. (Park; Burguess, 1924, p. 489)

Estes últimos desejos expressam segurança e tranquilidade. Não estamos longe daquelas "energias que visam à estabilidade, à paz e à segurança pessoal", características do "trabalhador" (*Raízes*, p. 19). Tampouco nos afastamos muito daquela lebre de "orelhas em pé", na linguagem figurada de Pareto. Em tudo, ou quase tudo, nos vemos distantes da noção de "aventura".

As "façanhas audaciosas" de que falava o historiador tampouco combinam com as noções de "segurança" e "correspondência" (assim como a falta de "originalidade" e "criatividade" destoam da capacidade inventiva e adaptativa do colonizador). Intimamente ligadas, tais noções ensejam uma imagem familiar, segura e quase terna. A afeição é, aliás, um dos traços mais significativos do desejo de correspondência. E tal desejo seria da maior importância para explicar as atitudes típicas dos camponeses poloneses, confrontados com os novos valores e as atitudes possíveis num universo desconhecido, afastados da "tradição" de que se desprendiam cotidianamente.

No caso de *Raízes do Brasil*, o ambiente familiar será responsável por um dos traços mais importantes para a compreensão da conduta em território colonial. A relação com a política se dará em bases pessoais, numa postura que torna difícil, senão impossível, a constituição de uma esfera pública. O lado coercitivo do mando será por vezes encoberto, embora nunca eliminado,

....
19. Ao lado da última frase, Sérgio Buarque grafou um "x" no seu exemplar.

pela figura do senhor benevolente, ou do padrinho acolhedor. Note-se que a família, como núcleo de constituição gregária no meio colonial, se distancia muito daquela que aparece na definição dos desejos, formulados por Thomas, segundo o manual de Park e Burgess. Lá, os sentimentos familiares estão relacionados à segurança. Já no ensaio de Sérgio Buarque, a atenção a tais sentimentos será temperada pelo tema da dominação pessoal.

O aventureiro somente se deixa compreender com a família como núcleo da formação política colonial, tendo como seu eterno lastro o trabalho escravo, ou "as mãos e os pés do senhor do engenho", segundo a notável expressão de Antonil que Sérgio Buarque retoma em *Raízes do Brasil*.[20]

O que está em jogo no trabalhador, iluminado pela teoria dos desejos de Thomas, é a segurança e a possibilidade da constância e da permanência no trabalho, atributos estranhos ao português que aportou em terras americanas. Sérgio Buarque estuda a "infixidez" da atividade comercial na colônia. A mudança constante de misteres, sem que os indivíduos se deixassem ocupar por uma atividade lucrativa única e duradoura, expressaria a estranheza ao hábito diário do trabalho paciente e persistente. Tal estranheza, segundo o historiador, era

> um dos sérios empecilhos à constituição, entre nós, não só de um verdadeiro artesanato, mas ainda de oficiais suficientemente habilitados para trabalhos que requerem vocação decidida e longo tirocínio. (*Raízes*, p. 39)[21]

A constância e a fixidez cedem ao movimento e às mudanças. Em outros termos, os desejos de segurança cedem aos de novas sensações. A "incorporação numa organização", em busca de constância e previsibilidade, lembra, de forma negativa, aquela organização que faltaria ao "aventureiro".

O meio rural e a predominância da família patriarcal serão, em *Raízes do Brasil*, os elementos básicos para se compreender a aversão a qualquer forma de organização que não se espelhasse na ordem doméstica. É bem

....
20. A afirmação de que o esforço despendido pelo português, na colônia, fora "efetuado, de resto, com as mãos e os pés dos negros", aparece a partir da segunda edição do ensaio, de 1948 (Holanda, 1948, p. 46). Já na primeira edição, a referência à expressão de Antonil é direta, aparecendo no terceiro capítulo do livro (cf. Holanda, 1936, p. 47).

21. Uma nota de rodapé em *Raízes do Brasil* faz notar, no entanto, que há exceções, já que em alguns centros urbanos brasileiros, certos ofícios como o dos lapidários, dos prateiros ou dos carpinteiros requerem um longo treino para dar bons frutos e, segundo testemunhas, davam-nos realmente (*Raízes*, p. 39).

verdade que a "organização" de Thomas, segundo Park e Burgess, está ligada à tradição e, indiferentemente, refere-se à "família, comunidade ou Estado". Mas o espírito de organização significa também algo que os aventureiros de Sérgio Buarque jamais desenvolveram: a segurança advinda de uma ordem coletiva durável. A tradição política brasileira, como se verá, flutua ao sabor das conveniências e ao ritmo do momento.

As analogias são tantas que podem levar o leitor a perguntar se Sérgio Buarque não seria devedor direto da teoria de Thomas, ou de seus vulgarizadores, Park e Burgess.

Não parece ser o caso. Uma coincidência é plausível, sobretudo se lembrarmos que a referência a Thomas aparece somente a partir da segunda edição de *Raízes do Brasil*, de 1948. Mesmo assim, não é impossível que o historiador conhecesse o texto anteriormente e tampouco é improvável que ele o tenha utilizado, ainda que de forma indireta, como inspiração, já na redação original de *Raízes do Brasil*, embora fosse incluir as referências bibliográficas apenas na edição seguinte.

De qualquer modo, saber se Sérgio Buarque utilizou ou não a teoria de Thomas já na primeira edição é uma questão ociosa. Importa muito mais a consciência da proximidade de seus tipos com alguns daqueles "desejos fundamentais". Penso ser irrelevante precisar se tal consciência se deu *a posteriori* da publicação da primeira edição. Mais interessantes são suas observações sobre o "confronto" de sua própria teoria com a do norte-americano. Tal confronto, afinal, pode ajudar a fixar o sentido de "aventura" e "trabalho", retomando a fonte em que Sérgio Buarque de Holanda terá bebido para sua composição, ou, quando menos, a fonte em que ele viu parcialmente espelhadas suas próprias elaborações.

CAPÍTULO 4
Uma invenção a duas vozes: aventura e cordialidade

Local e mundial

Se o "gosto da aventura" foi o "elemento orquestrador" da atividade colonizadora lusitana na América, é porque o adventício jamais se fixou completamente. Como se viu, o "movimento" seria um dos mais importantes elementos dentre os que o caracterizam. Mas nem só à agricultura itinerante se referia o historiador. Também o espírito desapegado ao trabalho constante, amigo antes das façanhas que do hábito monótono do trabalhador, era um elemento de inconstância, ou de "infixidez".

Respondendo, explícita ou implicitamente, a uma tradição do pensamento alemão, e ao buscar os traços culturais de uma sociedade em formação, compreensíveis através de uma *ética* específica, o autor de *Raízes do Brasil* estabelece sua tipologia tendo em vista o problema do capitalismo. Dentre os autores estudados em seus "anos alemães", Max Weber é um dos que mais fundo marcou o pensamento de Sérgio Buarque de Holanda. Resta agora verificar como a "aventura", em *Raízes do Brasil*, pode funcionar como antítese daquilo que, em *A ética protestante e o espírito do capitalismo*, aparece como o "moderno capitalismo ocidental".

Em *Raízes do Brasil*, a explicação da ordem nacional reinventa, por assim dizer, o passado brasileiro, colocando na ordem do dia questões cruciais do mundo entreguerras, como a crise dos valores liberais, a discussão sobre a democracia e a participação popular na orientação dos governos.

Nesse sentido, o local e o mundial são duas faces de um mesmo problema, conjugados na própria empresa colonizadora que marcou o Novo Mundo, onde um tipo peculiar de sociabilidade se desenvolveria, retomando velhos padrões de convivência para adaptá-los às novas condições e aos novos tempos.

Weber novamente: irracionalidade do "impulso para o ganho" e racionalidade do capital

Em *A ética protestante e o espírito do capitalismo*, Weber se detém sobre o mais significativo problema de toda sua obra: o processo incessante de racionalização por que passa o Ocidente, em especial desde que a força propulsora do capitalismo se torna ubíqua.

Curiosamente, e bem à maneira de Weber, a consideração sobre o que *não é* o moderno capitalismo ocidental precede sua exata definição. Assim, o sociólogo alemão repara que a "ânsia do lucro" e o "impulso para o ganho" têm pouco a ver com o capitalismo, sendo características genéricas, que se pode estender a toda sorte de gente, quase em qualquer tempo. Portanto, seria necessário buscar o que há de específico no capitalismo ocidental mais recente, excluindo de seus traços definidores o que se encontra em qualquer época.

Como motivação irracional, o simples "impulso para o ganho" pouco ajudar a compreender o "espírito" do capitalismo:

> O capitalismo pode até identificar-se com uma restrição, ou, pelo menos, com uma moderação racional desse impulso irracional. De qualquer forma, porém, o capitalismo, na organização capitalista permanente e racional, equivale à procura do lucro, de um lucro sempre renovado, da "rentabilidade". Só pode ser assim. Dentro de uma ordem econômica totalmente capitalística, uma empresa individual que não se orientasse por esse princípio, estaria condenada a desaparecer. (Weber, 1992, p. 4)

A definição do capitalismo se baseia numa peculiar conduta individual, guiada pela expectativa do lucro, mas calibrada pelo cálculo racional. Nada, portanto, parecido às pilhagens bélicas ou oportunistas, características de um espírito "irracional e especulativo".

A observação de tal espírito irracional anuncia, como referi antes, um "aventureiro capitalista", presente na obra de Weber como uma espécie de predecessor do moderno agente capitalista, embora não tocado ainda pelos ventos racionalizadores que uma ética religiosa viria, paradoxalmente, a soprar a partir da Reforma.

Weber nota que, antes ainda do moderno capitalismo, havia já certa especialização e diversificação nas atividades financeiras. Houve a figura do financiador das empresas lucrativas, bem como a do empreendedor agrícola, administrando os negócios de uma agricultura baseada no trabalho escravo.

Houve quem financiasse guerras e piratarias, ou mesmo os *"condottieri"* na guerra civil. Mas não passava da figura do

> "especulador" do lucro monetário de todos os tipos. Essa espécie de empreendedor, o aventureiro capitalista, existiu em todo o mundo. Suas atividades, exceto as de caráter comercial, creditício ou bancário, eram de caráter puramente irracional e especulativo, ou, quando muito, orientados para a apropriação pela força, principalmente do botim obtido, seja na guerra, seja através da contínua exploração fiscal dos súditos. (Weber, 1992, p. 7)

A organização capitalista em moldes modernos exigiria, diferentemente, uma racionalidade assentada sobre o trabalho formalmente livre. A definição da conduta para Weber é sempre a orientação das ações individuais em função de certas expectativas e de certos fins, reais ou imaginários. À racionalização da conduta equivale uma abstração nas próprias relações econômicas. Os indivíduos passam a se guiar não mais pelo lucro incerto, vultoso e concreto da especulação, mas pelo lucro constante, racionalmente calculado, certo e seguro.

A abstração não se limita à esfera econômica. As relações sociais passam a existir em função dessa extrema racionalização. A figura concreta da pessoa cede lugar à expectativa calculada dos fins econômicos. A noção de um "mercado real", oposto às "oportunidades políticas ou especulativas de lucro", como referido na *Ética protestante e o espírito do capitalismo*, faz recordar as considerações que Weber faria posteriormente, num dos escritos reunidos em *Economia e sociedade*.

Num trecho inacabado, relativo ao "mercado", Weber contrapõe arquetipicamente, a todas as formas de comunidade que até então examinara, a "relação associativa por troca no *mercado*". A racionalidade se impõe nesse tipo de associação, anunciando o tema da impessoalidade das relações sociais.

Ocorre que o regateio no mercado propicia uma série de associações efêmeras (o ato da troca), para as quais o indivíduo se prepara sem que saiba, de antemão (a não ser imaginariamente, como abstração), qual será o seu parceiro de troca. Mas o contato entre os dois deve se dar em termos pacíficos, do contrário nada garantiria a continuidade das relações de mercado.

Surge aí uma relação eminentemente impessoal, em que os próprios laços de solidariedade grupal ou familiar deixam de importar, diante do valor que adquire a virtualidade de um parceiro de troca, externo ao grupo e desconhecido. Parceiro cujo reconhecimento sequer é necessário. A abstração radical do sujeito, transformado em indivíduo abstrato no mercado, seria um tema caro a Sérgio Buarque, que explorou as implicações políticas desse tipo de abstração.

Retomando Weber, na "comunidade de mercado" a orientação das ações se dá em função de indivíduos abstratos, parceiros virtuais e não companheiros reais. Afinal,

> o ato de troca, particularmente aquele no qual se emprega dinheiro, se orienta não isoladamente pela ação do parceiro, mas pela de todos os participantes potenciais na troca, e isto tanto mais quanto mais racionalmente é ponderado. A comunidade de mercado como tal constitui a relação vital prática mais impessoal que pode existir entre os homens. Não porque o mercado implica a luta entre os interessados. [...] Mas porque ele é orientado de modo especificamente objetivo, pelo interesse nos bens de troca e por nada mais. Quando o mercado é deixado à sua legalidade intrínseca, leva apenas em consideração a coisa, não a pessoa, inexistindo para ele deveres de fraternidade e devoção ou qualquer das relações humanas originárias sustentadas pelas comunidades pessoais. [...] O mercado, em contraposição a todas as demais relações comunitárias que sempre pressupõem a confraternização pessoal e na maioria das vezes a consanguinidade, é estranho, já na raiz, a toda confraternização. A troca livre realiza-se inicialmente somente com parceiros fora da comunidade de vizinhos e de todas as associações de caráter pessoal; o mercado é uma relação que atravessa as fronteiras do povoado, do sangue e da tribo, sendo originalmente a única forma pacífica deste tipo. (Weber, 1991, p. 419-420)[1]

Na senda destas considerações, o elemento mais importante do moderno espírito capitalista viria a ser a racionalidade que envolve as operações individuais, orientadas pela expectativa de certas oportunidades, oferecidas por um mercado que se pressupõe minimamente estável, porque pautado por atitudes regradas.

Associados a tal racionalidade, ou condicionados por ela, destacam-se dois fatores do desenvolvimento capitalista recente: a separação, na gestão econômica, da empresa e da economia doméstica e, como consequência

---

[1]. Referindo-se à paz pública como indispensável para os interesses de troca, Weber (1991, p. 442) afirma ainda que "a apropriação de bens pela troca livre, racional sob aspectos puramente econômicos, é por sua forma, como sempre reiteradamente salientou Oppenheimer, o polo oposto conceitual à apropriação de bens mediante coação de qualquer tipo, na maioria das vezes física, cujo exercício regulamentado é particularmente constitutivo para a comunidade política".

dessa separação, o desenvolvimento de uma contabilidade racional como seu instrumento básico. Para que as "coisas" se sobrepusessem às "pessoas", seria antes necessário converter as relações interindividuais em relações numéricas, de interesse meramente abstrato, até mesmo sem conteúdo valorativo.

O cálculo do capital, a previsibilidade e a consequente racionalização das atividades econômicas estiveram sempre presentes no conjunto das reflexões de Weber, marcando também, direta ou indiretamente, o jovem Sérgio Buarque de Holanda.

Em outro escrito de sua maturidade, Weber elegeria, como termo fundamental de sua reflexão, o *desencantamento*, definido justamente em torno da calculabilidade e da previsão, referidas então ao desenvolvimento científico:

> A intelectualização e a racionalização crescentes não equivalem [...] a um conhecimento geral crescente acerca das condições em que vivemos. Significam, antes, que sabemos ou acreditamos que, a qualquer instante, *poderíamos, bastando que o quiséssemos*, provar que não existe, em princípio, nenhum poder misterioso e imprevisível que interfira com o curso de nossa vida; em uma palavra, que podemos *dominar* o mundo. Para nós não mais se trata, como para o selvagem que acredita na existência daqueles poderes, de apelar a meios mágicos para dominar os espíritos ou exorcizá-los, mas de recorrer à técnica e à previsão. Tal é a significação essencial da intelectualização. (Weber, s.d., p. 30-31)

A definição do "desencantamento" do mundo traz consigo, já, o sentido trágico que dá tom à obra de Weber, e que fora metaforizado, n'*A ética protestante e o espírito do capitalismo*, na famigerada "jaula de ferro", isto é, a técnica que se sobrepõe ao homem, sem lhe fornecer nada além da frieza do cálculo, incapaz de dar sentido à condição humana.

Em seu discurso sobre a ciência como "vocação", Weber encontra, estampado em Tolstói, o problema do significado da "pura técnica" para o homem moderno. Ao se perguntar se a morte encerra ou não sentido para o homem civilizado, o autor russo teria visto que não. Ao que arremata Weber:

> E não pode existir [sentido na morte] porque a vida individual do civilizado está imersa no "progresso" e no infinito e, segundo seu sentido imanente, essa vida não deveria ter fim. [...] O homem civilizado [...] não pode jamais apostar-se senão de uma parte ínfima do que a vida do espírito incessantemente produz, ele não pode captar senão o provisório e nunca o definitivo. Por esse motivo, a morte é, a seus olhos, um acontecimento que não tem sentido. E porque a

morte não tem sentido, a vida do civilizado também não o tem, pois a "progressividade" despojada de significação faz da vida um acontecimento igualmente sem significação. Nas últimas obras de Tolstói, encontra-se, por toda a parte, esse pensamento, que dá tom à sua arte. (Weber, s.d., p. 31)

Assim como no trecho do *Fausto* trabalhado por Weber em outro texto seu, conforme discuti em capítulo anterior, o espírito se encontra diante da infinitude do progresso e do incomensurável poder do conhecimento, facultado ao homem pela clarividência que lhe dá a ciência. Mas Weber recua diante dessa infinitude, temeroso de se perder nela, recusando o pacto demoníaco e reclamando dos indivíduos que se reencontrem com os problemas da cultura, para então refletir sobre o próprio sentido do trabalho científico e do progresso.

Aqui se desvela mais uma ambiguidade do pensamento weberiano. Por um lado, ele postula uma reflexão científica que exorcize os valores, resguardando-os numa esfera extracientífica, delindo portanto o caminho metódico das impurezas das paixões e dos valores, que são os únicos elementos que podem fornecer sentido à condição humana e ao seu agir. Por outro lado, ele não os substitui por coisa alguma e, se desta maneira o caminho da ciência fica desimpedido, não restaria a esse mesmo cientista nada além da incerteza de um caminho que "se perde no crepúsculo".

Se a sociedade capitalista se desencanta progressivamente e se torna dependente da ciência, da técnica e do cálculo, não é de admirar que o arcabouço teórico inventado por Weber para compreender as relações no seio desta sociedade fosse, ele mesmo, pautado por extrema racionalidade.

Ao reconsiderar o agir com base na conduta dos indivíduos, orientada por certos fins ou valores, Weber procura compreender o funcionamento da sociedade capitalista sem lançar mão de ideias irracionais como a *vida*, como já se viu. Ao fazê-lo, busca encerrar aquilo que em princípio é irracional e infinito – as próprias vivências, irredutíveis a fórmulas que apontem o devir ou o comportamento futuro – numa cadeia lógica, conferindo racionalidade e tornando compreensível, em termos racionais, aquela mesma vida.

Ao leitor atento, intrigado talvez com tamanha sede de racionalidade, restará a pergunta sobre se uma "razão pura", que parece pressuposta quando se marca o terreno da racionalidade, não é, ela mesma, um princípio irracional. Não cabe aqui a discussão transcendental sobre a base do próprio conhecimento do mundo histórico. Mas cabe a lembrança de uma nota de Ortega y Gasset (1983, p. 180), num estudo sobre Dilthey, dirigindo-se ao público espanhol. Ali, afirma que "la irracionalidad de los principios en la cual desemboca el racionalismo [...] proviene de qué se entiende por razón la razón 'pura', esto es, la razón 'sola' y aparte; pero desaparece si se funda la razón 'pura' en la totalidad de la 'razón vital'".

Propondo a superação da antítese entre irracionalismo vital e racionalismo intelectual, mediante um "racio-vitalismo", Ortega y Gasset pretende recuperar a obra de Dilthey, a qual, segundo ele, fora relegada a segundo plano por jamais se ter compreendido o sentido do racionalismo da própria vida, como noção totalizante:

> la pura verdad es que éste [Dilthey] se quedó prisionero del irracionalismo vital frente al racionalismo intelectual y no acertó a descubrir ese nuevo racionalismo de la vida. Así se explica que aun en sus últimos años escribiese frases como ésta: "En toda comprensión de la vida hay algo irracional, como la vida misma lo es". (Ortega y Gasset, 1983, p. 181)

Por isso, em Weber, o recurso às regularidades, expressas numa *ética* particular. Por isso também o seu mais importante objeto, que orienta toda sua reflexão, é a sociedade capitalista moderna, ela própria encerrada num círculo de racionalização ininterrupta.

Sérgio Buarque foi buscar em Weber não apenas as ferramentas metodológicas com que construiria seus tipos. Ou talvez, ao fazê-lo, tenha sido levado a envolver-se com os termos weberianos sobre o moderno capitalismo ocidental. A racionalidade do cálculo em termos de capital, contraposta ao irracionalismo da especulação aventureira e da pilhagem, será retomada pelo historiador brasileiro no contraponto que a noção de "trabalho" oferece à ideia da "aventura".

A ausência de uma "civilização agrícola"

Ao se referir à "relativa infixidez das classes sociais" em Portugal, desde que ali se formara um Estado nacional, Sérgio Buarque nota a facilidade com que uma burguesia ascendente assimilou hábitos das classes nobres. Assim fazendo, não teria se cristalizado, com ela, um novo padrão ético, que valorizasse as "virtudes econômicas".

Numa extensa nota ao capítulo quarto, inexistente ainda na primeira edição, onde comenta a notoriedade da "infidelidade" dos portugueses nos negócios, os termos com que a explica são claramente weberianos:

> Essa infidelidade e falta de exatidão nos negócios com estranhos denuncia, sem dúvida, nos portugueses da época setecentista, e também de outras épocas, o gosto desordenado e imprevidente da pecúnia. Engana-se quem tente discernir aqui os germes do espírito capitalista. A simples ganância, o amor às riquezas acumuladas à custa de outrem, principalmente de estranhos, pertence, em verdade, a todas as épocas e não caracteriza a mentalidade capitalista se desacompanhada de certas virtudes econômicas que tendam a contribuir decisivamente para a racionalização dos negócios. Virtudes como a honorabilidade e a exatidão, diversas da lealdade devida a superiores, amigos e afins. (*Raízes*, p. 124)

Na senda do raciocínio weberiano, "honorabilidade" e "exatidão" garantem a constância das atitudes, permitindo ao negociante prever e calcular a reação do seu parceiro de troca. Já a "lealdade" cega aos superiores e amigos o deixa à mercê dos humores destes, tornando suas reações uma fonte potencial de surpresas, impedindo a previsibilidade e a própria manutenção adequada do mercado, eminentemente impessoal, nos seus termos modernos.

Ao afirmar que a colonização lusitana na América se processou "apesar de seus autores", Sérgio Buarque não está diminuindo o vulto da façanha portuguesa, reafirmada aqui e ali em *Raízes do Brasil*, mas pretende referi-la ao espírito aventureiro que guiou a ação dos adventícios. Não tendo sido um empreendimento de todo metódico, ordenado e calculado, a colonização foi, por assim dizer, um deixar-se moldar pelo meio e pela cultura locais. Aqui surge a questão da plasticidade no desenho das cidades.

Retomando termos do padre Vieira no célebre "Sermão da Sexagésima", Sérgio Buarque diferencia as cidades castelhanas das lusitanas. Enquanto os espanhóis foram "ladrilhadores", pressurosos na demarcação rígida e antinatural das vilas que construíram, segundo o traçado retilíneo e disciplinador de suas ruas, os portugueses foram bem mais "semeadores", ao descartar a tirania das formas como maneira de dominar a paisagem.

Num trecho das edições mais recentes de *Raízes do Brasil* (p. 113), Sérgio Buarque lembra que também a poesia portuguesa

> não se perde nos transes ou desvarios metafísicos, que possam constituir solução para todos os inconformismos. Canta desilusões, mas sem pretender atrair tempestades, invocar o demônio ou fabricar o ouro. A ordem que aceita não é a que compõem os homens com trabalho, mas a que fazem com desleixo e certa liberdade; a ordem do semeador, não a do ladrilhador. É também a ordem em que estão postas as coisas divinas e naturais pois que, já o dizia Antônio Vieira,

se as estrelas estão em ordem, "he ordem que faz influência, não he ordem que faça lavor. Não fez Deus o Céu em xadrez de estrelas..."

É reclamando do estilo "empeçado" e "dificultoso" que Vieira (1995, p. 34) comparara, valendo-se do Evangelho de Mateus, o pregar ao semear: "Assim há de ser o pregar. Hão de cair as coisas e hão de nascer; tão naturais que vão caindo, tão próprias que venham nascendo".

Retomando uma presumível fonte de Vieira para a imagem do céu estrelado, Sérgio Buarque, em nota apensa ao capítulo quarto, lembra um trecho do também jesuíta Baltazar Gracián, em que Andrênio e Critilo discutem a posição das estrelas, e o último, respondendo àquele, que queria ver as estrelas dispostas numa ordem artificial, percebe que "a Divina Sabedoria, formando e repartindo as estrelas, atendeu a outra e mais importante correspondência, 'cual lo es de sus movimientos y aquel templarse de influencias'" (*Raízes*, p. 127).

Seguindo a trilha imaginada pelo historiador, pode-se dizer, da gente oriunda da terra do mestre de Aviz, que deixaram a paisagem, imprecisa e caprichosa, guiar a mão do construtor, resultando daí cidades litorâneas tão desleixadamente estabelecidas que sugerem uma semeadura livre e despreocupada.[2]

O capítulo quarto ganha o título "O semeador e o ladrilhador" a partir da segunda edição de *Raízes do Brasil*, de 1948, e prenuncia claramente *Visão do paraíso*, de 1959, onde o "comedido bom senso" com que os portugueses filtraram as invenções delirantes sobre o Novo Mundo se contrapõe ao senso do maravilhoso que teria guiado os espanhóis (Holanda, 1992). Afinal, o "tosco realismo" dos portugueses, que fazia mirrar sua imaginação no Quinhentos, não seria o espírito desleixado que se desinteressa pelas lucubrações delirantes dos espanhóis, preocupados em reproduzir, com exatidão, os modelos trazidos da Península?

....
2. Tais observações sobre o pragmatismo português podem lembrar a já referida primeira participação de Sérgio Buarque na imprensa. Com apenas dezessete anos, o futuro historiador discorria sobre a inatingida originalidade literária brasileira, para notar, com Francisco García Calderón, que um verdadeiro "americanismo" pouco rendera ainda no campo da literatura. Dos poetas posteriores à era das descobertas, segundo García Calderón, citado por Sérgio Buarque, pode-se dizer que "imitam, em vez de descrever, o vasto cenário que os rodeia. Raça individualista, a espanhola, aventureira e lutadora, não quer éclogas nem aspira a confundir-se com a terra pródiga, num delírio panteísta". Isso no caso dos espanhóis, ressalva o jovem escritor. Porque o povo português, "menos idealista e, se quiserem, mais prático que o espanhol, não teve uma impressão tão sutil da natureza do Novo Mundo como aquele" (Holanda, 1996, v. I, p. 37).

Desde suas primeiras impressões do Novo Mundo, os portugueses teriam agido sob a égide da rotina. O domínio lusitano excluía as preocupações de ordem metafísica:

> Entre nós, o domínio europeu foi, em geral, brando e mole, menos obediente a regras e dispositivos do que à lei da natureza. A vida parece ter sido aqui incomparavelmente mais suave, mais acolhedora das dissonâncias sociais, raciais, e morais. Nossos colonizadores eram, antes de tudo, homens que sabiam repetir o que estava feito ou o que lhes ensinara a rotina. Bem assentes no solo, não tinham exigências mentais muito grandes e o Céu parecia-lhes uma realidade excessivamente espiritual, remota, póstuma, para interferir em seus negócios de cada dia. (*Raízes*, p. 30)

A atitude desleixada teria repercussões profundas na atividade agrícola na colônia. Guiando-se pelo vulto do resultado, sem grandes preocupações com os meios para atingi-lo, foi de forma também aventureira que se deu o aproveitamento do solo, sem que o método, o cálculo ou a renúncia do prêmio imediato tivessem vez. Sem, enfim, que "uma moderação racional" pusesse freios ao "impulso irracional" do ganho, visando contê-lo para o estender no tempo. A partir da segunda edição de *Raízes do Brasil*, em seu terceiro capítulo, intitulado "Herança rural" (antes, na primeira edição, ele se chamava "O passado agrário"), a afirmação é taxativa: "não foi a rigor uma civilização agrícola o que os portugueses instauraram no Brasil" (*Raízes*, p. 57).

Quase todo o capítulo orbita em torno de tal ideia: não se constituiu, no Brasil, uma "civilização agrícola". A expressão salienta a ausência da previsão e da racionalidade, sugerindo que a agricultura nunca, ou quase nunca, teve a mediação do cálculo metódico para que se pusesse em marcha. A marcha, aliás, foi sua característica distintiva. A mobilidade de uma agricultura eminentemente itinerante permitiria compreender a precariedade e a rusticidade das técnicas rurais de que se serviram os colonizadores. Daí, também, sua assimilação dos hábitos seminômades dos povos locais.

A plasticidade leva a pensar numa abertura para a realidade local, com a absorção de traços alheios, inclusive de técnicas indígenas, como a da coivara. Tensionando porventura as noções de "cultura" e "civilização", Sérgio Buarque discutia o embate com o meio e as gentes e supunha que pouco haveria de imposição no avanço lusitano. Isto é, ao invés de projetarem incondicionalmente seus hábitos, os portugueses teriam forjado uma nova cultura, com uma ética formada na mistura com as tradições locais. Não são poucas as idealizações que podem advir daí.

Não será exagerado ver em Sérgio Buarque, quando escrevia e reescrevia *Raízes do Brasil*, uma marca do pensamento alemão, que trabalha a ideia de *Kultur*, em oposição a *Zivilisation*. Norbert Elias nota, no desenvolvimento dessa ideia em solo alemão, a preocupação da *intelligentsia* burguesa em delimitar certa individualidade do povo alemão, nos termos de sua cultura, mais que de sua civilização, sendo esta associada, já em fins do século XVIII, às maneiras afrancesadas da gente de corte. A antítese entre *Kultur* e *Zivilisation* se constrói sobretudo em função desta autoafirmação alemã. O que se coloca em questão é o caráter *delimitador* de *Kultur*, buscando uma identidade particular, e a conceituação de "civilização" como um processo, um projetar-se que "minimiza as diferenças nacionais entre os povos", enfatizando o que é, ou deveria ser comum a todos eles, marcando portanto um sentido expansionista (Elias, 1994).

Ilustrativa quanto a essa especificidade de um pensamento que trabalha *Kultur*, buscando a identificação alemã, é a observação de Ernst Robert Curtius, retomada e criticada por Sérgio Buarque, de que o historismo é uma atitude intelectual tipicamente alemã, a que teriam ficado imunes os países da Europa do oeste. Sérgio Buarque sugere que a

> ideia que sustenta Curtius, de uma radical incompatibilidade de franceses e ingleses com a *forma mentis* especificamente alemã representada pelo historismo, faz pensar na distinção e antagonismo entre "cultura" e "civilização", que andou em moda na Alemanha guilhermina. (Holanda, 1996, *Livro dos Prefácios*, p. 188)

De uma forma ou outra, em *Raízes do Brasil* a mobilidade é especificamente retomada na averiguação do caráter itinerante da agricultura. Valendo-se da abundância de terras, os adventícios não se fixavam ao solo. A regra

> era irem buscar os lavradores novas terras em lugares de mato dentro, e assim raramente decorriam duas gerações sem que uma mesma fazenda mudasse de sítio, ou de dono. Essa transitoriedade, oriunda, por sua vez, dos costumes indígenas, servia apenas para corroborar o caráter rotineiro do trabalho rural. Como a ninguém ocorria o recurso de revigorar os solos gastos por meio de fertilizantes, faltava estímulo a melhoramentos de qualquer natureza. (*Raízes*, p. 27)

A rotina aparece como marca de uma agricultura refratária às inovações, bastando-se com seus parcos recursos técnicos. "Aventureiro", o lavrador não tem seu trabalho totalmente mediado pela técnica. Munir-se de toda uma estrutura produtiva seria uma forma de se fixar ao solo, tendo-o como sua morada definitiva, não mais como local de passagem.

Uma longa discussão sobre o emprego do arado tem lugar na "Nota ao capítulo 2", acrescida também a partir da segunda edição do livro. Lá, torna-se claro que a recusa dos portugueses à intensificação e ao melhoramento da agricultura não foi consequência de uma característica inata, imóvel no tempo, estampada desde sempre na alma do colonizador.

Trabalhadores vindos de outras paragens, em épocas mais recentes, tiveram também dificuldade de utilizar métodos mais avançados nas lides do campo. O arado, em substituição à enxada, não foi usado largamente, a despeito das várias tentativas de implantá-lo entre os colonos. As diversas iniciativas dos ilustrados governantes da metrópole, em prol da adaptação dos lavradores às novas técnicas, esbarraram muitas vezes não apenas na suposta e muito alardeada *indolência* dos indivíduos que vieram ao Brasil.

Havia também, exercendo forte poder de limitação ao emprego de novas técnicas, motivos de ordem física, como a diferença notável do solo tropical em relação ao europeu, o que exigia, para o sucesso de sua utilização, que o arado fosse mais leve e menos profundo, sulcando a terra apenas superficialmente. Isso porque a camada fértil do solo, como notaram vários dos governantes portugueses enviados à colônia, se limitava à superfície, impossibilitando o emprego do arado europeu. Também o relevo do terreno, em algumas regiões, tornava inútil aquele artefato (*Raízes*, p. 51-55).

Buscando as raízes dessa atitude muitas vezes "indolente" na cultura forjada no encontro com uma nova paisagem física e social, Sérgio Buarque termina por imprimir à análise um sentido de movimento e virtualidade, afastando-se da procura ontológica de características pretensamente inatas na alma do colonizador, ou, mais tarde, do povo brasileiro.

A virtualidade se estampa no desenvolvimento de características trazidas já da metrópole, onde a agricultura não era objeto de grande ânimo.[3] O movimento, por sua vez, se expressa na dinâmica das técnicas e dos hábitos,

....

3. Antes de se referir à precariedade dos métodos agrícolas empregados pelos colonos, Sérgio Buarque transcreve as palavras de Clenardo, em crônica de 1535, a respeito da miséria rural de Portugal: "Se em algum lugar a agricultura foi tida em desprezo é incontestavelmente em Portugal. E antes de mais nada, ficai sabendo que o que faz o nervo principal de uma nação é aqui de uma debilidade extrema; para mais, se há algum povo dado à preguiça sem ser o

assimilados em grande parte do nativo, como forma de sobrevivência no meio novo.

A plasticidade

A plasticidade dos portugueses desponta, em *Raízes do Brasil*, na maneira pela qual eles teriam conseguido adaptar-se, recriando alguns de seus costumes com base na matéria local, ou mesmo tomando aos indígenas suas técnicas de sobrevivência. À medida que precisavam, se desembaraçavam de hábitos originais. Onde faltasse pão de trigo,

> aprendiam a comer o da terra, e com tal requinte, que – afirmava Gabriel Soares – a gente de tratamento só consumia farinha de mandioca fresca, feita no dia. Habituaram-se também a dormir em redes, à maneira dos índios. Alguns, como Vasco Coutinho, o donatário do Espírito Santo, iam ao ponto de beber e mascar fumo, segundo nos referem testemunhos do tempo. Aos índios tomaram ainda instrumentos de caça e pesca, embarcações de casca ou tronco escavado, que singravam os rios e águas do litoral, o modo de cultivar a terra ateando primeiramente fogo aos matos. (*Raízes*, p. 22)

A preocupação com os detalhes da vida material e da sobrevivência cultural das populações adventícias anuncia, nesta passagem, toda uma importante fase na carreira do historiador, em que floresceriam estudos de civilização material já influenciados por outros debates historiográficos. Entre os primeiros tateios nesse terreno de estudos e a descrição mais minudente dos aspectos materiais da colonização, que nortearia um livro como *Monções* (1945), ou mesmo o conjunto de monografias que compõem *Caminhos e fronteiras* (1957), resta um largo tempo, que o historiador preencheu com inúmeras incursões a bibliotecas e arquivos no Brasil e no exterior.[4]

....
português, então não sei onde ele exista. Falo sobretudo de nós outros que habitamos além do Tejo e que respiramos de mais perto o ar da África" (*Raízes*, p. 26).

4. Outro interessante caminho de pesquisa seria retomar as anotações feitas por Sérgio Buarque, em bibliotecas e arquivos, em seus inúmeros caderninhos hoje guardados na Unicamp, junto ao Fundo Privado Sérgio Buarque de Holanda. Ali, pode-se acompanhar o percurso da investigação de muitos dos problemas apontados e desenvolvidos em *Monções* e *Caminhos e fronteiras*. Sobre o tema, ver o estudo monográfico lançado no ano seguinte à primeira edição de meu livro: Wegner (2000).

A interpretação dos detalhes significativos da colonização do sertão, sobretudo aquela operada a partir do planalto de Piratininga, é resultado de um trabalho imenso nos arquivos. Houve mesmo quem notasse, nesse esforço posterior a *Raízes do Brasil*, o resultado de uma "mutação", de um Sérgio Buarque "sociólogo", quando da primeira edição do ensaio, para o "historiador" (cf. Mello *in* Holanda, 1995, p. 189-193).[5]

A despeito do caráter artificial da cisão entre o historiador e o sociólogo, é de fato possível ver *Raízes do Brasil* como uma ponte entre duas fases distintas de sua carreira, a do jovem modernista, preocupado com questões de ordem estética, e a do historiador maduro. De toda forma, a preocupação com a história já aparece em *Raízes do Brasil*, o que permitiu a outro historiador compreender o ensaio como uma "pedra fundamental" na carreira de Sérgio Buarque de Holanda (cf. Morse, 1995, p. 52).

Considerando o trabalho aturado nos arquivos, a plasticidade portuguesa não seria, afinal, fruto de um olhar impressionista. Se Sérgio Buarque percebeu a maneira pouco ordenada com que se assentaram os portugueses, pode-se dizer que o averiguou junto a seus "informantes", isto é, por meio dos testemunhos de cronistas e viajantes, somados a um vasto e até então apenas parcialmente explorado material de arquivo, além, é claro, dos "interessantes" documentos que, desde o começo do século XX, vinham sendo impressos, sobretudo em São Paulo.

O "desleixo" que caracteriza a conduta portuguesa na América reapareceria, em *Monções* e *Caminhos e fronteiras*, na consideração da ação colonizadora de uma gente cuja "vocação estaria no caminho, que convida ao movimento; não na grande propriedade rural, que cria indivíduos sedentários". Nesse ponto, Sérgio Buarque lança mão da imagem de uma civilização que se desenvolve com "liberdade e abandono", que não se enrija

> logo em formas inflexíveis. Retrocede, ao contrário, a padrões rudes e primitivos. [...] Só muito aos poucos, embora com extraordinária consistência, consegue o europeu implantar, num país estranho, algumas formas de vida, que já lhe eram familiares no Velho Mundo. Com a consistência do couro, não a do ferro ou

---

....
5. Evaldo Cabral defende ainda a tese de que o que sobreviveu na obra de Sérgio Buarque, bem como na de Gilberto Freyre ou de Caio Prado Júnior, foi seu caráter histórico, e não sociológico. A marca de grandes historiadores, expressa na "tesão pelo concreto", teria permitido que eles se mantivessem interessantes até hoje, diferentemente de autores anteriores, preocupados com uma "sociologia da formação brasileira".

do bronze, dobrando-se, ajustando-se, amoldando-se a todas as asperezas do meio. (Holanda, 1990, p. 16; Holanda, 1994, p. 9-10)

Em *Os parceiros do Rio Bonito*, concebido na década de 1950 e publicado na década seguinte, Antonio Candido deixa margem, inintencionalmente talvez, para que se perceba certa continuidade entre o autor de *Raízes do Brasil* e o de *Monções* ou *Caminhos e fronteiras*. Ao explorar as raízes históricas de uma cultura caipira, seminômade e fechada, Candido se vale largamente dos estudos de Sérgio Buarque datados da década de 1940. Mas ele próprio se utiliza da ideia, presente já em *Raízes do Brasil*, da "aventura" que congrega os traços típicos da povoação do interior paulista:

> A combinação dos traços culturais indígenas e portugueses obedeceu ao ritmo nômade do bandeirante e do povoador, conservando as características de uma economia largamente permeada pelas práticas de presa e coleta, cuja estrutura instável dependia da mobilidade dos indivíduos e dos grupos. Por isso, na habitação, na dieta, no caráter do caipira, gravou-se para sempre o provisório da aventura. (Souza, 1987, p. 37)

Em paralelo a Sérgio Buarque, cujo foco de atenção recairia sobre a formação de uma nova sociabilidade a partir da fronteira, Antonio Candido vê a "repulsa ao trabalho", associada ao "espírito da aventura", como resultado de um desenvolvimento histórico em que o caipira – essa espécie de "bandeirante atrofiado", dirá Candido – figura como um elemento que se bastou com mínimos vitais (em termos materiais e culturais), fechando-se em unidades esparsas, de baixo povoamento, e escapando à escravização, limitada aos indígenas e posteriormente aos negros. Assim, a "indolência", que já tinha começado a se desmistificar em Sérgio Buarque, aparece, n'*Os Parceiros do Rio Bonito*, não como vadiagem pura e simples, mas como "desnecessidade de trabalhar" (Souza, 1987, p. 85-87).

Regressando a *Raízes do Brasil*, a coleta, a pesca e a caça são elementos que reforçam o movimento, a "infixidez". A "aventura" caracteriza essa adaptação móvel ao meio. A própria agricultura, como se viu, dava-se nos termos provisórios de um trabalho sempre potencialmente efêmero. A coivara é um exemplo claro, porque exigia dos lavradores uma constante errância.

Haveria uma contradição flagrante entre a própria ideia da agricultura e o "gosto da aventura". O esforço que a agricultura exige se baseia em constância, persistência, perseverança, paciência, todos atributos que fixam o ser.

Quem planta precisa de todos eles. Paciência e perseverança para plantar e esperar a semente germinar, para molhá-la, alimentar o solo e, somente então, colher bons frutos.

A metáfora se espalha pelo livro, sugerindo que os colonizadores portugueses jamais teriam cumprido o papel do trabalhador, que sulca, amanha e água a terra. Em suma, eles não teriam plantado uma civilização. No máximo, soltaram, anarquicamente, algumas sementes, deixando que florescessem livremente, quase que "apesar" de seus plantadores.

O jogo de imagens reforça a tipologia criada por Sérgio Buarque. Dos leitores de *Raízes do Brasil* se exige certa sensibilidade para o concerto das metáforas e a sugestão dos tipos. A construção típico-ideal mobiliza a imaginação, porque não tem a pretensão de simplesmente retratar. Seus meios são outros: exagerar, recortar, combinar e fundir traços diversos, buscando talvez aquilo que Adorno (1986, p. 186) chamou de uma "polarização do opaco", quando se referiu ao ensaio como forma.

Mesmo as imensas plantações de cana-de-açúcar e os engenhos que alimentavam o mercado europeu não estão totalmente fora do círculo da aventura. O vulto dos resultados era imprescindível, a lucratividade imensa era a base do negócio, que se baseava no trabalho escravo, e o emprego de técnicas e de uma mão-de-obra já utilizadas nas ilhas portuguesas do Atlântico apenas reforçavam o caráter devastador e perdulário da agricultura, sugerindo que, também neste caso, o "impulso para o ganho" devia prevalecer sobre o cálculo e a contenção.[6]

Sérgio Buarque classificou a grande produção de açúcar como uma "produção de índole semicapitalista, orientada sobretudo para o consumo externo, [em que] teriam de prevalecer por força critérios grosseiramente quantitativos" (*Raízes*, p. 25). Ou seja, mesmo a produção em grande escala era refratária, em grande medida, ao espírito do trabalhador. Assim, somente com alguma reserva poderia chamar-se "agricultura" aos processos de exploração da terra iniciados com os portugueses nos engenhos de cana. Nessa exploração,

> a técnica europeia serviu apenas para fazer ainda mais devastadores os métodos rudimentares de que se valia o indígena em suas plantações. Se tornou possível, em certos casos, a fixação do colono, não cabe atribuir tal fato a esse zelo carinhoso

---

6. Nas plantações de cana no Brasil, teria bastado aos portugueses "que desenvolvessem em grande escala o processo já instituído, segundo todas as probabilidades, na Madeira e em outras ilhas do Atlântico, onde o negro da Guiné era utilizado nas fainas rurais" (*Raízes*, p. 23).

pela terra, tão peculiar ao homem rústico entre povos genuinamente agricultores. A verdade é que a grande lavoura, conforme se praticou e ainda se pratica no Brasil, participa, por sua natureza perdulária, quase tanto da mineração, quanto da agricultura. Sem braço escravo e terra farta, terra para gastar e arruinar, não para proteger ciosamente, ela seria irrealizável. (*Raízes*, p. 25)

A identificação da agricultura à atividade mineradora tem consequências profundas, ao sugerir que o colono retirava da terra o que podia, sem lhe devolver coisa alguma que a tornasse novamente útil. O sentido que orientava as lides do campo era aquele mesmo sentido maior da colonização, que permite ver os traços de uma mentalidade mercantil, especuladora e exploratória, sequiosa por sorver as riquezas, sem plantar raízes. Ao menos sem plantá-las de forma duradoura.

A povoação do litoral, em contraste com a desolação do sertão e de seus ermos, expressaria ademais essa inconstância, esse desamor à terra, como notou o Padre Manuel da Nóbrega, quando, em meados do século XVI, se referiu à disposição dos portugueses em "se ir", tão logo tirassem o devido proveito das novas terras (*Raízes*, p. 101). Também nesse ponto a colonização lusitana seria bastante diferente da espanhola, pois,

> nada se imagina mais dificilmente, em um capitão português, do que um gesto como o que se atribui a Cortez, de ter mandado desarmar as naus que o conduziram à Nova Espanha, para aproveitar o lenho nas construções de terra firme. Nada, no entanto, mais legitimamente castelhano do que esse ato verdadeiramente simbólico do novo sistema de colonização, que se ia inaugurar. (*Raízes*, p. 97)[7]

A ausência de um esforço de fixação, atribuído aos espanhóis, levou os portugueses a uma obra que tinha bem mais de "feitorização" que de "colonização". Assim vai se desenhando a precariedade da vida urbana, civil, o que teria graves consequências para os padrões de convivência política na colônia e mesmo no Império, tempos depois.

Voltado unicamente para o lucro mais imediato, fixando o homem à orla e não ao interior, tal esforço levara Frei Vicente do Salvador a lançar mão

....
7. Para a compreensão do confronto entre a mentalidade espanhola e a portuguesa, e a "cultura da personalidade" em *Raízes do Brasil*, ver Pimentel (1959, p. 65-82). O crítico vê, no historiador, um defensor da ética do trabalho.

de uma imagem que se tornaria famosa: os portugueses, no Brasil, viveram "arranhando as costas como caranguejos" (*Raízes,* p. 101-102).

Mas o fato é que foi uma colonização vitoriosa. Seu sucesso, paradoxalmente, não dependeu de uma vontade prévia, traçada de antemão, como teria sido aquela dos holandeses, cuja aventura pernambucana fracassou, ao termo de um tempo de laboriosos esforços e de um florescimento urbano ímpar na história colonial brasileira.

Os portugueses teriam se adaptado melhor ao novo mundo porque não quiseram moldá-lo segundo uma vontade rígida e severa. Deixaram que a colonização avançasse de acordo com seu espírito imprevidente e eminentemente prático. Colonizou-se, quase que "apesar" dos colonizadores.

Paradoxos das consequências

A agricultura "aventureira" dos portugueses se revelaria, ao cabo, uma atividade das mais lucrativas, respondendo aos influxos do mercado europeu e mantendo técnicas extensivas e muitas vezes precárias. Sem que se guiassem por um espírito propriamente metódico, os colonizadores empreenderam negócios altamente rendosos. As técnicas agrícolas, em princípio retrógradas, terminaram por se mostrar adequadas ao meio e às condições externas, alimentando a crescente demanda pela produção tropical.

Em *Raízes do Brasil,* o "desleixo" lusitano e a capacidade do colono de logo se despojar de seus costumes originais, substituindo-os por outros, são tidos como molas propulsoras da colonização.[8] Já os holandeses não teriam sabido adequar-se à nova paisagem. Diferentemente, quiseram reproduzir as condições de sua existência, buscando sobrepor sua sociedade à realidade bárbara que julgavam encontrar. Mas tiveram também os seus "aventureiros".

Se lhes faltava plasticidade, segundo Sérgio Buarque, sobrava-lhes um "espírito de empreendimento metódico e coordenado". No entanto, os colonos mandados para cá não deram conta da tarefa para a qual foram designados. Pois, recrutados

....
8. É este o sentido da passagem de Salústio, que serve de epígrafe ao segundo capítulo de *Raízes do Brasil,* em sua primeira edição: "*Hi postquam in una mœnia convenere, dispari genere, dissimili lingua, alius alio more viventes, incredibile memoratu est quam facile coaluerint*" (Holanda, 1936, p. 17). ("Estes, após chegarem a uma cidade, de nações diferentes, de língua diversa, cada um vivendo costumes diversos, é incrível admitir-se o quão facilmente possam conviver". Trad. Joaquim Meira Monteiro).

> entre aventureiros de toda espécie, de todos os países da Europa, "homens cansados de perseguições", eles vinham apenas em busca de fortunas impossíveis, sem imaginar criar raízes na terra. (*Raízes*, p. 43)

Ainda assim, os holandeses do tempo de Nassau procuraram recriar, no nordeste do Brasil, o mundo urbano em que viviam. O florescimento da vida civil não seria, porém, suficiente para o domínio do local. Enfrentaram várias resistências, mas a principal delas terá sido oferecida por eles próprios, porque não souberam enraizar-se à terra sem plantar uma civilização previamente imaginada.

Há aqui um paradoxo: aventureiros lusitanos se espalharam pela terra, confundindo-se à paisagem, sem que um esforço civilizatório claro e monolítico os orientasse. Movidos pelo espírito da aventura, não se fixaram ao solo, mas paradoxalmente puderam criar raízes numa sociedade nova que estabeleceram quase sem o querer. Ao menos sem o auxílio dos planos arrojados e precisos dos batavos.

Ao imaginarem uma nova Holanda, em quase tudo idêntica à original, os holandeses teriam inviabilizado a própria colonização projetada. Seu

> empenho de fazer do Brasil uma extensão tropical da pátria europeia sucumbiu desastrosamente ante a inaptidão que mostraram para fundar a prosperidade da terra nas bases que lhe seriam naturais, como, bem ou mal, já o tinham feito os portugueses. Segundo todas as aparências, o bom êxito destes resultou justamente de não terem sabido ou podido manter a própria distinção com o mundo que vinham povoar. Sua fraqueza foi sua força. (*Raízes*, p. 46)

Ao demandar resultados rápidos, não se perderam nas lucubrações civilizatórias dos holandeses. Seu pedestre realismo fez a força da colonização, permitindo que evitassem perder-se nos meandros intermináveis de uma idealização. Aceitando os meandros do mundo concreto, teriam podido assimilá-los. Seguiram trilhas de certa forma menos ambiciosas que outros; por isso, venceram. Como sugere Sérgio Buarque, onde galardoou-se com a magnificência das grandes empresas, o português o fez apenas imaginariamente, guardando os sinais exteriores das façanhas. Mas, de fato, recusou o heroísmo e se resignou, aferrando-se ao mais chão pragmatismo.

Ao discutir o "realismo fundamental" dos portugueses, Sérgio Buarque de Holanda contrapõe *Os Lusíadas* ao *Soldado Prático*, de Diogo do Couto. Esta última representaria o "reverso necessário" da primeira, pois a idealização poética de Camões somente poderia compreender-se quando contrastada ao pragmatismo de Couto. Ainda assim, mesmo a obra-prima da épica renascentista portuguesa não se mostra alheia ao espírito pragmático:

> A tradição portuguesa, longe de manifestar-se no puro afã de glórias e na exaltação grandíloqua das virtudes heroicas, parece exprimir-se, ao contrário, no discreto uso das mesmas virtudes. E se Camões encontrou alguma vez o timbre adequado para formular essa tradição, foi justamente nas oitavas finais de sua epopeia, em que aconselha D. Sebastião a favorecer e levantar os mais experimentados que sabem "o como, o quando e onde as coisas cabem", e enaltece a disciplina militar que se aprende pela prática assídua – "vendo, tratando, pelejando" – e não pela fantasia – "sonhando, imaginando ou estudando". (*Raízes*, p. 111)

Já a experiência holandesa teria sido diferente. A resignação não era, entre a gente trazida ao nordeste brasileiro, oriunda de um pragmatismo acentuado, como o dos portugueses. Tentou-se, antes, implantar uma vida urbana e, com ela, a resignação *civil*, que deveria justamente vencer aquele espírito aventureiro dos estrangeiros recrutados pela Companhia das Índias.

A cidade, segundo esse raciocínio, fixa o indivíduo e o obriga à vida civilizada, impondo-lhe diretivas mais ou menos rígidas. O espírito que teria então guiado os dirigentes holandeses foi o da ordenação segundo normas bem definidas, trazidas já de antemão.

Esse mesmo esforço civilizador, de que é prova o rápido esplendor urbano, paradoxalmente levou a civilização intentada à ruína. Os holandeses tiveram imensa dificuldade em se misturar à gente local. Sua origem protestante não foi irrelevante nesse particular. Do "idioma dos vencidos" até os seus hábitos, tudo seria melhor assimilado e trabalhado pelos jesuítas que pelos calvinistas:

> [...] ao oposto do catolicismo, a religião reformada, trazida pelos invasores, não oferecia nenhuma espécie de excitação aos sentidos ou à imaginação dessa gente, e assim não proporcionava nenhum terreno de transição por onde sua religiosidade pudesse acomodar-se aos ideais cristãos. [...] *É bem notório* [...] que não faltaram entre eles [os colonizadores batavos] esforços constantes para chamar a si os pretos e indígenas do país, e que esses esforços foram, em grande parte, bem sucedidos. O que parece ter faltado em tais contatos foi a simpatia transigente e comunicativa que a Igreja Católica, sem dúvida mais universalista ou menos exclusivista do que o protestantismo, sabe infundir

nos homens, ainda quando as relações existentes entre eles nada tenham, na aparência, de impecáveis. (*Raízes*, p. 48)

A "simpatia transigente e comunicativa" do catolicismo, comparado às igrejas protestantes, foi fundamental, pois garantia o sucesso dos valores novos, conquanto muitas vezes eles fossem apenas superficialmente assimilados. Não se tratava tanto de uma imposição, quanto de um processo de assimilação – uma vez mais, Sérgio Buarque de Holanda se aproxima de Gilberto Freyre, embora a questão aqui seja o vetor comunicativo e figurativo que a empresa jesuítica teria sido capaz de fortalecer.

Sérgio Buarque refere ainda o momento em que os governantes da Nova Holanda quiseram trazer lavradores de suas terras para misturá-los aos portugueses e seus descendentes que cultivavam as terras em torno do Recife. Isso porque apenas alguns dos holandeses que chegavam ao Brasil eram capazes de abandonar a cidade pelas plantações de cana.

Era um povo acostumado à vida urbana e aferrado aos costumes que trazia. Não transigiram; por isso, falharam. Na acepção de Sérgio Buarque, não souberam ou não quiseram sair da cidade e adentrar o meio rural, onde de fato germinavam as raízes de uma nova sociedade. Quiseram plantar uma civilização baseada na cidade, enquanto os portugueses se estabeleciam à sombra dos engenhos e das plantações, vencendo e conquistando, com seu domínio supostamente maleável, o meio e as gentes.

Uma segunda voz

Numa passagem já parcialmente referida, o autor de *Raízes do Brasil* afirma que, se não plantaram uma "civilização agrícola", os portugueses ao menos instauraram uma "civilização de raízes rurais" no Brasil (*Raízes*, p. 57). O gênio aventureiro, que a esta altura se poderia entender como a ausência ou a negação de um espírito capitalista racionalizado e previdente, permitiu ao historiador salientar o aspecto de "mineração" da agricultura praticada. Mas se não foi uma "civilização agrícola" o que existiu, ainda assim o ensaio se constrói em grande parte sobre o tema das "raízes rurais" que definiriam a formação do país.

As raízes rurais deslocam a atenção do leitor dos aspectos materiais da colonização para seus aspectos propriamente mentais, reforçando a discussão das bases culturais da sociabilidade desenvolvida no Brasil, ao longo de sua história colonial e imperial. Pode parecer que, assim procedendo, Sérgio Buarque anuncia, no início do terceiro capítulo de *Raízes do Brasil*, uma alteração na perspectiva de análise, como se deslocasse o olhar sobre a conduta econômica aventureira em direção à conduta política que se forma no meio rural, a qual, como se discutirá logo mais, se condensa na figura do "homem cordial".

Vistas as coisas desse ângulo, "aventura" e "cordialidade" parecem excluir-se, a primeira apontando uma relação com o meio físico e com a riqueza, e a segunda marcando uma relação dos indivíduos com a política, seus superiores e a própria hierarquia. No entanto, mais que uma mudança de tom, ou um descompasso no corpo da composição, o que ocorre pode ser visto como a introdução de uma segunda voz no ensaio.

"Aventura" não cede simplesmente lugar às "raízes rurais", e assim à "cordialidade", como se uma e outra fossem módulos diversos de leitura, reclamando uma mudança de lente para melhor compreender a discussão sobre as raízes do Brasil. Na verdade, a lente permanece, mas se amplia o escopo do problema: o que era colonizar de forma aventureira uma nova terra se soma à questão dos aspectos mentais derivados dessa mesma colonização aventureira, marcando uma relação dos indivíduos não apenas com o meio, mas também com outros indivíduos, penetrando já o terreno da política.

Ao sugerir que as "raízes rurais" prevaleciam ainda no Brasil, Sérgio Buarque começa a apontar para essa junção de vozes: a "aventura", como marca da colonização portuguesa, ressalta os elementos irracionais que guiam a conduta do colono, que serão fundamentais para a introdução da "cordialidade", como segunda voz.[9]

A "aventura", como se viu até aqui, permite compreender o desenvolvimento e o sucesso de uma postura de quem não se volta para a abstração do cálculo e da previsão, guiando-se antes pela concretude do prêmio vultoso e imediato. Já a "cordialidade", como se verá, marca também a permanência e o sucesso de padrões de convivência originados no meio rural, orientados pela concretude das relações pessoais e familiares, sem a mediação abstrata

....
9. Curiosamente, o título da primeira edição japonesa de *Raízes do Brasil*, de 1971, traduzida por Míneo Ikegani, seria *Magokoro to Broken – Laten teki Sakai*, que significa, em português, "Cordialidade e Aventura – Mundo Latino". Aí se revela, porventura, a complementaridade dos dois termos, que numa segunda edição, de 1976, traduzida por M. Crespo, desapareceriam do título, passando o livro a chamar-se *Brazil-jin towa nanika – Brazil kokuminsei no kenkyu*, que significa "Quem é o brasileiro – o estudo do caráter nacional no Brasil" (cf. Horch, 1988, p. 125).

do campo político. Mas convém ir devagar, para melhor ouvir e apreciar essa segunda voz.

O "espírito de facção"

É importante perceber a complementaridade dos dois termos: a "ausência de uma civilização agrícola" e as "raízes rurais" da sociedade brasileira.

Referindo-se ao gosto da aventura, Sérgio Buarque lembra a falta de um espírito de legítima cooperação ao longo da história brasileira. Espírito que apenas o trabalho, com sua ética associativa, poderia facultar. E se em alguns momentos a associação em torno da labuta pôde vigorar entre os colonizadores, como no conhecido caso dos mutirões, teria sido menos por uma disciplina coletiva e mais pela festa ou pelo conteúdo religioso que envolvia a ajuda mútua. A associação pelo trabalho teria sido então esporádica, baseada nos sentimentos coletivos e religiosos, jamais se prendendo à "cooperação disciplinada e constante" orientada pelo interesse e não pelo sentimento.

Trata-se de um passo fundamental na ordenação dos argumentos do historiador. Para melhor explicá-los, ele lança mão da distinção estabelecida por Margaret Mead entre a "cooperação" e a "prestância" (*helpfulness*), assemelhada, segundo nota, àquela distinção que estudos antropológicos haviam fixado entre a "competição" e a "rivalidade":

> Tanto a competição como a cooperação são comportamentos orientados, embora de modo diverso, para um objetivo material comum: é, em primeiro lugar, sua relação com esse objetivo o que mantém os indivíduos respectivamente separados ou unidos entre si. Na rivalidade, ao contrário, como na prestância, o objetivo material comum tem significação praticamente secundária; o que antes de tudo importa é o dano ou o benefício que uma das partes possa fazer à outra. (*Raízes*, p. 41)

Ao recorrer à distinção antropológica, Sérgio Buarque pretende esclarecer a peculiaridade de uma associação sobre bases afetivas, pessoalizadas e concretas, no caso da rivalidade e da prestância, e a especificidade das relações mais abstratas da competição ou da cooperação, que têm um fim material comum, isto é, um interesse objetivo.

Regressamos aqui à ideia de que os colonos que aportaram no Brasil tinham sua origem na Península Ibérica e de lá trouxeram o vezo de valorizar a própria pessoa, fazendo-se refratários à associação em termos impessoais ou objetivos. A ajuda mútua se pareceria mais à prestância que à cooperação. Era natural, portanto, que

> os simples vínculos de pessoa a pessoa, independentes e até exclusivos de qualquer tendência para a cooperação autêntica entre os indivíduos, tenham sido quase sempre os mais decisivos. (*Raízes*, p. 42)

Estabelecendo-se a associação em torno de tais vínculos, ficavam as relações sociais, em sentido amplo, condenadas à irracionalidade da vontade pessoal. A vida política se edificaria sobre essa base. As

> agregações e relações pessoais, embora por vezes precárias e, de outro lado, as lutas entre facções, entre famílias, entre regionalismos, faziam dela [da sociedade] um todo incoerente e amorfo. O peculiar da vida brasileira parece ter sido, por essa época, uma acentuação singularmente enérgica do afetivo, do irracional, do passional, e uma estagnação ou antes uma atrofia correspondente das qualidades ordenadoras, disciplinadoras, racionalizadoras. Quer dizer, exatamente o contrário do que parece convir a uma população em vias de organizar-se politicamente. (*Raízes*, p. 42)

O "espírito de facção", como dado significativo da associação, desponta nesta passagem como elemento atrofiador das qualidades ordenadoras da política. Os indivíduos se guiavam pela teia de relações pessoais em que estivessem enredados, e quase nunca pelos objetivos propriamente políticos, que em princípio excluiriam muitas veleidades pessoais em nome de um interesse objetivo e, no limite, coletivo.

O personalismo se entranha nas relações políticas, que se davam em termos pessoais e familiares. A conduta dos indivíduos, mesmo já na segunda metade do século XIX, quando a escravidão começava a entrar em crise, se orientava ainda largamente por valores herdados da era colonial, quando a possibilidade de confiança em outrem e a própria dignidade da pessoa se fundavam, muitas vezes, na figura concreta do senhor, dono de terras e escravos.

Nem mesmo a "febre intensa de reformas" que se seguiu à proibição formal do tráfico de escravos, em 1850, alteraria profundamente tal quadro.

Os indivíduos não se deixavam levar por objetivos abstratos e impessoais, mantendo-se sob a sombra acolhedora do senhor, a quem lealmente se ligavam, de forma quase sempre subserviente e incondicional.

A lealdade é um termo de claro teor personalista, e isto não passou desapercebido a um estrangeiro como Herbert Smith, para quem soava estranha a lealdade partidária incondicional, honrosa às vistas da maioria dos políticos do Império (*Raízes,* p. 66). Parecia-lhe curioso que a honra e a lealdade, valores imprescindíveis num relacionamento de pessoa a pessoa, fossem mais importantes, para um parlamentar, do que as próprias ideias, sobre as quais deveria erguer-se a plataforma das ações políticas.

A um leitor minimamente familiarizado com os estudos da política imperial, não devem soar estranhas tais considerações. A própria definição das lutas políticas durante o Segundo Reinado, dividindo o campo parlamentar entre liberais e conservadores, é bastante artificial. É conhecida a máxima de Holanda Cavalcanti, segundo a qual não há nada mais parecido a um saquarema que um luzia no poder (*Raízes,* p. 177).[10]

O terreno em que se batiam os parlamentares não era o dos princípios políticos. Misturando-se a eles, mas mantendo a questão servil como seu mais delicado tópico, estavam as relações pessoais, forjadas no ambiente doméstico e não no âmbito da *pólis.*

A importância dada à lealdade partidária se torna mais compreensível no caso de Mauá, de quem Sérgio Buarque lembra que, em 1872, tendo apoiado o Ministério Rio Branco, fora censurado por Silveira Martins pela falta de lealdade partidária. Mas justamente nas objurgatórias de Silveira Martins o historiador detecta a atitude de "um conservador e tradicionalista, no sentido mais amplo que possam ter essas palavras", pois

> a opinião de que um indivíduo filiado a determinado partido político assumiu, pelo fato dessa filiação, compromissos que não pode romper sem felonia, pertence de modo bem distinto a um círculo de ideias e princípios que a ascensão da burguesia urbana tenderia a depreciar cada vez mais. Segundo tal concepção, as facções são constituídas à semelhança das famílias, precisamente das famílias de estilo patriarcal, onde os vínculos biológicos e afetivos que unem ao chefe os descendentes, colaterais e afins, além da famulagem e dos agregados de toda

....
10. A tal observação, que não se encontra ainda presente na primeira edição do ensaio, referiu-se o historiador também em seu exame de cátedra, em novembro de 1958, na Universidade de São Paulo, numa prova escrita que teve alguns excertos publicados pela *Folha de S. Paulo* (cf. Holanda, 1992, p. 5-7).

sorte, hão de preponderar sobre as demais considerações. Formam, assim, como um todo indivisível, cujos membros se acham associados, uns aos outros, por sentimentos e deveres, nunca por interesses ou ideias. (*Raízes*, p. 65)

A atividade política não escapava ao círculo de influência da família patriarcal, que seguia a fornecer os padrões de convivência social, fincando fundo, na cultura política brasileira, as raízes de uma mentalidade avessa à impessoalidade e ao império das ideias ou dos interesses por demais abstratos, estranhos à família.

A relação entre as pessoas se constituía no recinto doméstico. Mas o poder da família exorbitava o âmbito da casa, atingindo todas as esferas do relacionamento social, mesmo e principalmente o parlamento, onde o "espírito de facção" se fazia sentir, de forma clara e funesta.

A família ubíqua

O tema da família atravessa *Raízes do Brasil*, assim como é fonte fundamental para a obra de Gilberto Freyre, notadamente *Casa-grande & senzala*, de 1933, e *Sobrados e mucambos*, publicado três anos depois, ou seja, no mesmo ano em que o livro de Sérgio Buarque de Holanda vinha a lume.[11]

Para ambos, a família era o núcleo da sociabilidade na colônia, gerando padrões de convivência a que os indivíduos forçosamente obedeciam, mantendo-se sob a tutela paternal do senhor. A família como "unidade civilizadora" é, segundo Freyre (1977), atributo da sociedade formada no Brasil, que tinha o patriarcado como forma sociológica fundamental.

É interessante a preocupação do autor, na segunda edição de seu estudo, em confirmar a tese de que o patriarcado era a forma dominante das relações sociais no Brasil. Contra essa generalização, Sérgio Buarque responderia, numa resenha de *Sobrados e mucambos* publicada no *Diário Carioca* e na *Folha da Manhã*, em 1951, com uma crítica ao "idealismo" de Freyre, expresso, segundo o historiador paulista, na crença declarada do autor de *Sobrados e*

....
11. Tanto *Sobrados e mucambos* quanto *Raízes do Brasil* foram substancialmente revistos para suas segundas edições, publicadas mais de uma década depois da primeira (1948, no caso de *Raízes do Brasil*, e 1951, para *Sobrados e mucambos*). A importância do embate entre os dois autores para a composição de seus livros revistos foi tema de um ensaio cuja última versão se publicou após a primeira edição deste meu livro. Ver Meira Monteiro (2015, p. 54-77).

mucambos na importância das "formas", mais que do "conteúdo", para uma análise sociológica.

Inspirado em Simmel, Freyre tenderia, segundo Sérgio Buarque, a transformar aquilo que, nos escritos do alemão, são apenas instrumento de "exposição, distinção, confronto e análise", em

> realidades mais ou menos empíricas, servindo de base a julgamentos de valor que mal se disfarçam. Assim é que, nos seus escritos, as "formas" sociais se mudam com facilidade, ora em entidades reais, à maneira dos organismos biológicos – e então se confundem praticamente com os "processos" sociais, capazes de crescimento, maturação e morte – ora em "ideias" de sabor hegeliano – ideias de onde hão de emanar misteriosamente os próprios "objetos materiais". (Holanda, 1979, p. 106)

Evidentemente, é já o autor de *Monções* quem faz a crítica ao "idealismo" de Freyre, aqui encarado sob o ponto de vista metodológico, abrindo-se, no entanto, para uma discussão sobre o verdadeiro "alfa" da civilização brasileira, a ser localizado no litoral ou no sertão, onde pouco a pouco teria se forjado uma nova matriz societária.

De uma forma ou outra, a atenção sobre a família reforçava a importância do *clã*, como o compreendera Oliveira Vianna, para quem, igualmente, a autarquia do núcleo familiar marcou profundamente a vida social brasileira.[12]

Quanto à proeminência da família na vida pública brasileira, é de Frei Vicente do Salvador a observação anedótica sobre o comentário de um dominicano que, estando no Brasil e querendo comprar algo, viu que não podia fazê-lo no mercado, porque este não existia, mas podia demandá-lo com sucesso junto a alguma casa particular. Diante da situação inusitada, o dominicano teria exclamado: "verdadeiramente que nesta terra andam as coisas trocadas, porque toda ela não é república, sendo-o cada casa" (*Raízes*, p. 67).

A casa, isto é, o reino da família, se imiscuía em toda a vida social. A *res publica*, mediante uma extraordinária inversão, era dominada pela figura

---

12. Num artigo em que critica a utilização de Weber em *Raízes do Brasil* e *Do Império à República*, Raymundo Faoro nota a continuidade dos três autores – Vianna, Freyre e Holanda – no que toca à fixação de um quadro administrativo como prolongamento do núcleo familiar, e afirma que o "clã, chave da interpretação social do Brasil de Oliveira Vianna, perdura, malgrado eles próprios, nos painéis do Brasil de Gilberto Freyre e Sérgio Buarque de Holanda. O clã se comporia da parentela, dos clientes e protegidos dos patriarcas" (Faoro, "A aventura liberal numa ordem patrimonialista", 1993, p. 19). Para uma apreciação dos três autores, situando-os em relação à discussão da formação nacional e do embate entre o tradicional e o moderno, ver Ferreira (1996, p. 229-247).

tutelar do senhor, gerando uma promiscuidade entre o espaço privado e o público. Uma tensão, em suma, entre princípios antitéticos que o próprio Freyre trataria de ressaltar, embora buscando uma continuidade e mesmo uma conciliação entre ambos, segundo um notável "equilíbrio de antagonismos".

Já Sérgio Buarque viu ali sobretudo o conflito, ou uma invasão indevida. Ao extravasar o âmbito da casa e perseguir os indivíduos que dela saíam, o poder da família patriarcal fazia com que predominassem, "em toda a vida social, sentimentos próprios à comunidade doméstica, naturalmente particularista e antipolítica, uma invasão do público pelo privado, do Estado pela família" (*Raízes*, p. 69).

O universo patriarcal dominava a vida social, impossibilitando que os indivíduos adentrassem o espaço da política, mantendo-os sob o jugo do poder quase ilimitado do pai e do senhor. Sustentáculo da plácida e bem fundada ordem social, a família se ligava tradicionalmente ao meio rural, onde se forjavam os relacionamentos de mando e obediência, edulcorados na análise de Gilberto Freyre, embora jamais faltem a seu retrato as cores da violência exercida sadicamente pelo senhor sobre o escravo.

A mão de obra escrava era o esteio de toda a vida social, peça fundamental no mecanismo que sustentava a sociabilidade reforçada pela lógica do ambiente doméstico. No entanto, no caminho de mão dupla que aponta a assimilação de hábitos e a influência de uns sobre outros, os "dominados", e não apenas os "dominadores", teriam tido seu papel na conformação dos padrões de convivência da colônia.

O domínio "brando e mole" tem também, para Sérgio Buarque de Holanda, o sentido da plasticidade e adaptabilidade, sobretudo na relação mantida entre senhor e escravo, reforçando a influência decisiva que uma "moral das senzalas" teria sobre a população. À

> influência dos negros, não apenas como negros, mas ainda, e sobretudo, como escravos, essa população não tinha como oferecer obstáculos sérios. Uma suavidade dengosa e açucarada invade, desde cedo, todas as esferas da vida colonial. (*Raízes*, p. 42)

Este é, talvez, um dos momentos de maior proximidade entre Freyre e Sérgio Buarque. Ressalto, contudo, que as considerações aqui não são de ordem racial. Há mesmo uma atenuação do argumento raciológico em outras passagens, especialmente em edições posteriores de *Raízes do Brasil*.

Nesse sentido, vale a pena lembrar como, ao dialogar com Hans Günther e Eugen Fischer, Sérgio Buarque trata, como fizera o próprio Freyre, de esposar a noção de "cultura", mais que de "raça". Nos termos de um artigo publicado em 1940 e depois reeditado em *Cobra de vidro*, o historiador reclamava a falsidade da identificação entre raça e cultura no âmbito científico, conquanto ressaltasse que, mesmo no terreno da "cultura", os conceitos particularizadores poderiam eventualmente servir aos mais diversos tipos de "profetismo", com a ideia se convertendo em ideal, e as culturas particulares se transformando "de objetos de investigação em objetos de culto" (Holanda, 1978, p. 73-83).

Servindo como resposta a Freyre, trata-se, no entanto, de uma reação ao contexto global do início da Segunda Guerra Mundial. No plano local, a teoria de que certas raças não se adaptariam ao meio tropical, predicada por "antropólogos eminentes", de acordo com a notação da primeira edição de *Raízes do Brasil*, seria referida, em edições mais recentes, apenas como "a opinião, hoje corrente entre alguns antropologistas, de que os europeus do Norte são incompatíveis com as regiões tropicais" (Holanda, 1936, p. 37-38; Holanda, 1963, p. 47; Holanda, 1948, p. 74-75).[13]

Trata-se de um xadrez delicado com as questões do tempo. A centralidade da escravidão na vida colonial levava, em todo caso, à observação daquela "suavidade dengosa e açucarada", segundo a notação de claro sabor freyriano em *Raízes do Brasil*. No entanto, o aspecto "democratizante" e positivo da base familiar seria plenamente assumido por Freyre, enquanto Sérgio Buarque se detinha sobre tal matriz societária como um tema a ser enfrentado.[14] Ainda assim, a aproximação dos dois autores talvez não se resuma ao tom, e esteja de fato no cerne dos seus argumentos ou, quando menos, na importância

....
13. Ao se referir à importância do argumento raciológico na feitura original do ensaio de Sérgio Buarque, Marcus Vinicius Carvalho postula um "amálgama psico-físico fundante na [sua] noção de 'formas de vida'", com a presença iniludível de uma explicação de ordem racial, despontando daí uma "tentativa de naturalização da cultura em sua apropriação da perspectiva de Eugen Fischer", que seria depois negada pelo próprio historiador, no referido artigo (cf. Carvalho, 1997, p. 133-134).

14. Vale a pena nuançar a crítica comumente endereçada a Gilberto Freyre e lembrar, com Valeriano Costa (1992, p. 233), que, diferentemente de Oliveira Vianna, "para Freyre o privatismo do sistema patriarcal, absorvente e dominador, traz em si o 'embrião' da sua própria transformação: a base familiar e, de certa forma, comunitária, da organização patriarcal contrapõe-se à lógica mercantil e excludente da economia agrário-escravista, amortecendo-lhe as consequências mais disruptivas. A possibilidade de superação do 'abismo' racial, cultural, social e econômico, que de outra forma tornaria insustentável tal sociedade sem a intervenção de um agente externo (o Estado autoritário), está, no entanto, inscrita na própria dinâmica da sociedade".

que ambos emprestam ao núcleo familiar para a compreensão da formação histórica brasileira.

Ainda em *Raízes do Brasil*, a "relativa inconsistência de preconceitos de raça e de cor" no país apontaria para uma zona de confluência entre os ideais democráticos e a formação social brasileira (*Raízes*, p. 180). Tal tese está presente no livro, quando se elencam as incompatibilidades e as proximidades entre o pensamento liberal-democrático e a realidade nacional.

Perceba-se que a "moral das senzalas" viria a constituir, segundo o historiador, forte obstáculo a qualquer possibilidade de que os indivíduos se mantivessem sob a ordenação civil. Narcotizava-se, segundo expressão sua, toda a "energia realmente produtiva" (*Raízes*, p. 43).

Se a "moral das senzalas" aparece em *Raízes do Brasil* desde sua primeira edição, a imagem da dengosidade e da doçura fica reforçada e ao mesmo tempo deslocada para o terreno literário a partir da segunda edição, com a referência, inexistente no texto original, a uma modinha de Caldas Barbosa, em que se canta a "nossa ternura/ A açúcar nos sabe,/ Tem muita doçura./ Oh! se tem! tem./ Tem um mel mui saboroso/ É bem bom, é bem gostoso. [...]" (*Raízes*, p. 43).

De uma forma ou outra, era o espírito do "trabalho" que se inviabilizava com a sombra ainda longa e perceptível das senzalas a estender-se pelo futuro do país.

Libertação do pai

Sérgio Buarque se distancia de Gilberto Freyre na apreciação dos valores patriarcais. Enquanto na obra do pernambucano é patente a sublimação de tempos mais ditosos, quando então não se afrontava a figura do "senhor pai", em *Raízes do Brasil* a crítica ao pátrio poder é um dos motes principais do livro.

Num belíssimo capítulo de *Sobrados e mucambos*, intitulado "O pai e o filho", Freyre tece uma série de considerações sobre a perda da aura que cingia o chefe da família, tornando os meninos mais desavergonhados diante do pai. Dialogando com o padre Lopes Gama e também com Nabuco, ele se pergunta:

> Que tempos seriam esses, santo Deus? Esses rapazes tão sem medo, tão sem respeito pelos mais velhos e até pelos santos, pelo próprio Santíssimo Sacramento? Que fim de mundo seria esse? Era o declínio do patriarcalismo. O desprestígio dos avós terríveis, suavizados agora em vovós. O desprestígio dos "senhores

pais" que começavam a ser simplesmente "pais" e até "papais". Era o menino começando a se libertar da tirania do homem. O aluno começando a se libertar da tirania do mestre. O filho revoltando-se contra o pai. O neto contra o avô. Os moços assumindo lugares que se julgavam só dos velhos. Era o começo daquilo a que Joaquim Nabuco chamou de *neocracia*: "a abdicação dos pais nos filhos, da idade madura na adolescência..." Fenômeno que parece caracterizar, com seus excessos, toda transição do patriarcalismo para o individualismo. (Freyre, 1977, p. 87-88)

Já para Sérgio Buarque, o surgimento do *indivíduo* acontece quando ele se torna independente do círculo familiar. Na aurora do desenvolvimento industrial está a dissolução dos laços mais íntimos que teriam unido o mestre e seus aprendizes em torno das velhas corporações, onde teriam formado quase uma família (*Raízes*, p. 130).

Trata-se de colocar em evidência a perda dos laços familiares, já que a entrada no mundo industrializado fazia com que as relações impessoais e quantificáveis se sobrepusessem às relações de pessoa a pessoa, anulando-as.

Para Sérgio Buarque a libertação do mundo da família se faz necessária, sempre que o indivíduo se percebe às portas do universo moderno, isto é, racionalizado. O historiador vai buscar, às "teorias modernas" da pedagogia, evidências sobre tal libertação. Assim, nota que se tende, cada vez mais,

> a separar o indivíduo da comunidade doméstica, a libertá-lo, por assim dizer, das "virtudes familiares". Dir-se-á que essa separação e essa libertação representam as condições primárias e obrigatórias de qualquer adaptação à "vida prática". (*Raízes*, p. 131-132)

Tornava-se anacrônica a existência de famílias que ainda constituíam núcleos mais ou menos autônomos, inclusive e sobretudo em relação à educação dos filhos. As "novas condições de vida" exigiam, ao contrário, o estímulo, na criança, da capacidade de discernimento quase que desvinculada da autoridade paterna. Sérgio Buarque faz praticamente suas as palavras de Knight Dunlap, para quem "a criança deve ser preparada para desobedecer nos pontos em que sejam falíveis as previsões dos pais" (*Raízes*, p. 132).[15]

....
15. O livro de Dunlap, intitulado *Civilized Life: The Principles and Applications of Social Psychology*, publicado em 1935, foi utilizado já desde a primeira edição de *Raízes do Brasil*.

Lançando mão daquilo que seria a melhor pedagogia do tempo, o historiador respondia à idealização de Freyre, e daqueles que enalteciam os antigos valores patriarcais. Ao invés da harmonia entre as virtudes formadas no seio da família e a própria vida social, nos dias atuais – isto é, em 1936 –, onde a família se antepusesse ao indivíduo, criavam-se verdadeiros "psicopatas", inadaptados à vida urbana, que exige cidadãos autônomos, saídos da sombra precária da casa paterna.

A discussão sobre os princípios pedagógicos atinge outros campos, permitindo pensar na própria seguridade social, no papel do Estado na formação dos indivíduos, bem como nos valores liberais que tendiam a enaltecer a individualidade e a autonomia pessoal. Eram os próprios princípios do liberalismo que se colocavam em questão:

> Tem-se visto como a crítica dirigida contra a tendência recente de alguns Estados para a criação de vastos aparelhamentos de seguro e previdência social, funda-se unicamente no fato de deixarem margem extremamente diminuta à ação individual e também no definhamento a que tais institutos condenam toda sorte de competições. Essa argumentação é própria de uma época em que, pela primeira vez na história, se erigiu a concorrência entre os cidadãos, com todas as suas consequências, em valor social positivo. (*Raízes*, p. 134)

Característico do período entreguerras, trata-se de um debate extremamente atual. A Sérgio Buarque parecia importante assegurar, no processo educacional, a autonomia do indivíduo, contra os princípios da tradição e da autoridade absoluta da figura paterna.

Refletir sobre o papel e o grau de ingerência da autoridade paterna na educação era uma forma de refletir também sobre o papel e a função do Estado na própria formação da cidadania. O que se discutia, finalmente, era o caráter do cidadão, devendo ele viver livre do poder discricionário do Estado, tendo sua liberdade garantida por uma instância legal, ou devendo viver sob a sombra desse mesmo Estado, conformando sua própria vontade à vontade supostamente coletiva.

É especialmente interessante, nesse sentido, a "Nota C", aposta ao texto original de 1936 e excluída em edições mais recentes, em que se discute, através da reflexão de William Ogburn sobre o *New Deal*, o "crepúsculo desse prestígio da iniciativa individual", quando se tornava evidente, em especial no caso norte-americano, certa tensão entre o "Estado" e a "indústria", ambos buscando se ajustar na tarefa de regular o comportamento individual. Na argumentação de Ogburn, ao regular o plano da ação individual, o Estado e a indústria faziam aquilo que, no passado, coubera à Igreja, à comunidade local e, precisamente, à família (Holanda, 1936, p. 170-171).

Independentemente da posição adotada, o autoritarismo aparece, em *Raízes do Brasil*, como uma opção equivocada. É este, porventura, o sentido da crítica aos castigos corporais aplicados à criança. A analogia pode parecer exagerada, mas se lembrarmos o teor das teorias psicológicas sobre as "massas", desenvolvidas desde o século XIX e largamente influenciadoras do pensamento autoritário, veremos que ela não é gratuita. A infantilização da multidão, vista como conjunto de crianças a quem não caberia a emancipação, mas sim a tutela, não era afinal uma imagem totalmente insólita à época.

A libertação dos pais significa também a libertação em relação ao poder patriarcal, com a valorização da autonomia do sujeito. Alguns lances biográficos podem lançar pistas para a compreensão desse jogo entre a educação e a política na formação do indivíduo.

A passagem de Sérgio Buarque de Holanda pelo tradicional Colégio São Bento, em São Paulo, sugere uma educação bastante austera, o que não o impediria, mais tarde, de motejar com um entrevistador, contando-lhe que os padres alemães se preocupavam muito, no confessionário, com uma pureza que ele perdera bastante cedo. E se comungava, dirá em tom de troça, era apenas para comer bolo de chocolate (Andrade, 1972, p. 72-74).

A irreverência ressurge na mesma entrevista, quando Sérgio Buarque se refere a um episódio envolvendo seu filho Chico. Vendo-o alterar o comportamento, descobriu que ele, então com catorze anos, se envolvera na escola com um professor que coordenava uma "organização reacionária", com um grupo de alunos "aristocratas". A solução foi simples: comprou um chicote e ligou ao colégio, ameaçando o mestre. A refuncionalização da "vara" é curiosa aqui, já que, como recurso pedagógico, ela é execrada por aquelas teorias educacionais expostas em *Raízes do Brasil*. Interessante também que o mesmo Chico relatasse a Fernando Faro, em programa televisivo, que sua aproximação com o pai se deu mais fortemente no momento em que ele, adolescente, adquiriu autonomia suficiente para "trocar ideias" com Sérgio Buarque, quando, segundo suas próprias palavras, o pai percebeu "alguma vida inteligente" nele. Antes disso, a impressão mais funda que lhe ficara do pai era a de "um som de máquina de escrever" (Faro, 1994).

Tais relações entre o plano individual e o político podem iluminar a zona de sombra em que se processa lentamente a revogação do poder paterno e, no limite, o apagamento da própria figura do pai.

Não será exagerado buscar as mesmas questões, transformadas pela elaboração poética, numa das raras incursões de Sérgio Buarque pela ficção, no conto de sabor surrealista publicado em 1931, intitulado "A viagem a Nápoles".

Publicado originalmente na *Revista Nova*, em 1931, o conto tem caráter francamente autobiográfico, embora a atmosfera onírica deforme as personagens, criando um ambiente fantástico, que faz lembrar uma consideração do historiador sobre suas próprias lembranças do passado, na já citada entrevista dada a Jorge Andrade, no início da década de 1970:

> [...] quando falo do passado, não sei mais se é recordar ou se é a lembrança da lembrança. Assim, as recordações perdem os contornos nítidos e se confundem, às vezes, com o que pode ser apenas imaginação. (cf. Andrade, 1972)[16]

Em "A viagem a Nápoles", o futuro historiador narra a aventura do jovem Belarmino, que lembra, numa atmosfera onírica, haver sido trancafiado numa sala por um enérgico professor, sem que lhe fosse possível saber exatamente por que era castigado. Encostado a um canto, o jovem se põe a mirar um belo retrato de Tiradentes, preso à parede, bem alto. É então que lhe sobrevém a ideia de que "atrás do retrato de Tiradentes devia haver qualquer coisa". Tentado a descobri-la, Belarmino arremessa uma bola de papel amassado para trás do retrato; o expediente, contudo, não funciona. O papel se prende ao quadro e, para consertar aquilo que fizera, o jovem castigado arremessa um objeto maior – um relógio – que termina por espatifar o vidro que protegia a imagem do herói. Para completar a confusão, o papel que Belarmino amassara e arremessara continha desenhos indecentes que um colega fizera e lhe entregara no dia anterior.

....
16. O conto era bastante esperado, a julgar pela carta de Raul Bopp, enviada do Japão, em que pergunta sobre o "conto fabuloso" que o amigo iria escrever, segundo ouvira falar. Cf. SIARQ/UNICAMP. Fundo Privado SBH, p. 5, Cp. 30. A composição, de acordo com o próprio Sérgio Buarque, deu-se entre o Brasil e a Alemanha. Em carta sua, remetida a Mário de Andrade em maio de 1931, o futuro historiador comenta o texto enviado à *Revista Nova*: "A mim, na verdade, não me satisfaz muito esse exercício de ficção, salvo na sua parte final. Foi composto em Berlim em fins do ano atrasado. Refi-lo depois, linha por linha, durante a viagem de volta e aqui no Rio. Mas, por outro lado, sinto-me no momento inteiramente incapacitado para retomar o assunto. A gente não volta a Pasárgada quando quer, como voltam as pombas aos pombais". Cf. "Carta de Sérgio Buarque de Holanda a Mário de Andrade" (*in* Souza, 1998, p. 114-115). Como já referido, a correspondência completa entre Mário de Andrade e Sérgio Buarque de Holanda me ocuparia, após a publicação da primeira edição de *A queda do aventureiro*, e resultaria num livro, cf. Meira Monteiro (2012).

Por tudo isso, o jovem é conduzido ao "Alto Tribunal da Escola", onde "não há meias medidas nem condescendências". Lá, numa sala embandeirada de verde-amarelo, onde dormia o professor que primeiro o castigara, são aventadas as mais severas penas para o seu crime, castigos físicos, suplícios terríveis. Belarmino passa então por uma longa sabatina, inclusive sobre a história pátria, que tão desrespeitosamente tratara, ao macular a imagem do Mártir da Inconfidência. É condenado à morte pelo iracundo professor, mas consegue fugir, porque a figura materna de Dona Leonor o conduz a Nápoles, escapando, ambos, daquele ambiente carregado de censuras para o doce exílio imaginário, que logo se revelaria também tenebroso ("A viagem a Nápoles", Holanda, 1987, p. 18-26).

O jovem Belarmino cometera um crime de lesa-pátria. A atmosfera onírica, facultando o tom surrealista do conto, permite que as personagens se confundam, que o tempo e o espaço não sigam as regras da realidade. Separando Nápoles e São Paulo, apenas um corredor e um rio em meio a soberbo jardim. Entre um tempo e outro da narrativa, apenas um átimo, em que se podem processar as mais fabulosas alterações da paisagem ou das personagens que acompanham o jovem fugitivo.

O mundo dos sonhos permitia ao escritor procurar aquilo que a representação convencional do mundo escamoteara. É no escuro da memória, dos desejos, que se poderia encontrar o sentido mais profundo – e, portanto, real – das coisas. Como se a profissão de fé estética do jovem modernista renascesse, afirmando que só à noite se pode enxergar realmente claro.

Refiro-me a artigo publicado por Sérgio Buarque de Holanda em *Estética*, quando ele possuía apenas 22 anos. Dialogando com Proust, ele lembra a "falsa paz que as letras impuseram" aos homens, e procura desqualificar a crença ingênua na representação que estes mesmos homens fazem do mundo. Para tanto, reclama dos leitores que percebessem que nada

> nos constrange a que nos fiemos por completo na suave e engenhosa caligrafia que os homens inventaram para substituir o desenho rígido e anguloso das cousas. Hoje mais do que nunca toda arte poética há de ser principalmente – por quase nada eu diria apenas – uma declaração dos direitos do Sonho. Depois de tantos séculos em que os homens mais honestos se comprazíam em escamotear o melhor da realidade, em nome da realidade temos de procurar o paraíso nas regiões inexploradas. Resta-nos portanto o recurso de dizer das nossas expedições armadas por esses domínios. Só à noite enxergamos claro. (Holanda, "Perspectivas", 1988, p. 66)

É claro que as transposições imediatas e descuidadas de um contexto a outro, da ficção à análise sociológica e histórica, podem resultar em prejuízo para a compreensão de um e outro desses mesmos contextos. Mas o fato é que a experimentação ficcional pode iluminar o texto de *Raízes do Brasil*.

O crime de Belarmino é de lesa-pátria porque ele investira contra um símbolo sagrado da República. Este, o sentido da condenação que lhe é imposta pelo tribunal escolar. O jovem se vê impotente diante de um poder quase absoluto, escorado nas imagens vetustas e venerandas da tradição. Só o sonho lhe permitiria fugir ao destino traçado pela mão férrea do professor. A *pátria* carrega aqui, é claro, o peso de sua pluralidade semântica: a terra onde nascemos, mas também a terra dos pais. Uma paternidade, contudo, que haveria de ser negada, para que florescesse o indivíduo, em sua plenitude.

A pedagogia do tempo permitia, ou recomendava, que a "vara", símbolo do poder discricionário do pai – o mesmo instrumento que fora ressignificado no episódio envolvendo o filho do historiador, como lembrado atrás –, fosse substituída pelo estímulo da própria individualidade. A libertação dos pais, em especial do poder paterno, significava a possibilidade da formação de personalidades públicas de relevo, desde o Império. Assim, segundo Sérgio Buarque,

> não haveria grande exagero em dizer-se que, se os estabelecimentos de ensino superior, sobretudo os cursos jurídicos, fundados desde 1827 em São Paulo e Olinda, contribuíram largamente para a formação de homens públicos capazes, devemo-lo às possibilidades que, com isso, adquiriram numerosos adolescentes arrancados aos seus meios provinciais e rurais, de "viver por si", libertando-se progressivamente dos velhos laços caseiros, quase tanto como aos conhecimentos que ministravam as faculdades. (*Raízes*, p. 133)

Fica clara, numa passagem como esta, a necessidade premente, sobretudo nos "novos tempos", da libertação do indivíduo do jugo dos pais. A referência aos tempos imperiais corrobora a tese de que, para formar-se numa sociedade às portas do mundo industrializado, o indivíduo deveria se livrar de sua menoridade, deixando de lado o amparo do poder paterno, para despontar como indivíduo autônomo no espaço público. Os tempos, afinal, eram de competição e cooperação. A própria figura do pai se eclipsava, com o surgimento de um indivíduo progressivamente liberto dos valores patriarcais. Ao menos, esta parecia ser a consequência lógica de tal libertação.

A família patriarcal especular

A intocável e absoluta autoridade do "senhor pai" gera padrões de convivência específicos, ao mesmo tempo em que atua como matriz do pensamento político desde a colônia.

A sociedade "moderna" exigia do indivíduo que se desgarrasse do âmbito familiar, recusando muitas das virtudes que nele desempenham papel importante. A exigência era também determinada pela expectativa de que o trabalhador se adaptasse à despersonalização no âmbito da indústria.

Sérgio Buarque se apoia em Veblen ao sugerir que o trabalhador da indústria moderna deveria se adequar ao trabalho, e não o contrário. Assim, a "inteligência", como virtude individual e irredutível da pessoa, estaria excluída do quadro do mundo moderno. No entanto, desde a colônia, não eram os atributos individuais que Adam Smith nomeia *skill, dexterity* ou *judgement* que importavam, e sim a "inteligência" ostensivamente revelada. Desvinculada dos aspectos práticos de sua aplicabilidade, a atividade mental era um sinal de distinção, traço característico da mentalidade rural que os filhos de senhores traziam à cidade, onde exerciam atividades em que o saber servia mais como símbolo de *status* que como coluna de sustentação da produção. Daí o fenômeno a que se chamará "bacharelismo". Aí também a crítica de Sérgio Buarque ao visconde de Cairu, que introduziu Adam Smith no Brasil, embora tenha traduzido aquelas expressões do mestre escocês exatamente como "inteligência" – princípio, a acreditar-se na argumentação do historiador, "essencialmente anti-moderno" (*Raízes*, p. 72).

Mas não se tratava apenas da adaptação ao mundo da indústria. A questão era política. Respeitados os preceitos básicos do liberalismo, o próprio Estado deveria ser a expressão da coletividade e, portanto, precisaria ser manifestamente antiparticularista.

Mais uma vez Cairu é o alvo do historiador. Tido como um dos precursores do liberalismo no Brasil, José da Silva Lisboa não comungava com a noção fundamental do Estado como transcendência e negação da ordem familiar. Bem ao contrário, é com grande empenho teórico que Cairu toma, segundo Sérgio Buarque, a família patriarcal como principal modelo do Estado.

Assim, as relações entre governantes e governados se dariam nos mesmos termos das relações estabelecidas entre pais e filhos, no seio da família patriarcal. Contra a crença de Madison, Cairu não acreditava que a moral e a religião pudessem ser dispensadas na gestão da sociedade moderna, substituindo-as o próprio Estado. Diferentemente, supunha que uma "lei moral inflexível, superior a todos os cálculos e vontades dos homens, pode regular a boa harmonia do corpo social, e portanto deve ser rigorosamente respeitada e cumprida" (*Raízes*, p. 74).

Cairu defendia uma lei muito próxima àquela ditada arbitrariamente pelo senhor, respaldada na tradição de sua autoridade e, por isso mesmo, intocável. O paternalismo como relação especificamente política ganha no seu pensamento um sentido claro, confundindo o âmbito privado, da família, com o âmbito público, do Estado.

As "raízes rurais" despontam então como uma metáfora, utilizada pelo historiador para compreender a proeminência da família patriarcal na constituição da sociabilidade brasileira, bem como sua presença na configuração de quase todo o pensamento político, a que esta mesma família, fincando suas raízes na imaginação e na prática, serve de espelho.

A onipresença dessa família especular, ligada ao meio rural da colônia, tem sua fonte, porém, em tempos ainda mais remotos. A origem ibérica da colonização portuguesa volta frequentemente à baila, em *Raízes do Brasil*, como elemento explicativo da vida social. Nos domínios rurais da colônia, é o

> tipo de família organizada segundo as normas clássicas do velho direito romano-canônico, mantidas na Península Ibérica através de inúmeras gerações, que prevalece como base e centro de toda a organização. Os escravos das plantações e das casas, e não somente escravos, como os agregados, dilatam o círculo familiar e, com ele, a autoridade imensa do páter-famílias. Esse núcleo bem característico, em tudo se comporta como seu modelo da antiguidade, em que a própria palavra "família", derivada de *famulus*, se acha estreitamente vinculada à ideia de escravidão, e em que mesmo os filhos são apenas os membros livres do vasto corpo, inteiramente subordinado ao patriarca, os *liberi*. (*Raízes*, p. 68)

A semelhança do núcleo familiar autárquico e patriarcal da Antiguidade com a família colonial brasileira sugere uma linha de continuidade, salientando o poder absoluto do senhor, a quem pertencem não apenas os filhos consanguíneos, mas todas as outras criaturas que se encontram sob seu domínio.

A distinção entre os escravos e os *liberi* leva novamente a Weber, em seus escritos reunidos em *Economia e sociedade*, de onde provavelmente Sérgio Buarque retirou essas últimas observações. Ali, encontra-se estampado, na natureza mesma da dominação de tipo patriarcal, o poder paternal absoluto, que tem na piedade filial seu necessário reverso.

Ampliando seu círculo de domínio, o senhor toma, como "seus", os filhos de todas as mulheres que vivam no lugar que lhe pertence. Eles se tornam então "seus" filhos, da mesma forma como os filhotes nascidos de seus rebanhos lhe pertencem (Weber, 1974, v. II, p. 754). É sobre a figura concreta da pessoa do senhor que recai todo o poder do lugar. Na Antiguidade, segundo Weber, a distinção entre os *liberi* e os escravos pôde, em algum momento, ser determinada segundo o capricho pessoal do *dominus*.

O escravo era o esteio da família colonial. Embora a distinção entre homens livres e não livres fosse fundamental, a subordinação acontecia em ambos os casos, graças ao caráter abrangente e totalizador da família. Lançando mão de uma indistinção que a expressão portuguesa permite, eram todos, escravos e homens livres, *fâmulos*, isto é, eternos servidores do senhor, membros de uma vasta família.

O aspecto inclusivo do poder do senhor torna todo o universo à sua volta, mesmo e principalmente o universo humano, domínio seu. Estendendo as relações domésticas a todos os seres, eles se tornam também seus filhos, ainda que apareçam como agregados, afilhados ou simples protegidos. Mas o mais dramático, para um país "em vias de organizar-se politicamente", era a extensão da vontade particular do senhor àquele domínio que, em princípio, é de todos, ou seja, onde as coisas são ou deveriam ser públicas.

O dilatamento da autoridade patriarcal, ao alcançar de diversas formas as pessoas – livres e escravas –, é uma face do drama da formação do espaço público no Brasil, que se deixa tingir com cores trágicas. A arena política é invadida pela autoridade senhorial, marcando a luta entre facções rivais. Mesmo o corpo de funcionários do Estado seria composto por gente oriunda desse mesmo ambiente doméstico, incapaz de se adaptar a princípios burocráticos.

Carência da burocracia

Ao alimentar as fileiras da burocracia imperial com apaniguados seus, indicando-os aos mais variados cargos, o senhor de terras e escravos terminou por estender seu domínio ao terreno do Estado, tornando-o objeto de disputa particular, segundo uma tendência que data do período colonial.

Neste ponto de sua análise, Sérgio Buarque se vale novamente de Weber, agora de forma explícita, para caracterizar os "detentores das posições públicas" no Brasil como funcionários "patrimoniais". Para o funcionário "patrimonial", a própria gestão política apresenta-se como assunto de seu interesse particular; as funções, os empregos e os benefícios que deles aufere, relacionam-se a direitos pessoais do funcionário e não a interesses objetivos, como sucede no verdadeiro Estado burocrático, em que prevalecem a especialização das funções e o esforço para se assegurarem garantias jurídicas aos cidadãos. A escolha dos homens que irão exercer funções públicas faz-se de acordo com a confiança pessoal que mereçam os candidatos, e muito menos de acordo com as suas capacidades próprias. Falta a tudo a ordenação impessoal que caracteriza a vida no Estado burocrático. O funcionalismo patrimonial pode, com a progressiva divisão das funções e com a racionalização, adquirir traços burocráticos. Mas em sua essência ele é tanto mais diferente do burocrático, quanto mais caracterizados estejam os dois tipos. (*Raízes*, p. 135-136)

Citando largamente Weber e se referindo à edição original de *Economia e sociedade*, o historiador considera inexistente, no Brasil, um corpo de funcionários dedicados a interesses "objetivos", que configurariam o Estado burocrático.

Haveria, ao contrário, um Estado patrimonial, em que as "considerações pessoais" pesavam mais na atribuição de cargos que a capacidade técnica, marcando, em termos weberianos, o predomínio da "individualidade" sobre a "competência", o que possibilitava aos funcionários a chance de se subtraírem a regras externas, excetuando-se as do senhor, para exercer seu poder como algo pessoalmente concedido.[17]

Excluem-se do universo da administração pública as "normas fixas e os regulamentos obrigatórios", típicos da burocracia. Os próprios funcionários, percebendo o cargo como seu, adquirem um poder acima de tais normas, agindo caprichosamente, oscilando entre as regras que a própria tradição lhes impõe e o livre arbítrio dos senhores (Weber, 1974, p. 775).

....
17. "*De un modo general falta en el cargo basado en relaciones de subordinación puramente personal la idea de un deber objetivo. Lo que existe en este sentido desaparece completamente al ser considerado el cargo como una prebenda o como una posesión apropiada. El ejercicio del poder es en primer lugar un derecho señorial personal del funcionario. Fuera de los límites fijados por la tradición sagrada, el funcionario decide también, lo mismo que el príncipe, de acuerdo con los casos, es decir, según su merced y albedrío personales. Por este motivo, el Estado patrimonial es, por una parte, en la esfera de la jurisprudencia, el representante típico de un conjunto de tradiciones inquebrantables y, por otra, un substituto del dominio ejercido por las normas racionales a través de la 'justicia de gabinete' del príncipe y de sus funcionarios. En vez de la 'objetividad' burocrática y del ideal basado en la validez abstracta del mismo derecho objetivo que tiende a gobernar 'sin acepción de personas', se impone el principio justamente opuesto. Todo se basa entonces completamente en 'consideraciones personales', es decir, en la actitud asumida frente a los solicitantes concretos y frente a las circunstancias, censuras, promesas y privilegios puramente personales*" (Weber, 1974, p. 784-785).

Em seu prefácio a *Raízes do Brasil*, Antonio Candido afirma que Sérgio Buarque utilizara, aparentemente pela primeira vez no Brasil, os conceitos de "patrimonialismo" e "burocracia", conforme Weber os definira (Souza, 1992, p. 133). No entanto, em estudo sobre a "aventura" das ideias liberais na ordem patrimonialista brasileira, Raymundo Faoro reclama para si a utilização pioneira do conceito de "patrimonialismo" (Faoro, "A aventura liberal numa ordem patrimonialista" *in* Souza, 1998, p. 18).

O autor de *Os Donos do Poder* propõe precisar o conceito e demonstrar aquilo que lhe parece uma utilização insuficiente, infiel ao esquema teórico weberiano. Já foi sugerido aqui que Sérgio Buarque não pretendia, em *Raízes do Brasil*, filiar-se irrestritamente a uma única matriz teórica, o que naturalmente não diminui a importância das críticas que lhe dirige Faoro. O núcleo da queixa parece estar na relativa indistinção que o "patriarcalismo" e o "patrimonialismo" adquirem para Sérgio Buarque. Embora o historiador não se detenha sobre a questão, vale a pena lembrar que o "funcionário patrimonial" de fato parece, em sua análise, uma criatura do próprio sistema patriarcal, exercendo sua função sob a sombra do poder ilimitado do senhor.

Raymundo Faoro ressalta, contudo, a descontinuidade entre o patriarcalismo puro e a estrutura patrimonial, asseverando que, para Weber,

> uma organização *estatal-patrimonial*, embora reproduza, na ordem política, a forma do poder doméstico, particulariza-se com a presença de um *quadro administrativo*. Nesse momento – o momento do funcionário patrimonial – não se pode mais falar em patriarcalismo. (Faoro, "A aventura liberal numa ordem patrimonialista" *in* Souza, 1998, p. 18)

Nos escritos reunidos em *Economia e sociedade*, a dominação patrimonial surge como um caso especial da estrutura patriarcal de dominação (Weber, 1974, p. 758). Sérgio Buarque atentou para certos detalhes daquela teoria, assinalando inclusive a possibilidade de que o funcionalismo patrimonial se especializasse, adquirindo traços burocráticos. Mas, de fato, considerou o Estado brasileiro como um prolongamento do poder do *páter-famílias* na política. Aí estaria, segundo Faoro ("A aventura liberal numa ordem patrimonialista" *in* Souza, 1998, p. 19), o seu "limite weberiano".[18]

....

18. Em artigo posterior, Faoro retoma a querela e afirma que "Sérgio Buarque não quis dizer que a ordem político-social era 'patrimonialista' (discordando, com renovadas homenagens de respeito, de Antonio Candido, em prefácio a *Raízes do Brasil*), mas exatamente o contrário: que o patrimonialismo seria impossível, como ordem política, impedido pela

Para além das minúcias interpretativas e da lealdade aos modelos teóricos, importa que o domínio do *páter-famílias* sobre a esfera estatal e pública é tema fundamental para a compreensão das "raízes rurais" da sociedade brasileira. Tais raízes ajudam a explicar a indistinção entre o espaço público e o domínio privado, segundo uma confusão e uma promiscuidade que frequentemente toma de assalto o indivíduo às voltas com a coisa pública no Brasil. As raízes dessa indistinção são centenárias.

Se Sérgio Buarque não foi preciso na conceituação do patrimonialismo, foi suficientemente claro na sugestão de que a própria estrutura funcional brasileira, historicamente, mantém, como o faz o funcionário patrimonial, indistintas as esferas "privada" e "oficial". Afinal, tal estrutura carece de uma burocracia assentada sobre normas racionalmente fixadas, mantendo-se como espaço privilegiado da vontade particular de um ou de vários senhores.

Uma "expressão feliz"

A extensão da influência da família a todas as esferas da vida social acentua aqueles traços pessoais e emotivos já discutidos aqui. Próprios ao círculo das relações "primárias", os laços afetivos se sobrepõem a quaisquer outros laços de solidariedade, criando uma sociabilidade que Sérgio Buarque, valendo-se de uma "expressão feliz" de Rui Ribeiro Couto, chamou de *cordial*.

Figura que se tornaria imensamente polêmica, o "homem cordial" se caracteriza, inicialmente, pela "lhaneza no trato", "generosidade" e "hospitalidade", que teriam impressionado os estrangeiros que viajaram pelo Brasil (*Raízes*, p. 136). Mas nem só a essas louváveis impressões se liga a ideia da cordialidade.

O conceito do homem cordial se reporta à raiz personalista das relações sociais no Brasil. Não se fala de "boas maneiras", ou de uma "bondade natural". Nas palavras de Sérgio Buarque, caracterizam-no "antes de tudo expressões legítimas de um fundo emotivo extremamente rico e transbordante" (*Raízes*, p. 138).

Numa conduta tipicamente cordial se repele toda ordenação impessoal da vida que possa substituir a razão às emoções. Apenas os elementos vivos dos sentimentos importariam ao homem cordial, que se mantém distante

....
ambiência patriarcal, incapaz de sair da ordem privada. Esta, a meu ver, é a interpretação correta, evitando atribuir ao historiador uma infidelidade ao texto mencionado de Max Weber, num livro que trouxe pioneiramente ao conhecimento dos estudiosos brasileiro" (Faoro *in* Souza, 1998, p. 59-70).

de qualquer noção ritualizada da vida social. O ritualismo, as reverências, a polidez, são formas de "defesa" ante a sociedade, que resguardam o indivíduo e evitam a manifestação mais crua de seus sentimentos.

Já o homem "polido" se comporta formalmente, utilizando as fórmulas da civilização como um escudo a resguardá-lo frente aos outros indivíduos. Assim, a vida ritualizada resguarda sua própria individualidade, ocultando-a sob a capa da civilidade. A polidez, em suma, "implica uma presença contínua e soberana do indivíduo" (*Raízes*, p. 138).

O homem cordial é a antítese do homem formal. Preso às malhas acolhedoras da família, ele não precisa afirmar-se como indivíduo, fora dela. Sendo a sociedade brasileira como que um imenso prolongamento do terreno doméstico, o homem cordial viveria sempre sob a sombra do pai, dos irmãos, dos tios, dos primos, dos padrinhos, da gente que ele conhece, estima ou teme. Preso à primariedade dos laços mais próximos, ele não se desgarra para o mundo da Cidade. Quando é obrigado a abandonar a família, é lógico que reproduza, fora dela, a realidade doméstica em que as vontades particulares imperam sobre quaisquer outras.

A cordialidade permite compreender a ligação mais íntima com o mundo e com as demais pessoas. Trata-se de uma ligação concreta, quase física, que exclui e condena toda abstração, todos os obstáculos aos contatos primários. O homem cordial não consegue tornar-se *indivíduo*, porque não consegue se libertar daqueles contatos. Preso aos outros, ele jamais pode encontrar-se consigo mesmo:

> No "homem cordial", a vida em sociedade é, de certo modo, uma verdadeira libertação do pavor que ele sente em viver consigo mesmo, em apoiar-se sobre si próprio em todas as circunstâncias da existência. Sua maneira de expansão para com os outros reduz o indivíduo, cada vez mais, à parcela social, periférica, que no brasileiro – como bom americano – tende a ser a que mais importa. Ela é antes um viver nos outros. (*Raízes*, p. 138)

O homem cordial se atém ao mais concreto dos relacionamentos, seja no plano dos homens ou no plano divino. No universo social, a família se impõe e ele somente pode encontrar-se nela; no mundo divino, a proximidade lhe parecerá igualmente importante e ele deverá também "viver nos outros".

A escandalosa proximidade com os santos, que incomodaria profundamente alguns religiosos, seria a prova da necessidade que o homem cordial sente de se aproximar concretamente dos demais, fundando uma liturgia "antes social que religiosa", segundo a expressão de Gilberto Freyre, presente na primeira edição de *Raízes do Brasil* (Holanda, 1936, 105). Os santos se humanizam, para que fiquem mais próximos. As próprias cerimônias religiosas se revestem de um caráter francamente mundano. No Brasil, "*é precisamente o rigorismo do rito que se afrouxa e se humaniza*" (*Raízes*, p. 141).

Contrário a todo formalismo, incapaz de compreender a abstração das relações normalizadas em padrões fixos, o homem cordial se apega aos outros homens sem a mediação das regras da civilidade. A cordialidade não floresce no meio urbano, mas no mundo rural, no ambiente doméstico, pessoalizado e afetivo, onde se aproximariam as pessoas, se esboroariam as barreiras rígidas e claras da hierarquia, e se recusariam, finalmente, as peças firmes e impessoais da disciplina.

A marca do historiador

Não faltará quem veja nessas ideias uma mistificação da dominação senhorial. A aproximação entre os homens, que a cordialidade pressupõe, foi lida amiúde como uma aproximação total, como se a ela se seguisse a abolição das barreiras sociais e das próprias relações de dominação.

Tal ilação é possível sempre que se tenha em vista o clássico estudo de Dante Moreira Leite (1983, p. 317-325) sobre o conteúdo ideológico das interpretações do "caráter nacional brasileiro", incluídas aí as reflexões de Sérgio Buarque de Holanda sobre o homem cordial. A cordialidade, segundo o psicólogo, estaria restrita à gente das classes altas. Num âmbito maior, o paternalismo seguiria encobrindo o preconceito racial e as relações de dominação, de acordo com uma realidade que teria escapado a Sérgio Buarque.

É claro que outras interpretações são também possíveis.

Teresa Sales estudou a cordialidade não para lhe apontar um conteúdo ideológico mistificador, mas para utilizá-la como instrumental analítico na abordagem da cultura política brasileira. É então a "aproximação" entre os indivíduos, numa cultura cordial, aquilo que mais chama a atenção no conceito proposto por Sérgio Buarque de Holanda. Seguindo uma linha diversa à dos argumentos de Dante Moreira Leite, a socióloga retoma a ideia do "homem cordial", alinhando-a à noção de "democracia racial" freyriana, para perceber como se estabelece, no convívio entre os indivíduos, a aparência de "encurtamento das distâncias sociais", e como se esconde a desigualdade real em que estão mergulhadas as pessoas. Assim se definiria aquilo que ela chama de "fetiche da igualdade": "um mediador nas relações de classe que em muito contribui para que situações conflitivas frequentemente não resultem em conflitos de fato, mas em conciliação" (Sales, 1994, p. 37).

No entanto, em que pesem inúmeras possibilidades de interpretação do homem cordial, a sombra da análise de Dante Moreira Leite sobre *Raízes do Brasil* é enorme. Não é incomum a crença de que *Raízes do Brasil* é tão somente, ou sobretudo, um estudo de psicologia social. Trata-se por exemplo do caso do prefácio que Alfredo Bosi escreveu para *Ideologia da cultura brasileira (1933-1974)*, de Carlos Guilherme Mota, em que "avizinha" os estudos de Gilberto Freyre ao ensaio de Sérgio Buarque, afirmando que ambos proporcionam uma

> leitura rica e fascinante, servida embora por uma psicologia social antiquada, amante de tipologias humorais e contrastes retóricos, tudo embalado complacentemente por uma prosa literária, mais solta no primeiro, mais travada ao gosto antigo no segundo, ambas sinuosamente esquivas à dialética das classes cujos ângulos mais agudos elas encurvam sob a mole de notações eruditas e documentos pitorescos. É o ensaísmo histórico das causas étnicas, das concausas geográficas e das subcausas psicológicas, descontraído então pela experiência norte-americana em Gilberto Freyre e pela prática modernista em Buarque de Holanda. Daí o caráter singularmente misto de ambas, oscilantes entre o arcaico e o contemporâneo. (Bosi *in* Mota, 1977, p. II)[19]

Carlos Guilherme Mota, em linha francamente polêmica, associaria a produção de Sérgio Buarque, em especial na década de 1930, a um viés de classe, considerando-a, ao lado da produção de Gilberto Freyre ou Paulo Prado, fruto de uma "perspectiva aristocratizante". Assim, os "ideólogos" do caráter nacional brasileiro não teriam atentado para a dialética das classes, mas apenas para a conciliação das elites, fazendo supor uma história incruenta (Mota, 1975; 1976; 1980).[20]

....
19. Curiosa ainda é a carta de Alfredo Bosi, enviada a Sérgio Buarque em 1980, em que cuida nunca haver afirmado algum vínculo entre as interpretações do historiador e "a classe, ou o estamento" a que pertenceria. Naquele prefácio, lembra então o missivista, apenas retomava a leitura de Dante Moreira Leite. Cf. SIARQ/UNICAMP. Fundo Privado SBH, p. 11, Cp. 349.

20. A polêmica é rica, ainda que por vezes resvale para o campo pessoal, perdendo-se o prumo da discussão teórica. Mesmo assim, convém lembrar a importância do debate, ressaltando as implicações políticas e teóricas das posturas adotadas pelos contendores. Veja-se, do lado de Sérgio Buarque de Holanda, a já citada entrevista de 1976, concedida à revista *Veja*, sua crítica dirigida a Carlos Guilherme Mota, no artigo intitulado "Uma doença infantil da historiografia", e veja-se também, de Antonio Candido, seu artigo em *O Escritor* de outubro/

A interpretação de Dante Moreira Leite pressupõe uma tentativa, da parte do autor de *Raízes do Brasil*, de estabelecer um traço definido do caráter nacional, segundo as constâncias que a psicologia social do homem brasileiro ofereceria ao estudioso, permitindo-lhe fixá-las e elevá-las a um quadro conceitual, isto é, à ideia do "homem cordial".

Mas se num primeiro momento Sérgio Buarque de fato pretendeu escrever um estudo de psicologia social, fixando o caráter nacional brasileiro – como aliás parece bastante claro em seu ensaio "Corpo e alma do Brasil" (Holanda, 1987) –, não foi necessariamente este o resultado obtido. Nem esta lhe pareceria, tempos depois, uma solução adequada para a compreensão da história brasileira.[21]

Ao fixar o "caráter nacional brasileiro", o historiador estabeleceria, fundamentalmente, um tipo psicológico. Em uma aguda interpretação de *Raízes do Brasil*, Brasil Pinheiro Machado permite avaliar a impropriedade de uma tese como esta, segundo a qual o homem cordial é o resultado teórico da tentativa de fixação das características psicológicas do brasileiro. Diversamente, ele aponta o homem cordial como um *tipo ético*, derivado de uma análise propriamente weberiana da história brasileira (Machado, 1976, p. 181-182).

O homem cordial constituiria, portanto, uma daquelas "individualidades históricas" a que se referia Max Weber, ou seja, seria mais um tipo ideal na galeria de *Raízes do Brasil*, onde a individualidade histórica em questão

> está construída com dados da realidade experiencial e forma um *todo* significativo. Não significativo em si mesmo, mas em relação às formas de dominação social e ao tipo de solidariedade e de organização da sociedade brasileira, baseadas na obediência. (Machado, 1976, p. 181-182)

....
novembro de 1980, reafirmando o veio crítico e antiautoritário do autor de *Tentativas de Mitologia*, cf. Coelho (1976); Holanda (1973, p. 6); Souza (1980, p. 12). Para a compreensão da importância que adquiriram as interpretações de Dante Moreira Leite, veja-se ainda o artigo crítico de Adalberto Marson (1971, p. 513-528).

21. Ao ser inquirido, na já citada entrevista à revista *Veja*, sobre o que o levara a "tentar explicar globalmente o caráter nacional brasileiro" em *Raízes do Brasil*, Sérgio Buarque respondeu: "Hoje, eu não me aventuraria mais a tentar uma empreitada dessa espécie. Simplesmente porque os tempos são outros. Eu estava muito influenciado pelo sociólogo alemão Max Weber. Aliás, foi naquela mesma década de 30 que surgiram outras obras brasileiras cuja característica também era a de tentar a grande síntese: 'Casa-grande & Senzala', 'Formação do Brasil Contemporâneo'" (Coelho, 1976, p. 3).

A própria "família", no ensaio de Sérgio Buarque de Holanda, constituiria também uma "individualidade ética" – refinamento teórico que não se encontraria, em tão alto grau, nem em Gilberto Freyre nem em Oliveira Vianna. Segundo Brasil Pinheiro Machado (1976, p. 183), em *Raízes do Brasil* a família não se apresentaria como uma personagem a mais da história brasileira, mas como conceito, isto é, como um "todo" significativo que permitiria compreender a solidariedade social nascida na colônia.

O *tipo*, no procedimento weberiano, não permite fixar um caráter conclusivo e atemporal, uma essência anímica ou um traço ontológico. A utilização do tipo ideal, no caso, imprimiria à interpretação um sentido de mobilidade e virtualidade, revelando o campo conflitivo dos valores pelos quais o indivíduo guia suas ações, quando adentra o terreno amplo da política. Já com as determinantes psicológicas fixas de um caráter nacional brasileiro, a análise do historiador tenderia a se ossificar.

Houve quem tenha visto, na prosa de Sérgio Buarque, um traço dialético que aponta para o movimento, antes que para a permanência. É o caso de Francisco Iglésias (1992, p. 24), para quem o autor de *Raízes do Brasil* teria

> o sentido agudo do fluxo, da mudança, sabe[ndo] ser ela a tecedeira da História, na configuração dos homens e das sociedades. Ver características permanentes, falar em caráter nacional, como coisa fixa e imutável é revelar insensibilidade para o novo, dado incompatível com o historiador. Sérgio, portanto, não podia tornar absoluto um traço, pois, como historiador, sabe que só a mudança é constante, nada é permanente, como ensina a filosofia heraclitiana.

Em suas considerações, Iglésias faz coro à interpretação de Maria Odila Dias, que ressalta a presença do "historismo" na obra do autor, salientando a importância da linguagem como instrumento para a interpretação do passado:

> Para o historismo, que atraiu Sérgio Buarque de Holanda desde a década de 20, a relação entre as palavras e a realidade era uma questão de interpretação e não de dedução filosófica. A conotação palavra-realidade, palavras-nuanças, buscava o seu movimento no tempo, procurando apreender a descontinuidade inerente ao processo histórico, que se estrutura e se desestrutura a cada instante. (Dias, 1988, p. 24)

A questão das palavras voltaria à baila na pena do próprio Sérgio Buarque, quando, no início da década de 1970, ele se contraporia às afirmações de Giselda

Mota em sua "Bibliografia" crítica da história da Independência brasileira, numa diatribe que o levou a defender vigorosamente a atenção voltada à sintaxe, como antídoto à magia do "vocábulo puro". O alvo era uma concepção empobrecida da história, que teria levado Giselda Mota a vê-la reduzida "a uma espécie de esqueleto da História".[22]

Em sua polêmica com Giselda Mota (e, por tabela, com Carlos Guilherme Mota), Sérgio Buarque afirma ter, contra a concepção ossificada da história, não apenas motivos intelectuais, mas também "pessoais e provavelmente subjetivos", isto é, "anticientíficos". Pergunto-me se os "motivos pessoais" e "subjetivos", então requalificados, não representam um daqueles angulosos recantos em que dormitam os "demônios" weberianos. O tropo, afinal, lembra a utilização socrática da palavra grega: sem que se distinga necessariamente entre "demônio e divino", o *daímon* permite evitar certas ações deletérias, orientando o sujeito do conhecimento.[23]

Seja como for, tratava-se de compreender se *Raízes do Brasil* confirmava o movimento ou o refutava. Nesse particular, não terá faltado, ainda no tempo das análises de Dante Moreira Leite, quem criticasse duramente o historiador, enxergando, em seu livro de estreia, um traço eleático, que fixa o ser e perde o sentido de fluxo da história.

Em 1956, quando o sonho de Brasília já despontava no horizonte, Roland Corbisier, num pronunciamento no ISEB sobre a "formação e problema da cultura brasileira", via e criticava diagnósticos conclusivos e estáticos sobre o "caráter nacional brasileiro". Alternativamente, ele pregava a necessidade de se compreender o país como "um processo que transcorre no tempo, um processo histórico", o que o levava a criticar a produção recente:

....
22. Trata-se não apenas do já referido artigo de Sérgio Buarque de Holanda, intitulado "Sobre uma doença infantil da historiografia", mas também de uma carta dirigida a Carlos Guilherme Mota (que serviria de modelo para a redação daquele artigo), em que o autor de *Raízes do Brasil* ressalta a importância da "palavra", inserida nos "jogos de linguagem", para o discurso histórico. Retomando considerações de Wittgenstein, mas também de Russell e Whitehead, Sérgio Buarque faz notar a importância da sintaxe, temendo que uma preocupação excessiva com as palavras, tomadas em si mesmas, termine por obscurecê-la, atribuindo-se assim uma aura de magia ao próprio vocábulo, em prejuízo do contexto. Cf. SIARQ/UNICAMP. Fundo Privado SBH, P.11, Cp.349 (anexo). Quanto à "Bibliografia" de Giselda Mota, veja-se Mota (*in* Mota, 1972, p. 377-464). A questão me ocuparia posteriormente, em capítulo de meu livro *Signo e desterro*, cf. Meira Monteiro (2015, p. 158-170).

23. Sobre o *daímon*, nas suas várias acepções para os gregos antigos, veja-se Brandão (1993, v. I, p. 278-89).

Ao analisar as diversas tentativas de "interpretação" do Brasil, desde o livro famoso do Conde Afonso Celso até os ensaios mais recentes, como "Retrato do Brasil" de Paulo Prado, "Psicologia da Revolução" de Plínio Salgado, "Raízes do Brasil" de Sérgio Buarque de Holanda, "Introdução ao Estudo da Realidade Brasileira" e "Conceito da Civilização Brasileira" de Afonso Arinos e "Interpretação do Brasil" de Gilberto Freyre, é fácil verificar que os erros mais graves dessas interpretações decorrem da falta de consciência crítica da história. Nesses ensaios, os diagnósticos a respeito do "caráter nacional" são formulados em termos eleáticos, na suposição de que existe um "ser" do Brasil, uma "substância" nacional, dada de uma vez por todas, substância essa que seria possível descobrir e caracterizar mediante a enumeração de seus atributos ou qualidades. A "substância" do brasileiro, suporte dos seus atributos, tem sido caracterizada pela hospitalidade, pela luxúria, pela preguiça, ou então pela cordialidade, pelo verbalismo jactancioso, pela sutileza dos instintos etc. De tal "substância", arbitrariamente definida, de acordo com o temperamento e as vicissitudes biográficas dos autores, são extraídos, dedutivamente, os defeitos e as qualidades do povo brasileiro. Em relação ao país, os diagnósticos e os juízos de valor são formulados de acordo com o que Bergson chama de "lógica dos sólidos", como se o país não fosse uma realidade "in fieri", um processo em curso no tempo, uma realidade imersa no fluxo heraclitiano, em constante mudança, mas um objeto sólido, pronto e acabado, que é possível descrever como se descreve um mineral ou uma planta. (Corbisier, 1960, p. 55-56)

Lembremos que *Raízes do Brasil*, desde sua versão original, contém de fato a expressão "caráter nacional", referida àqueles traços: lhaneza, hospitalidade e generosidade. Somente em edições mais recentes seria feita a ressalva de que aquelas características representam um

> traço definido do caráter brasileiro, na medida, ao menos, em que permanece ativa e fecunda a influência ancestral dos padrões de convívio humano, informados no meio rural e patriarcal. (*Raízes*, p. 136-137)

Ao condicionar a influência do "caráter brasileiro" – expressão sem dúvida infeliz e bem datada – à permanência de padrões de convívio ancestrais, Sérgio Buarque chamava a atenção do leitor, a partir da segunda edição de seu livro, para o peso e o significado das "raízes rurais", que funcionavam como um freio na história brasileira. Mesmo com as promessas da industrialização, o horizonte nacional se tingia ainda com as cores do passado, sem que uma simples vontade enérgica alcançasse apagá-las.

É interessante que, na década de 1950, Roland Corbisier discutisse o caso de *Raízes do Brasil* negando-lhe qualquer traço heraclitiano, para sugerir que se a consciência histórica do estudioso deveria fazê-lo perceber o passado agrário, seria, contudo, necessário projetá-lo, àquele mesmo passado, na tela de um futuro industrial:

> Fomos, sem dúvida, e de certo modo ainda continuamos a ser, um país cuja estrutura econômica assentava na exploração agrícola. Todavia, em função do ideal de independência, conceberemos outro projeto, de acordo com o qual estamos procurando transformar a nossa realidade, a estrutura da nossa vida, fazendo-a evoluir das formas rurais e agrícolas para as formas industriais e urbanas. (Corbisier, 1960, p. 58)

Avançando seus argumentos, a dialética heraclitiana cede espaço ao peso de uma teleologia: "o que somos, ou melhor, *o que estamos sendo*, como nação, não é, apenas, uma resultante do que fomos, mas do que pretendemos e queremos ser". Convém ressaltar que Corbisier (1960, p. 100) se preocupava, ele próprio, com "a estrutura ontológica do homem brasileiro". A ressalva, entretanto, é a de que, com tal estrutura, não se procuraria uma "'substância', dogmaticamente definida", mas uma "'fenomenologia' do homem brasileiro", através da qual se percebesse que a "estrutura ontológica" está ligada a uma "estrutura 'fásica' ou 'faseológica'".

Aí se encontram, porventura, o teológo e o reformador social. Afinal, a "essência" do homem brasileiro, para Corbisier (1960, p. 101), é sempre

> uma cristalização provisória de atributos ou qualidades cuja permanência está em função das condições que a determinam. Só a *posteriori*, quando a vida de um povo se encerra, e se converte em "obra completa", é possível dizer qual foi o seu caráter ou seu gênio. Julgamos inadequado dizer que os povos *são* isto ou aquilo. O presente do indicativo exprime a tendência ou o hábito eleático de imobilizar o real para melhor dominá-lo. A rigor, deveríamos sempre dizer que os povos *têm sido, estão sendo ou foram* isto ou aquilo. O brasileiro, especialmente o de certas regiões mais atrasadas do país, *tem sido* pouco ativo não porque a indolência seja um atributo do seu "caráter", mas porque é subnutrido e doente, o que se explica pelas condições econômicas e sociais em que se acha. O mesmo

homem, em outras condições (de trabalho, moradia, alimentação, higiene, etc.), teria um comportamento inteiramente diverso.

Raízes do Brasil não participa, é claro, da mentalidade evolutiva de um desenvolvimentismo que floresceria plenamente no pós-guerra. Trata-se, ainda assim, de uma análise que talvez se possa definir como *realista*, já que o seu autor recusava entregar-se ao incondicional otimismo daqueles que pregavam o progresso, mas ao mesmo tempo se recusava a fazer coro às lamentações nostálgicas daqueles que viam, nas épocas passadas, uma realidade a que se deveria forçosamente retornar ou que se deveria conservar em seu espírito.

Movia-o, diferentemente, aquele "senso do passado", ou aquele "sentimento", que, num pronunciamento seu de 1952, seria definido como o sentimento que preside toda boa interpretação histórica, a qual, fixando determinada época,

> não cuida de destacá-la das demais, em particular da era presente, para colocá-la sobre um pedestal perene. Busca, ao contrário, situá-la na corrente móvel dos acontecimentos, inseri-la no curso da História, justamente da História que se alimenta da diversidade do tempo e das coisas. (Holanda, 1987, p. 83)[24]

Não sendo a realidade "perene" do brasileiro, o homem cordial tampouco seria um mero conjunto de características que se pudesse imaginar isoladas num passado remoto, de tal forma que fosse possível, bastando que se o quisesse, resguardá-las, como a um objeto de museu. Acima de tudo, não era um conjunto de valores a que se devesse alguma necessária reverência.

Como "individualidade histórica", o homem cordial era uma categoria de intelecção da realidade passada, mas também presente. Ou antes, uma categoria que se forjou voltando-se para o passado, com os olhos, as preocupações, os valores e a sensibilidade do presente. A ausência de um juízo ético na intelecção da história, evitando transformá-la em *tábula rasa* para os desejos e as inclinações caprichosas do historiador, é, como já se notou, diretriz imprescindível da teoria weberiana.

Para além da teoria weberiana, Sérgio Buarque regressaria àquela ausência de um juízo ético na análise do historiador, ao comentar, muito mais tarde, a confusão que a fórmula rankeana do *"wie es eigentlich gewesen"* gerou, desde

....
24. Vejam-se ainda suas considerações sobre a história, expressas em sua conferência de Genebra, em que discorre sobre o "Brasil na vida americana" (Holanda, 1955, p. 55-75).

que fora pronunciada. Buscando esclarecer o sentido mais verossímil da expressão, recorre a Marc Bloch, com sua ideia de que Ranke quisera, com a fórmula, dar ao estatuto do historiador um sentido de "probidade", e não de imparcialidade, à maneira do juiz (Holanda, 1996, p. 174).

Na mais conhecida polêmica em torno do homem cordial, envolvendo o autor de *Raízes do Brasil* e o poeta Cassiano Ricardo, Sérgio Buarque de Holanda procurou esclarecer que, com a "cordialidade", pretendia apenas salientar o império dos "sentimentos privados ou íntimos" na história social brasileira, eliminando, "deliberadamente, os juízos éticos e as intenções apologéticas a que parece inclinar-se o Sr. Cassiano Ricardo, quando prefere falar em 'bondade' ou em 'homem bom'".[25]

A referência à polêmica é importante, já que é encontradiça a ideia de que o "homem cordial" é um homem bom. Entretanto, não interessava ao historiador julgá-lo, enaltecê-lo ou condená-lo. Há, em seu trabalho, uma constatação, ou antes, uma averiguação dos significados de uma sociabilidade peculiar à formação histórica brasileira, sem que a "avaliação", no sentido que Weber emprestou a esta palavra, coubesse numa análise, afinal, de traços típicos.

Tampouco há, neste caso, uma quimérica "imparcialidade" científica. O que talvez permanecesse, isto sim, era o sentimento de uma necessidade imperiosa de se resguardar momentaneamente frente à análise histórica, não deixando que seus mais caros valores lhe turvassem a vista. Continuava sendo preciso resguardar-se dos demônios, mas jamais seria possível eliminá-los completamente.

Trata-se, em suma, da crença de que o historiador não deveria jamais apagar-se diante dos fatos, devendo antes guiar-se, com sensibilidade e argúcia, em meio ao emaranhado de fontes e de testemunhos passados, ouvindo-os

....
25. *Raízes* 137, nota 140. A partir da segunda edição do ensaio, Sérgio Buarque acrescentou uma nota ao texto sobre o homem cordial, esclarecendo alguns aspectos da utilização do termo "cordial", que haviam sido criticados por Cassiano Ricardo. É então que o autor de *Martim Cererê* publica, na revista *Colégio*, de São Paulo, um extenso artigo denominado "Variações sobre o *homem cordial*", retomando as críticas que fizera a Sérgio Buarque e reafirmando sua tese de que a "bondade original" era de fato uma contribuição que esta nossa feliz terra daria ao mundo. Para ele, o "nosso povo formou-se pela conciliação de todos os conflitos humanos numa só forma de convivência, num estilo de vida que consiste em ter criado o máximo de felicidade social até hoje sonhado por teorias e profetas. Desde o primeiro momento, abrigou o nosso céu os oprimidos, os desajustados, os atirados às praias". A bondade brasileira era tamanha, e fora tão intensamente exercitada ao longo da colonização, que se estendia ao plano político: "Já o Brasil, com a sua democracia social, havia antecipado os filósofos da igualdade e da fraternidade"; éramos democráticos "pelo sangue e pela alma". Cf. RICARDO, Cassiano. "Variações sobre o *homem cordial*" in *Raízes* 204-8.

com atenção para ordená-los com imaginação, na esperança de lhes conferir um significado "mais alto", congregando-os em torno das tais "individualidades históricas".

Por meio delas, o historiador poderia apontar alguns dilemas e desafios que se apresentavam, num mundo em que a própria cordialidade parecia progressivamente perder o seu sentido.

CAPÍTULO 5
Um réquiem para um "pobre defunto" na cidade

Cordialidade e aventura

Foi sugerido, no capítulo anterior, que duas vozes compõem a invenção de Sérgio Buarque de Holanda: aventura e cordialidade. A noção do "homem cordial", como se viu também, fixa, a partir de uma construção de orientação weberiana, a conduta típica daqueles que recusam a abstração das relações políticas para se ater ao círculo das relações primárias, segundo o jargão sociológico.

A imaginação do historiador permitiu criar um "tipo ético" que condensa a ligação fundamental do cidadão com a *família* – essa outra "individualidade ética" que permite pensar nas "raízes rurais" de uma sociedade patriarcal e de um governo patrimonial. Para Weber, como já se viu, a gestão patrimonial exclui, ou pelo menos inviabiliza, a adoção de fins objetivos e impessoais no trato da máquina oficial.

O espaço público oficial teria sido, desde tempos imemoriais no Brasil, o reino do homem cordial, que transmitia à esfera do governo o princípio irracional da vontade arbitrária do senhor, impedindo a constituição de uma burocracia em moldes racionais. No raciocínio empregado, salta aos olhos a irracionalidade estendida à gestão do espaço público, que não fixa regras nem limita os apetites individuais, leia-se, senhoriais. Ao recusar as regras da Cidade, o homem cordial impede que elas se coloquem entre ele próprio e os outros indivíduos, mediando as relações sociais.

Numa conduta tipicamente cordial, o relacionamento se constrói sobre bases concretas e pessoalizadas, imediatas, de modo a identificar e reconhecer cada qual com quem se está mantendo uma relação. O homem cordial cultiva, privadamente, seus amigos e inimigos, subtraindo-se ao plano das disputas públicas. A cordialidade reclama a concretude da relação, seja com os homens e mulheres, seja com as coisas.

Sérgio Buarque se pergunta se não haveria um sentido "cordial" já na recusa, ou melhor, na estranheza que os títulos financeiros causaram aos fazendeiros, quando estes tiveram que recorrer ao mercado de capitais, no século XIX. Em capítulo anterior ao do "homem cordial", o historiador lembra que o surto financeiro que se seguiu à aprovação da lei Eusébio de Queirós – motivado em grande medida pela reinversão de capitais, antes empregados no tráfico, nas atividades especulativas urbanas – gerou uma ânsia de enriquecimento fácil. Ânsia que,

> favorecida pelas excessivas facilidades de crédito, contaminou logo todas as classes e foi uma das características notáveis desse período de "prosperidade". O fato constituía singular novidade em terra onde a ideia de propriedade ainda estava intimamente vinculada à da posse de bens mais concretos, e ao mesmo tempo, menos impessoais do que um bilhete de banco ou uma ação de companhia. Os fazendeiros endividados pelo recurso constante aos centros urbanos, onde se proviam de escravos, não encaravam sem desconfiança os novos remédios que, sob a capa de curar enfermidades momentâneas, pareciam uma permanente ameaça aos fundamentos de seu prestígio. (*Raízes*, p. 62)

A desconfiança do fazendeiro revela o apego concreto ao bem material. O "bilhete de banco" traz consigo um contrato, em bases impessoais, a ligar dois indivíduos abstratos, não importando, no fundo, quem eles sejam ou o que fazem. Não é este ou aquele senhor que estabelece um contrato com o banco, mas apenas mais um cliente.

Com a progressiva dependência do mercado financeiro urbano, não haveria mais espaço para o socorro mútuo, entre pessoas que se conhecem. A mística do aperto de mão, que selava os compromissos, se perdia num mundo em que o contrato impessoal começava a ganhar espaço e ditar normas. O mercado se impunha. Logo, até mesmo o trabalhador não seria mais o "bem concreto" que, de certa forma, era o escravo. As relações abstratas do mercado de trabalho também surgiriam para mobilizar a imaginação em torno de novos temas.

Mas o tema de Sérgio Buarque era, ainda, a herança do passado colonial e imperial, quando a escravidão existia, a despeito da proibição formal do tráfico, e o homem cordial imperava. Tão claro era o seu império, que mesmo o mercado, em princípio um terreno da abstração e das regras fixas, se deixava habitar por esse tipo humano.

Conta o historiador mais um caso anedótico, sobre um negociante da Filadélfia que "manifestou certa vez a André Siegfried seu espanto ao verificar que, no Brasil como na Argentina, para conquistar um freguês tinha necessidade de fazer dele um amigo" (*Raízes*, p. 140).[1] O espanto do norte-americano revela a incompreensão diante de uma sociedade em que os homens se relacionavam mediante a amizade, entretenendo uma sociabilidade marcada por elementos emotivos e familiares, isto é, cordiais.

Para formar sua clientela, não bastariam bons e confiáveis produtos. Seria necessária, em primeira instância, a confiança na pessoa do vendedor, não no que ele oferecia. O mercado a que Weber se referiu praticamente inexistia.

Viu-se que o autor de *Economia e sociedade* associou o mercado a uma legalidade que exclui a "pessoa" e apenas inclui as "coisas", isto é, as mercadorias que independem dos "deveres de fraternidade e devoção". Se as atitudes dos agentes do mercado podem ser guiadas racionalmente, é porque ele é suficientemente estável e regrado para permitir o cálculo e a previsão em bases seguras, propriamente contábeis.

Mas como incluir os caprichos, os humores, as paixões, os afetos, os laços de consanguinidade e de dependência pessoal? Isso somente se tornaria possível se o cálculo e a previsão fossem excluídos das diretrizes básicas dos agentes. Assim procedendo, chegaríamos a um "mercado cordial", o que em termos lógicos é um absurdo.

Não havia sequer, na formação cultural brasileira, a separação básica entre a gestão da empresa e da casa. Do seio do ambiente doméstico se irradiava toda a lógica das relações, no âmbito da economia e da sociedade. Quanto ao "trabalho formalmente livre", a que se refere Weber, não tinha sentido pleno numa sociedade escravista. As relações econômicas e sociais excluíam os traços básicos daquilo que o cientista social alemão caracterizou como o moderno capitalismo ocidental.

Este é o momento em que podemos ouvir aquelas duas vozes encontrarem-se, confluindo simultaneamente numa mesma frase melódica. "Cordialidade" se encontra com "aventura" no instante em que se inclui na discussão

....
1. Veja-se também a nota 2 do quarto capítulo, intitulada "Aversão às Virtudes Econômicas", em que são lembradas as observações de Alfred Rühl sobre as relações quase sempre pessoais travadas entre os espanhóis, sempre que querem obter vantagem socialmente. A nota (ausente ainda da primeira edição) traz, quase integralmente, texto que fora publicado no *Digesto Econômico*, cf. Holanda (1947, p. 31-35).

o tema do capitalismo, ou do "espírito do capitalismo", segundo a expressão weberiana.

Isto porque a "aventura" definiu, em termos típico-ideais, uma conduta voltada para o ganho imediato e vultoso, o que exclui a base exata do cálculo, que dependeria de uma constância e da própria segurança do empreendimento. Por definição, o gênio aventureiro se volta para o prêmio sem que nenhum método especial o viabilize, isto é, sem que a calculabilidade e a previsão tenham vez. Vemo-nos novamente, portanto, diante da oposição entre o trabalhador e o aventureiro. Faça-se a ressalva de que o "espírito do capitalismo" e o "espírito do trabalho" não são a mesma coisa.

A noção do "trabalhador" se construiu em torno da figura do agricultor laborioso, que mede pacientemente seus esforços com vistas a um resultado longínquo no tempo, mas fundamentalmente seguro. Não se discutiu, porém, a presença despersonalizante do mercado e da indústria. Ainda assim, é razoável supor que a conceituação weberiana do capitalismo estivesse orientando o historiador brasileiro no momento em que ele encontrou, na "aventura", o contraponto do "trabalho".

Para se compreender aventura e trabalho, convém prestar atenção à ordenação que envolve as atividades econômicas. No primeiro caso, ela não tem a mesma importância que no segundo. O aventureiro pode ser mais arrojado, exatamente porque não contém o seu impulso para o ganho, opondo-lhe a paciência metódica e às vezes resignada do trabalhador. Mais uma vez, é o lebréu, não a lebre de Pareto.

Já a aventura marca a ocupação desordenada do espaço, não apenas geográfico, mas econômico. A atividade produtiva do aventureiro, como se viu, caracteriza-se pela sede das riquezas imediatas. A atividade "capitalista" que se praticou no Brasil não era conforme aos moldes do capitalismo, tomado em termos weberianos, embora fosse a contraface necessária da acumulação originária de capitais. Ainda assim, a lógica do mercado de gêneros tropicais era muito particular. A produção monocultora, baseada no trabalho escravo, permitia o cálculo, mas apenas em bases grosseiras, segundo Sérgio Buarque.[2]

----

2. É verdade que o engenho de açúcar permitia um grau às vezes elevado de racionalização. Comentando comigo esse aspecto da produção mercantil, Octávio Ianni ressaltou o caso de Antonil, que no alvorecer do século XVIII escrevia aquele que é um verdadeiro manual da ordenação adequada de um engenho, riquíssimo do ponto de vista da história social e econômica da colônia. A propósito, remeto o leitor a um artigo meu, cf. Meira Monteiro (1995, p. 53-69).

Respondendo à demanda do mercado europeu, a colônia pôde desenvolver uma economia adequada à produção em larga escala. Mas a sociabilidade que forjou foi, por essa mesma razão, bastante peculiar, diversa da europeia. Nesse sentido, a conduta aventureira se compreende em oposição ao espírito do trabalhador, mas também como um "desvio" do espírito do capitalismo. O que não torna as duas categorias – trabalho e capitalismo – a mesma coisa, embora ambas se pareçam em alguns tópicos, e constituam igualmente um contraponto importante à ideia da aventura.

Pensado em termos weberianos, o mercado torna as relações sociais quantificáveis e impessoais. Já o aventureiro não precisou ou não quis estabelecer uma sociedade em que se abstraíssem as pessoas, em vantagem dos agentes despersonalizados do mercado. Fundou, dessa forma, uma sociabilidade original, que o autor de *Raízes do Brasil* julgou por bem nomear "cordial". Poderíamos, com algum esforço imaginativo, mas sem prejuízo teórico, ver o homem cordial como um prolongamento do aventureiro na história social brasileira.

Em considerações sobre *Raízes do Brasil*, tendo em vista a transição brasileira para a democracia em 1985 e referindo-se a um "compromisso histórico" em torno da ascensão das massas e da "socialização do excedente", Hélio Jaguaribe nota a continuidade entre o aventureiro e o homem cordial:

> Nessa grande fusão que é o processo brasileiro se gera, a partir do sentimento de plenitude, do aventureiro bem-sucedido, do espaço conquistado como grande fazenda, o homem cordial. O homem cordial é, *a posteriori*, o aventureiro que teve êxito. A cordialidade é o prêmio do sucesso. Nesse aventureiro exitoso, convertido em senhor de engenho, em senhor de fazenda, gera-se uma cultura da cordialidade, que permeia por largo período a totalidade da sociedade, a partir desse conhecido princípio segundo o qual, dentro de certas condições, o espírito das classes dominantes tende a influenciar as classes dominadas. (Jaguaribe *in* Mascarenhas, 1985, p. 24)

Se a "aventura" é uma categoria que ajuda a compreender a conduta que se estabelece no plano das relações com o meio e a riqueza, a "cordialidade" permite que se compreenda a conduta no plano das relações sociais, que, no Brasil, não se deram no "mercado" ou no meio público, mas no âmbito doméstico, ou a partir dele. Lembre-se, a propósito, a exclamação daquele dominicano, páginas atrás, espantado com a autarquia do núcleo familiar e a consequente ausência de um mercado, tal qual ele o conhecia.

Entretanto, a cidade traria consigo o mercado e, com ele, o desafio das relações impessoais e abstratas. Provocaria também, é verdade, a discussão do destino da coletividade não mais nos termos da vontade particular do senhor, mas agora nos termos de uma vontade coletivamente concertada, que teria de se adaptar progressivamente à ordenação da *pólis*, ou seja, teria de se constituir no plano da política, e não mais da casa. Mesmo assim, tampouco neste caso economia e sociedade se excluem. O advento do mercado era também o advento da cidade, e com ela se abalariam as "raízes rurais" que mobilizavam a imaginação do autor de *Raízes do Brasil*.

"Brasil fronteira da Contra-Reforma"

Ao situar *Raízes do Brasil* diante dos temas e do método de Weber, Brasil Pinheiro Machado (1976, p. 179) nota que Sérgio Buarque pretendeu contrastar um "sistema ético", buscado aos "arquétipos da sociedade ibérica", com as formas de organização social desenvolvidas na colônia. Assim procedendo, encontrou na "ética social", isto é, na conduta típica do indivíduo na colônia, as razões da inadequação da "solidariedade social" brasileira ao "espírito da racionalidade capitalista burguesa".

O "espírito do capitalismo" seria então, segundo essa interpretação, o ponto de fuga de toda a composição do autor. Assim se torna mais claro o papel que a discussão sobre o trabalho desempenha em *Raízes do Brasil*.

A ideia da "prestância", mais que "cooperação", assinala a base afetiva prevalecente na associação pelo trabalho no Brasil. Como vimos atrás, na cooperação há um "objetivo material comum", que congrega os indivíduos em torno da lida, enquanto na prestância o alvo coletivo é secundário, importando de fato o dano ou o benefício que se possa fazer às demais pessoas envolvidas no trabalho.

Os termos "prestância" (*helpfulness*) e "cooperação" foram utilizados por Margaret Mead na introdução a *Cooperation and Competition Among Primitive Peoples*, série de pesquisas etnográficas inseridas num amplo estudo sobre os hábitos competitivos e cooperativos, publicadas em 1937. Como se viu atrás, Sérgio Buarque se vale das reflexões da antropóloga norte-americana a partir da segunda edição de *Raízes do Brasil*, de 1948. Há, em seu exemplar hoje guardado na Unicamp, um trecho realçado, exatamente quando a autora se refere à relação estabelecida entre a coletividade e seus objetivos:

> Na cooperação, o objetivo é compartilhado, e é a relação com o objetivo que mantém os indivíduos cooperantes juntos; na prestância [*helpfulness*, assim traduzida pelo próprio historiador], o objetivo é compartilhado apenas em razão da relação entre os ajudantes e o indivíduo, que constitui verdadeiramente o objetivo. A ênfase recai na relação com aquele indivíduo, não no próprio objetivo. (Mead, 1937, p. 17, grifos SBH)

No caso da prestância, não há um elemento abstrato que transcenda o grupo e o mantenha coeso. O interesse se volta à pessoa concreta, a quem se deseja mal ou bem. Na colônia portuguesa, segundo Sérgio Buarque, mesmo um regime de trabalho comunitário como o mutirão era praticado não somente pela expectativa do auxílio recíproco, mas também pela "excitação proporcionada pelas ceias, as danças, os descantes e os desafios que [o] acompanham". Nos termos de um observador setecentista, o "espírito da *caninha*" contava mais que o "amor ao trabalho" (*Raízes*, p. 41).

Reforçam-se aqui os contornos do polêmico homem cordial. Detendo-se sobre o indivíduo concreto, a "prestância" auxilia na compreensão do fundo pessoal e afetivo prevalecente na associação entre os colonos. Entretanto, a observação não se limita à sociabilidade criada no âmbito do trabalho. É também sobre a política, especialmente a constituição do espaço público, que recai seu sentido.

Apto para a vida social no plano das relações primárias, sujeito às arbitrariedades e à irracionalidade da vontade senhorial, o homem cordial jamais alcançaria uma organização coletiva forjada por uma lei geral, estranha às afinidades emotivas. O personalismo ibérico reponta, aqui, na atenção do indivíduo sobre si mesmo, quando ele se mantém preso a seu grupo comunitário ou familiar.

A "lei geral" lhe pareceria excessivamente remota, postando-se além de suas vistas. Ele não se deixaria guiar por uma instância superior a si próprio. Assim explicam-se as razões por que

> só raramente nos aplicamos de corpo e alma a um objeto exterior a nós mesmos. E quando fugimos à norma é por simples gesto de retirada, descompassado e sem controle, jamais regulados por livre iniciativa. Somos notoriamente avessos às atividades morosas e monótonas, desde a criação estética até às artes servis, em que o sujeito se submeta deliberadamente a um mundo distinto dele: a personalidade individual dificilmente suporta ser comandada por um sistema exigente e disciplinador. (*Raízes*, p. 145)

Referindo-se à força da "personalidade individual", o historiador percebe a incapacidade do indivíduo formado na colônia portuguesa para a entrega ao trabalho, isto é, entrega de si "a um mundo distinto", como se no próprio labor repousasse o sentido da existência. Trata-se de discussão explicitamente weberiana, apontando para a ética protestante e o espírito do capitalismo.

Numa longa nota de rodapé, presente já na primeira edição de *Raízes do Brasil*, mas substantivamente aumentada e esclarecida em edições mais recentes, Sérgio Buarque percebe, com Weber, o acento religioso que as palavras indicadoras da atividade profissional ganham, nas traduções protestantes da Bíblia, com os termos "*calling*" ou "*Beruf*". Significando "vocação", tais termos carregam, na sua pluralidade semântica, o caminho percorrido pela moral puritana, da disciplina ascética à disciplina secularizada do trabalho capitalista.

Na nota da edição original, de 1936, não há qualquer restrição à teoria de Weber, que é apresentado como o "mais eminente sociólogo moderno". Já mais recentemente, à mesma nota seria acrescido o seguinte comentário:

> Podem-se acolher com reservas as tendências, de que não se acha imune o grande sociólogo, para acentuar em demasia, na explanação de determinados fenômenos, o significado das influências puramente morais ou intelectuais em detrimento de outros fatores porventura mais decisivos. No caso, o da influência do "espírito protestante" na formação da mentalidade capitalista em prejuízo de movimentos econômicos, cujo efeito se fez sentir em particular nos países nórdicos onde vingaria a predicação protestante, principalmente calvinista. Parecem procedentes, neste sentido, algumas das limitações que à tese central de M. Weber, no ensaio acima citado, opuseram historiadores como Brentano e Tawney. (*Raízes*, p. 146, nota 150) [3]

Sejam maiores ou menores as restrições à formulação de Weber, o "espírito do capitalismo" é o contraponto do espírito que orienta a atividade produtiva na colônia. Diferentemente do que ocorria no âmbito capitalista em sua origem, na colônia o trabalho "tem o seu fim em nós mesmos e não na obra: um *finis operantis*, não um *finis operis*" (*Raízes*, p. 146).

Na incapacidade – ou impossibilidade – de se entregar ao objeto exterior, sente-se o peso do ambiente doméstico, estampado aqui no plano do trabalho, e cheio de sentidos funestos para a vida política. Seguindo o raciocínio de Sérgio Buarque, os indivíduos no Brasil se restringiriam a tal ambiente e

---
3. Ver também Holanda (1936, p. 114, nota 35).

recusariam a "lei geral", da mesma forma que sempre recusaram curvar-se diante das exigências de qualquer "objeto exterior", fosse ele produto de "criação estética" ou "arte servil".

O imperativo ético imposto pela moral do trabalho se torna inviável, ao eleger-se o *finis operantis* em lugar do *finis operis*. No mesmo sentido, em suas "Notas sobre o romance", publicadas num jornal carioca em 1941, Sérgio Buarque se oporia à noção de Afrânio Coutinho, segundo a qual Machado de Assis nutria profundo rancor pelo mundo, ideia reforçada pela quase ausência, em sua obra, de personagens que vivessem de seu próprio esforço ou trabalho. No entanto, dirá Sérgio Buarque, tal raciocínio somente teria validade se aceita a tese

> de que o trabalho, o trabalho em si, ou seja, a simples atividade produtiva, abstraída de seu objeto, possa dar sentido e elevação à existência dos homens. Tal modo de ver deriva com efeito da espiritualização do trabalho, heresia moderna e de raízes protestantes, cuja influência considerável sobre as sociedades atuais poderia ser metodicamente analisada. (Holanda, 1996, v. I, p. 317)

Tratava-se, em suma, de tese inaceitável para quem retrata um mundo em que a entrega incondicional ao trabalho é uma heresia, posto que "moderna". Mas a intenção de Sérgio Buarque nesse artigo de crítica terá sido bem mais ampla: discutia ali, a partir do enfoque sobre o trabalho, as linhas do romance moderno, oscilante entre o retrato do indivíduo isolado e original, e o retrato dele como resultado de "tudo quanto o cerca", nos termos de Zola.

Voltando à questão do trabalho e da família, ao encerrar-se no âmbito particularista dos valores domésticos, o indivíduo se fechava ao universo da cooperação, que exige a disciplina fundada no trabalho e a entrega ao fim objetivo da coletividade. Cordialmente, prestavam-se serviços ou deviam-se favores, mas jamais floresceria uma forma de associação que cultua as regras impessoais do mundo laboral moderno. A cordialidade vedava o pleno acesso ao universo do capitalismo moderno. A família, por seu turno, servia de antolhos ao horizonte que os "novos tempos" iam apontando, no sentido da impessoalização e da racionalização, tanto no campo econômico quanto político.

Se inicialmente Sérgio Buarque situou a cultura que se formaria no Brasil como resultado da expansão ibérica, fê-lo para apreciar a origem de uma colonização que, no caso brasileiro, desenvolveria o culto da personalidade no sentido mais afetivo e cordial. Os sujeitos históricos eram, desse ponto de vista, o avesso do agente capitalista. Este, desde que a moral do trabalho se laicizara, pautava-se tipicamente pela racionalidade, ajudando a constituir um mercado impessoal sobre as bases do cálculo e da contenção presciente do ganho.

Seguindo em traços largos o arrazoado weberiano, as religiões reformadas geraram, ainda que por um paradoxo de consequências, a moderna moral do trabalho capitalista no Ocidente. Já a Península Ibérica viu florescerem os princípios da Contra-Reforma numa instituição como a Companhia de Jesus, que estenderia as fronteiras da Europa católica por todo um novo mundo. O Brasil seria uma parte fundamental dessa fronteira móvel:

> O Concílio de Trento após à Reforma tese contra tese e fez ressurgir as proibições canônicas sobre a economia. Dessa reação estruturou-se um novo sistema ético, frontalmente contrário à "ética protestante", e que foi imposto aos povos do sul da Europa pela repressão praticada pela Igreja e pela Monarquia. Ainda mais, a permanência dos vários povos europeus na "ética protestante" ou na ética de Trento, foi apenas uma imposição decorrente da fortuna das guerras religiosas. Perdendo a metade da Europa nessas guerras, a Contra-Reforma empreendeu a conquista espiritual da América, do Extremo Oriente e da África, por meio dos missionários, dentre os quais se destacam os jesuítas. Muitas das Raízes do Brasil, no livro de Sérgio Buarque de Holanda, estão mergulhadas nessa história, o que poderia levar o leitor a imaginar que o seu pressuposto de Brasil fronteira da Europa, poderia, também, ser substituído por Brasil fronteira da Contra-Reforma. (Machado, 1976, p. 180)

Uma data importante

O trabalho com as datas, a que mesmo os historiadores que exorcizam o positivismo devem se ater, é muito delicado. Sabe-se que a eleição de uma data estabelece todo um ordenamento de eventos e sentidos, articulados em torno dela. Haverá sempre uma dose de arbitrariedade na datação, o que torna imperioso para o historiador explicar, com cautela e zelo, as razões que o levaram a marcar, no tempo histórico, uma data como significativa.[4]

....
4. A propósito da arbitrariedade das datações, é interessante recordar as palavras de Sérgio Buarque na "Introdução Geral" à *História Geral da Civilização Brasileira*, referindo-se aos

Em *Raízes do Brasil*, 1888 é a data fundamental para compreender os "novos tempos", discutidos nos seus dois últimos capítulos, que cobrem o tempo em que a dissolução das "raízes rurais" ia se tornando inevitável, com o aumento da urbanização e o surgimento de uma mentalidade diversa daquela que predominara desde a colônia.

No entanto, essa autêntica "revolução", a única que se poderia nomear como tal, é apresentada, no início do último capítulo de *Raízes do Brasil*, de forma bastante cautelosa. Para o historiador, a

> grande revolução brasileira não é um fato que se registasse em um instante preciso; é antes um processo demorado e que vem durando pelo menos há três quartos de século. Seus pontos culminantes, associam-se como acidentes diversos de um mesmo sistema orográfico. Se em capítulo anterior se tentou fixar a data de 1888 como o momento talvez mais decisivo de todo o nosso desenvolvimento nacional, é que a partir dessa data tinham cessado de funcionar alguns dos freios tradicionais contra o advento de um novo estado de coisas, que só então se faz inevitável. Apenas neste sentido é que a Abolição representa, em realidade, o marco mais visível entre duas épocas. (*Raízes*, p. 164)

Haverá quem veja, numa passagem como esta, apenas engenho retórico. Mas é igualmente possível detectar, no cuidado com as palavras, outro movimento que não a afetação da própria erudição. Se assim não fosse, ele estaria esposando a atitude dos "bacharéis" que tinham, nas exterioridades do discurso, a razão de sua existência, que se dava à distância da realidade:

> Colhidos de súbito pelas exigências impostas com um outro estado de coisas, sobretudo depois da Independência e das crises da Regência, muitos [senhores rurais] não souberam conformar-se logo com as mudanças. Desde então começou a patentear-se a distância entre o elemento "consciente" e a massa brasileira, distância que se evidenciou depois, em todos os instantes supremos da vida

....

problemas que envolvem a organização cronológica dos eventos: "Quanto à distribuição da matéria geral, pareceu ao organizador da coleção que a vantagem de ser esta ordenada por assunto compensa largamente a possível conveniência de uma ordem cronológica extremamente rígida. Caberia, sem dúvida, uma subdivisão tal dos capítulos que fizesse com que os diferentes tópicos atendessem, em sua sucessão, à sequência dos acontecimentos no tempo. Isso importaria, contudo, numa espécie de atomização incompatível com a noção, que se quis pôr em relevo, da continuidade e correlação dos diferentes aspectos de cada tema" (Holanda, 1963, p. 7-11, tomo I, v.1, "A época colonial").

nacional. Nos livros, na imprensa, nos discursos, a realidade começa a ser, infalivelmente, a *dura*, a *triste* realidade. (*Raízes*, p. 154-155)

Ao descrever os eventos importantes da história mais recente como "acidentes" orográficos, procurava-se evitar a ideia de que eles seriam importantes em si mesmos, como se o que vem antes deles caminhasse inexoravelmente para aquele ponto. É plausível supor que Sérgio Buarque abraçasse uma visão mais nuançada e processual da história, encampando a indeterminação da ação dos sujeitos, que são os reais agentes da história.

O recurso à noção da "conduta", ou de uma "ética social" peculiar à colônia, é capaz de fixar um agir regular, conferindo ao processo histórico maior inteligibilidade, evitando a rendição passiva a uma indeterminação que, a muitos historiadores, pareceria inerente a tal processo e fundamentalmente incontornável. Trata-se da discussão sobre o típico e o individual. Nesse sentido, vale a pena notar o cuidado do autor de *Raízes do Brasil*, numa passagem como esta, para a questão da continuidade e da descontinuidade.

Se em 1936 Sérgio Buarque se inspirava, largamente ainda, numa matriz weberiana, é natural que buscasse sobretudo as soluções de continuidade implícitas na ideia da conduta, ou da ética, capazes de condensar, mas também de fixar, no plano do pensamento, as atitudes prevalecentes em determinado período da história. Já em estudos posteriores, pode-se notar uma orientação mais propriamente *historista*. A tal respeito, é muito significativo que uma de suas últimas publicações tenha sido um estudo sobre Ranke, em cujas páginas finais se discute exatamente a excessiva "ocularidade" daquele historiador, que evitava o recurso à teleologia na análise histórica, tão caro ao final do século XIX, quando as teorias da evolução imperavam por toda a Europa.

Mais que o cume daquelas montanhas imaginárias que o fizeram imaginar a história como um conjunto de acidentes orográficos, são as correntes subterrâneas que lhe interessam. O campo metafórico não apenas reforça a noção das "raízes" do Brasil, como permite pensar numa história mais lenta, ou um "processo demorado", segundo suas palavras.

Se forço aqui a analogia com as águas fundas de Braudel, é exatamente porque, ainda em seu ensaio sobre Ranke, Sérgio Buarque recorre ao autor francês para discutir as soluções de continuidade e descontinuidade disparadas pelo gatilho da "história estrutural". Nesse momento, ele recorre a Otto Hintze, que, curiosamente, se utiliza de uma imagem bastante próxima àquela do "sistema orográfico". Referindo-se aos fatores "evolutivos" – do inconsciente e instintivo, que se estendem no tempo – e "dialéticos" – conscientes e espirituais, mais fugazes – que movimentariam a história, Hintze vai buscar

> seus termos de comparação na geologia antiga, com as teorias dos netunistas e vulcanistas. Aqui, escreve, "*opera a força lenta e constante das águas, a produzir as estratificações sedimentares; ali agem os efeitos súbitos, explosivos, das forças vulcânicas, com suas formações eruptivas e cristalinas*". Sustenta que, assim como só pôde formar-se a crosta terrestre mediante uma combinação das duas dinâmicas, a realidade histórico-social depende de uma cooperação entre os movimentos evolutivo e dialético. Nenhum deles basta por si só, ambos fazem-se necessários para a boa inteligência do processo histórico. (Holanda, 1996, *Livro dos Prefácios*, p. 212)

O ano de 1888, portanto, não traz em si os novos tempos, mas é o momento em que se abriria o caminho para a paulatina cristalização de novas atitudes e novas mentalidades. Não é o evento da Abolição que dá impulso a um novo estado de coisas; ele apenas solta os freios que, até então, arrefeciam um movimento vindo de antes, quando as "raízes rurais" já iam perdendo muito de seu vigor.

O homem cordial e o indivíduo

Deixavam de ser vigorosas, tais raízes, porque os fatores que sustentavam o predomínio do núcleo rural sobre a vida social e política do país iam também enfraquecendo. Desde meados do século XIX, começavam a aparecer os sinais de uma carência do braço escravo e pouco a pouco ele deixava de ser o principal esteio para a manutenção da produção agrária. O açúcar, que sustentara secularmente a economia dos engenhos, cedia espaço ao café, esta "planta democrática", de acordo com a curiosa expressão de Handelmann, lembrada com distância crítica por Sérgio Buarque (*Raízes*, p. 166).

Na perspectiva do autor de *Raízes do Brasil*, era a imagem do senhor de engenho que se desfigurava. Sua antiga silhueta perdia os traços originais, quando ele se desprendia da tradição rural e da própria terra, mantendo o espaço agrário e a lavoura como meios de vida, não mais como um mundo especial, à parte (*Raízes*, p. 167).

Já se viu que, seguindo esse raciocínio, à autarquia do mundo rural corresponde o predomínio de elementos "irracionais" sobre a conduta dos indivíduos: o afeto, as emoções, os sentimentos que ligam a pessoa ao círculo da família. Comentando, num espectro mais amplo, as vicissitudes do pensamento liberal na América Latina, Sérgio Buarque nota a prevalência, havia muito, do personalismo. Parecia-lhe inegável

> que em nossa vida política o personalismo pode ser em muitos casos uma força positiva e que ao seu lado os lemas da democracia liberal parecem conceitos puramente ornamentais ou declamatórios, sem raízes fundas na realidade. (*Raízes,* p. 179)

A oligarquia florescia de forma inequívoca, atropelando as resistências liberais. Em *Raízes do Brasil*, ela é definida como um "prolongamento" daquele personalismo, "no espaço e no tempo". Os laços concretos que ligavam as pessoas passavam à esfera política, sem que a mediação do Estado, ou de uma instância abstrata, se fizesse sentir, de modo a atenuar os laços do poder oligárquico.

A noção de uma "entidade imaterial e impessoal, pairando sobre os indivíduos e presidindo seus destinos", era inviável, na medida em que aqueles laços eram mais importantes que os princípios coletivamente forjados. Somente tais princípios poderiam envolver os indivíduos em torno de um contrato, afastando-os do âmbito das relações concretas entre pessoas de carne e osso, com suas idiossincrasias, suas particularidades, suas preferências e seus gostos.

Tais preferências e gostos guiavam a política no Brasil, chocando-se com os princípios elementares do liberalismo. A abstração do indivíduo permite supor que, independentemente de sua origem, ele terá os mesmos direitos que outros. Tal ideia transgride a base do patriarcalismo, que mantém a desigualdade como um fato, ainda que possa adoçá-la com formas aparentemente harmônicas de mando e obediência. Obediência, aliás, que num sistema patriarcal jamais se limita a um contrato provisório, mas se estabelece sob um estatuto que a tradição impõe, irrevogável e eterno.

O *indivíduo* nasce da negação do arbítrio pessoal, com o advento de um contrato que torna, segundo um raciocínio liberal, todos os homens iguais diante da lei, prontos a seguir o caminho desimpedido de seu desenvolvimento pleno, sempre que lhes sejam garantidas, é claro, condições mínimas para o exercício de suas aptidões. Nasce daí um homem *in genere*, livre do poder discricionário do personalismo, amparado pela instância abstrata e superior da lei. É o princípio esposado por Hayek (1982, p. 142), por exemplo:

Embora haja limites severos para o grau de igualdade material que pode ser conquistado com métodos liberais, a luta pela igualdade formal, isto é, contra toda a discriminação baseada em origem social, nacionalidade, raça, credo, sexo, etc., manteve-se como uma das mais fortes características da tradição liberal. Embora não tenha acreditado que fosse possível evitar diferenças notáveis nas posições materiais, ela esperou remover sua agudeza por meio de um crescimento progressivo da mobilidade vertical. O instrumento principal através do qual isto seria assegurado foi a provisão [...] de um sistema universal de educação que pelo menos poria todos os jovens ao pé da escada que eles deveriam então estar capacitados a subir de acordo com suas habilidades.

A crença na possibilidade de galgar posições sociais, tendo como atributo inicial as naturais habilidades individuais e uma educação bem dirigida, desenha um indivíduo abstrato, imerso num mundo em que a propriedade ainda não manchou totalmente a igualdade "natural" dos seres humanos. É possível propor um contra-argumento a esse indivíduo genérico, lembrando, com Maria Sylvia de Carvalho Franco, que o "velho" liberalismo de Locke

> visou fundar uma igualdade absoluta mas, *ao mesmo tempo, determinada*: definiu a qualidade do novo homem, isto é, *ser proprietário*, e, no mesmo ato, fundou sua racionalidade e sua liberdade, tanto no sentido de minar prerrogativas reais quanto de legitimar a dominação de classe e a disciplina dos inferiores. Supor inconsistências nos predicados desse "indivíduo possessivo" é não se manter no próprio plano da reflexão de Locke, a auto-representação da burguesia. Dizer que há ambiguidades [...] é estabelecer uma cisão de forma e de conteúdo entre o que é dito e o que é silenciado, entre o que é exposto e o que é recebido. Uma crítica visa outros alvos: procura esclarecer justamente essa antropologia que garantiu a naturalidade da classe e da ordem social, nisso fundando a violência da sua dominação. (Franco, 1993, p. 35-36)

O indivíduo abstrato – o homem *in genere* – é apanágio liberal que o personalismo, prevalecente na sociedade brasileira criticada por Sérgio Buarque, não permitiria entender ou compreender. Tratava-se, afinal, de uma sociedade em que a propriedade não regia apenas as relações entre homens livres (pretensamente iguais, naqueles termos abstratos), mas marcava a própria existência dos seres humanos, proprietários uns dos outros. É bem verdade que o escravo não estaria excluído da reflexão de Locke, como nota ainda Maria Sylvia de Carvalho Franco, aparecendo nela como um ser destituído de razão, excluído da sociedade civil, perdendo por isso a propriedade de si próprio, fundamento mesmo de sua liberdade. É neste ponto, aliás, que ele se aproxima do "homem livre": ambos são *servants*, de cujo trabalho os proprietários se valem, confiscando-o através de um contrato temporário, num caso, ou absolutamente, no outro. Ou seja, por "livre vontade" do expropriado, num caso, ou por "sua culpa", no caso do escravo (Franco, 1993, p. 35-36).

O argumento a presidir a abstração da pessoa se apoia na ideia de que todos os indivíduos, numa sociedade, podem se associar obedecendo a uma regulação mínima de suas vontades, por uma instância superior legal, ou por uma "entidade imaterial", destas que "pairam" sobre os indivíduos. No entanto, a cordialidade não permitiria de forma alguma – ao menos enquanto ela seguisse explicando satisfatoriamente uma conduta prevalecente – o funcionamento de um sistema social que pressupõe a igualdade. Guiando-se prioritariamente pelo seu fundo emotivo "rico e transbordante", o homem cordial afronta as noções mais básicas do liberalismo, uma "teoria essencialmente neutra, despida de emotividade", segundo o historiador.

Ainda assim, havia coincidências entre alguns ideais democrático-liberais e a postura cordial que se mantinha, o que dava à luz uma precária e diminuta zona de confluência. Nessa zona, incluíam-se a repulsa "por toda a hierarquia racional", a impossibilidade de resistência aos influxos da vida urbana, ou mesmo aquela "relativa inconsistência dos preconceitos de raça e de cor", em que Sérgio Buarque parecia acreditar (*Raízes*, p. 180).[5]

Mas não passavam de coincidências mais aparentes que reais, pois a incompatibilidade era profunda. Segundo o autor de *Raízes do Brasil*, todo o

> pensamento liberal-democrático pode resumir-se na frase célebre de Bentham: "A maior felicidade para o maior número". Não é difícil perceber que essa ideia está em contraste direto com qualquer forma de convívio humano baseada nos valores cordiais. Todo afeto entre os homens funda-se forçosamente em preferências. Amar alguém é amá-lo mais do que a outros. Há aqui uma unilateralidade que entra em franca oposição com o ponto de vista jurídico e neutro em que se baseia o liberalismo. A benevolência democrática é comparável nisto à polidez, resulta de um comportamento social que procura orientar-se pelo equilíbrio dos egoísmos. O ideal humanitário que na melhor das hipóteses ela

---

5. O terceiro elemento apontado nestas "coincidências", isto é, a "relativa inconsistência dos preconceitos de raça e de cor", não aparece na primeira edição, ao menos nesses exatos termos, cf. Holanda (1936, p. 154).

predica é paradoxalmente impessoal; sustenta-se na ideia de que o maior grau de amor está por força no amor ao maior número de homens, subordinando, assim, a qualidade à quantidade. (*Raízes*, p. 181)[6]

A polidez é aqui retomada por significar aquele resguardo da individualidade, como referido anteriormente. A "benevolência democrática" aparece associada a ela porque também resguarda o indivíduo, protegendo-o do egoísmo que constitui a base de uma postura propriamente personalista.

Desponta então o aspecto menos promissor da cordialidade: ao desenvolver uma "benevolência" restrita ao círculo dos conhecidos, ela não alcança a abstração, a "neutralidade" do juízo liberal, inviabilizando a formação de uma organização coletiva que transcenda a ordem familiar. O Estado liberal-democrático se anuncia excessivamente distante para o homem cordial. Nas palavras do historiador, um

> amor humano sujeito à asfixia e à morte fora de seu círculo restrito, não pode servir de cimento a nenhuma organização humana concebida em escala mais ampla. Com a simples cordialidade não se criam os bons princípios. É necessário algum elemento normativo sólido, inato na alma do povo, ou mesmo implantado pela tirania, para que possa haver cristalização social. A tese de que os expedientes tirânicos nada realizam de duradouro é apenas uma das muitas ilusões da mitologia liberal, que a história está longe de confirmar. É certo que a presença de tais ilusões, não constitui em si argumento contra o liberalismo e que existem outros remédios além da tirania para a consolidação e estabilização de um conjunto social e nacional. (*Raízes*, p. 182)[7]

Numa nota aposta ao texto original, de 1936, e depois suprimida, Sérgio Buarque (Holanda, 1936, p. 172) lembrava que "mesmo nos círculos restritos como a família, esfera onde prevalecem os laços de sangue e de coração, não são em verdade esses laços o princípio que consolida e organiza". Sugere então

---

6. Na primeira edição do ensaio, a ideia de que "o maior grau de amor está por força no amor ao maior número de homens" é tachada de "absurda", porque insistiria, inclusive, "na infalibilidade, na intangibilidade do voto da maioria ('o povo não erra', pretendem os declamadores liberais), subordinando assim, sub-repticiamente, os ideais qualitativos à quantidade" (Holanda, 1936, p. 156).

7. Onde se lê "com a simples cordialidade não se criam os bons princípios", na edição original se lê: "com a cordialidade, a bondade, não se criam os bons princípios". Onde se faz referência à consolidação de um "conjunto social e nacional", na primeira edição se referia um "organismo social e nacional", cf. Holanda (1936, p. 156-157).

que se leiam as "oportunas considerações de Nietzsche sobre a decadência da instituição do casamento em consequência da tendência crescente para se considerar o amor como base exclusiva dessa instituição".

Nos "passatempos intelectuais" do *Crepúsculo dos ídolos,* o filósofo alemão afirmara que para

> que haja instituições é necessário que haja um gênero de vontade, de instinto, de imperativo antiliberal até a maldade; uma vontade de tradição, de autoridade, de responsabilidade, cimentada sobre séculos, de solidariedade encadeada através dos séculos, desde o passado até o futuro, *in infinitum.* [...] A razão do matrimônio consistia no princípio de sua indissolubilidade, a qual não significava pouco frente ao fortuito dos sentimentos, das paixões, dos impulsos do momento. Consistia também na responsabilidade das famílias quanto à escolha dos esposos. Com a indulgência crescente até o matrimônio por amor foram destruídas as próprias bases do matrimônio, tudo o que o erigia em constituição. Jamais se fundou uma instituição numa idiossincrasia; por isso, eu o repito, não se pode fundar o matrimônio no amor. (Nietzsche, s.d., 107-108)

Confirma-se, por vias indiretas, a tese de que a cordialidade por si só não promove as instituições sociais mais amplas. Mesmo no seio da família, segundo a observação de Nietzsche, o soerguimento da instituição não prescinde de algum imperativo que se sobreponha às vontades do coração.

A cordialidade não constituiria, portanto, base satisfatória para o Estado, mesmo para aquele de talhe liberal-democrático, que, ao contrário dos valores cordiais, pressupunha uma radical despersonalização. Já se viu que a impessoalidade nunca foi apanágio da cultura política brasileira, se a enxergarmos através das lentes de *Raízes do Brasil.*

Um dilema se entremostrava no horizonte dos leitores de Sérgio Buarque de Holanda: a crescente urbanização, com a extensão da influência urbana sobre todos os setores da vida social, reclamava formas de associação coletiva que não se fundassem mais sobre os princípios oligárquicos, mas, ao mesmo tempo, a vida social era ainda largamente regida por aqueles princípios. O homem cordial estava ainda bem vivo e o dilema parecia insolúvel, desenhado, à primeira vista, sobre a oposição e a exclusão dos princípios do personalismo e da despersonalização democrática.

Dualidades e dialética

A acreditar em Antonio Candido, a dialética hegeliana viria a fornecer uma chave para a compreensão da construção tipológica em *Raízes do Brasil*, o que excluiria a percepção da simples dualidade, que aponta as oposições entre princípios antagônicos e encontra a solução para os dilemas políticos na opção exclusiva por um destes princípios, simplesmente excluindo o outro. O módulo principal desse pensamento dualista seria a oposição, sem qualquer solução de continuidade, entre o arcaico e o moderno.

A percepção do descompasso entre a realidade nacional e um arcabouço legal conforme às teorias percebidas como modernas faz assomar uma distinção que marcaria profundamente o pensamento social brasileiro: de um lado, o país "legal"; de outro, o país "real". As fontes dessa percepção remontam porventura a Tobias Barreto e à Escola do Recife. Sérgio Buarque lembraria especialmente de Alberto Torres, como já referido aqui, citando-o a propósito das descontinuidades entre a "política" e a "vida social", divorciadas na história brasileira (*Raízes*, p. 172).

Na primeira edição de *Raízes do Brasil*, a crítica ao pensamento de Alberto Torres é mais direta e severa. Referindo-se à tentativa de "compassar os acontecimentos pelos sistemas, as leis e os programas", Sérgio Buarque nota que o autor de *O Problema Nacional Brasileiro* "não viu, e não quis ver, todavia, que foi justamente" essa tentativa

> uma das origens da separação que existe entre a nação e sua vida política. Acreditou sinceramente, ingenuamente, que a letra morta pode influir de modo enérgico sobre os destinos de um povo e em toda a sua doutrinação acentuou constantemente o que chama "o eixo da ação consciente", inspirada "no sentido de uma utilidade a realizar-se e, portanto, previsível". Coerente consigo mesmo, o que nos legou como fruto de suas observações e de suas meditações foi um minucioso projeto de constituição política. (Holanda, 1936, p. 145)

Desvela-se aí, candente naquele momento em que a Constituição era um tema inescapável, a discussão das bases jurídicas de um possível novo contrato social. De toda maneira, a solução para o divórcio entre vida social e política pareceria ser, a muitos reformadores, a simples manutenção de preceitos legais "de virtudes provadas". Da crença sincera em tais preceitos adviria a entrega incondicional a certos ideais, tidos como excelentes. O Uruguai de Batlle, nesse particular, impressionou Sérgio Buarque, justamente porque nele o princípio da despersonalização democrática foi, ao menos em teoria, levado aos seus extremos lógicos:

> O Uruguai batllista pretendeu, enquanto existiu, realizar, ao menos em teoria, a consequência lógica do ideal democrático moderno, ou seja, o mecanismo do Estado funcionando tanto quanto possível automaticamente e os desmandos dos maus governos não podendo afetar senão de modo superficial esse funcionamento. (*Raízes*, p. 174)

Era o princípio liberal que se punha em pauta contra o arbítrio da oligarquia. Mas não se deve esquecer a presença dos imigrantes num Uruguai que se industrializava, fornecendo o esteio sobre o qual se erigiriam ideias de extrema radicalidade política. Barran e Nahum (1983, p. 147), a propósito, lembram que

> en 1911 se era batllista porque se era partidario de las 8 horas, de la estatización de los servicios públicos, del ataque al "*latifundio arcaizante*", y también porque se enviaba a los hijos a educarse en escuelas laicas y públicas, se aceptaba sólo el casamiento civil rechazándose al religioso, se impulsaba a las hijas mujeres a estudiar en la Universidad, y se disculpaba a los anarquistas cuando éstos se mostraban "irrespetuosos" ante los símbolos nacionales. Ser batllista "avanzado" durante estos años era adoptar una postura determinada en todos los órdenes de la vida, una militancia que, por lo general, chocaba con las pautas morales imperantes.

O próprio "nacionalismo", que então se constituía, valorizava menos o "nacional" em estado puro, e mais o "social" e o "econômico". Desvinculado de causas político-sociais, diretamente ligadas ao imigrante, o nacionalismo não faria sentido:

> En el origen de esta sobrevaloración del contenido ideológico del sentimiento nacional por sobre lo afectivo, por sobre lo irracional que éste siempre contiene, estuvo [...] la lenta formación de la conciencia nacional al unísono con el arribo de los inmigrantes y no previa a ellos, como sucedería por el contrario, en el caso de la mayoría de los militantes nacionalismos latinoamericanos. (Barran; Nahum, 1983, p. 85)

O Uruguai batllista, neste ponto, traz à tona a antítese entre o "caudilhismo" e o "liberalismo". Já se discutiu, em outro capítulo, essa mesma oposição como uma antítese conceitual. Aqui, porém, é o horizonte político que se explicita. A solução para o impasse democrático viria, segundo Sérgio Buarque, somente quando vencida a antítese entre o liberalismo e o caudilhismo. Portanto, o dilema insolúvel, apontando como saída *ou* o personalismo *ou* a despersonalização democrática, se esvai.

Não se tratava de uma simples oposição entre a norma liberal e o princípio personalista, este estampado no caudilhismo sul-americano, mas também, de forma peculiar, na cordialidade brasileira. A superação das "raízes rurais", e com ela a dissolução dos laços cordiais que cingiam os indivíduos a uma precária comunidade política, não se daria pela mera vontade de uns quantos pensadores. Tampouco as soluções engenhosas, no plano jurídico, dariam conta do problema.

O "processo lento" e subterrâneo de enfraquecimento das raízes já vinha ocorrendo, mas não no plano das leis. A urbanização, que não era compreendida como o simples advento da cidade, mas sim como o surgimento de uma mentalidade avessa ao personalismo, vinha também se impondo, pouco a pouco. Com ela, despontava no horizonte uma arquitetura social diferente daquela tradicional ordem familiar.

No entanto, a montagem de uma nova arquitetura tampouco se daria com a simples opção pelo polo pretensamente "moderno" da equação, como se os homens esclarecidos pudessem destruir a base familiar e fazer dela *tábula rasa*, para o surgimento de uma ordem efetivamente liberal. O caminho não era tão simples, e as barreiras não eram apenas de ordem legal ou institucional.

Insista-se que a percepção dos dilemas não se dá em termos dualistas. Não é da opção dos agentes políticos por um determinado termo que nasceria uma nova ordem, como se eles estivessem, por assim dizer, vendo o processo social de cima. Mas o fato é que a maioria dos que discutiam mais diretamente o encaminhamento político do país descendia daquela mesma ordem que era criticada.

Penso aqui nas considerações posteriores de Sérgio Buarque de Holanda sobre o poder praticamente inabalável dos fazendeiros durante o Império, que marca a bem brasileira combinação de domínio tradicional, em bases personalistas, e empreendimento liberal. Ainda assim, não havia uma gradação que levasse do "arcaico" ao "moderno", em maior ou menor passo.

Os princípios opostos permitiam uma composição muitas vezes insólita, gerando combinações tão exóticas como aquela que permitia a um "liberal" mover-se no mesmo campo de aspirações que um senhor escravista. Isto porque, operando sua imaginação a partir daquela oposição, estavam os filhos de fazendeiros, cuja situação dependia muitas vezes da própria manutenção do *status quo*.

As ambiguidades que envolveram os debates sobre a questão servil, ao longo do século XIX, nasciam da posição delicada dos arquitetos da nova ordem. A mobilização "antitradicionalista" nunca saíra totalmente dos marcos da tradição, porque essa mesma tradição possibilitara, afinal, que os senhores, ou filhos de senhores, chegassem a posições políticas por vezes até extremadas. Acompanhemos, a esse respeito, algumas observações de *Raízes do Brasil*.

Referindo-se à importância dos fazendeiros na política durante o Império, Sérgio Buarque nota que "tão incontestado" fora o domínio dos senhores rurais, que

> muitos representantes da classe dos antigos senhores puderam, com frequência, dar-se ao luxo de inclinações antitradicionalistas e mesmo de empreender alguns dos mais importantes movimentos liberais que já se operaram em todo o curso de nossa história. A eles, de certo modo, também se deve o bom êxito de progressos materiais que tenderiam a arruinar a situação tradicional, minando aos poucos o prestígio de sua classe e o principal esteio em que descansava esse prestígio, ou seja o trabalho escravo. (*Raízes*, p. 58)

"Dar-se ao luxo de inclinações antitradicionalistas" não é mero capricho de uns tantos filhos da classe rural, desassombrados diante das novas ideias e defensores conscientes, portanto, da ruína de sua própria classe. O que desponta, no raciocínio que preside grande parte das observações do autor, é o movimento contraditório de ideias em que se inscrevia a perda dos atributos rurais, ou daquelas "raízes". A figura de Mauá é nesse sentido exemplar.

Suas iniciativas "progressistas", relata o historiador, esbarrariam na desconfiança das velhas classes rurais. O próprio ciclo de reformas que ele de alguma forma patrocinou, no âmbito financeiro e também material, deu-se entre 1851 e 1855, tendo sido possível, em grande medida, pela súbita disponibilidade de capitais até então aplicados no tráfico de escravos. Já me referi a isto, mas aqui a situação reaparece sob nova perspectiva: a mesma riqueza que sustentava o velho estado de coisas se converte na arma que o minaria, apontando novos caminhos nos planos político e econômico. Arma, ademais, manejada com perícia pelos filhos de antigos senhores, cuja força abalaria os fundamentos de seu próprio domínio.

Vistas as coisas deste ângulo, a complexa situação do debate ideológico e do progresso material durante o Império ganha um sentido que exclui as dualidades, reforçando porventura a chave dialética que Antonio Candido julgou adequada para o entendimento de *Raízes do Brasil*.

Em outros termos, os senhores rurais não eram apenas, segundo uma compreensão ingênua, os vates do atraso, os fazendeiros retrógrados que se opunham aos ventos liberalizantes. Nem a situação do campo liberal era tão homogênea e clara, nem o bloco dos senhores rurais era tão definido e compacto que possibilitasse a um estudioso atribuir-lhes, sem mais, a pecha de "atrasados". A bem da verdade, os arautos do moderno e os vates do atraso vinham de uma "mesma ninhada".[8]

O dilema podia até se desenhar nos termos de uma incompatibilidade lógica entre a cordialidade e os princípios políticos que os novos tempos ofereciam, mas a sua solução não seria a opção incontinenti por uma ou por outros. A realidade era refratária às opções exclusivas e secantes. A síntese, mais que a exclusão, poderia apontar caminhos talvez mais interessantes.

Modernismo novamente

Ribeiro Couto, numa carta a Alfonso Reyes, disse que a América daria ao mundo o homem cordial (Couto, 1987, p. 30). Entre a "disponibilidade sentimental" com que o definiu e a conceituação de Sérgio Buarque há, claro, uma razoável distância. Mas mesmo que não encampe completamente o tom festivo de Ribeiro Couto, o "homem cordial" aparece em *Raízes do Brasil* também como uma possível "contribuição" local para a civilização.

Poderia o homem cordial sobreviver diante da força incoercível da cidade e de suas normas impessoais? Invertendo a questão: poderia a pessoa, anônima e individualizada na metrópole, manter-se fiel aos princípios cordiais, fosse ainda como forma de convivência com outras pessoas igualmente anônimas?

A pergunta é difícil, e talvez lance luz sobre o que haveria de atual no homem cordial. Para tentar respondê-la, seria preciso encarar o contraponto entre os novos tempos, com suas normas, e a velha herança rural que teimava em se manter, a despeito das invenções caprichosas da teoria social. Um

....
8. A expressão aparece, em contexto um pouco diverso, quando Sérgio Buarque associa o "contrato social" de Rousseau à "doutrina de poder" de Maquiavel (na primeira edição de *Raízes do Brasil*) ou ao "Estado Leviatã" de Hobbes (em edições posteriores), todos membros de uma mesma família. Cf. *Raízes*, p. 174 (1ª edição, p. 149).

contraponto, em resumo, que poderia talvez se resolver numa síntese, sem a necessária exclusão de um dos termos. Sem, enfim, que os indivíduos se mantivessem aferrados aos velhos padrões de convivência, mas sem tampouco exorcizá-los prontamente, afastando-se programática e artificialmente deles.

A mágica dos "modernos" de São Paulo foi justamente a síntese, ou antes, a fusão, a possibilidade de juntar coisas distintas: de um lado as manifestações que elegiam como as mais autênticas, falando do fundo da raça, de um Brasil primitivo e exuberante – ecos românticos, é claro – e, de outro lado, a velocidade alucinante da metrópole, do seu jogo de individuação e despersonalização, das correntes vanguardistas que esses escritores recebiam, jubilosos.

Tratava-se de uma fusão que repunha a modernidade sobre o trilho da industrialização e da urbanização, mantendo, contudo, a força atávica de um passado e de uma herança idealizados. Graça Aranha é flor dessa estufa. Em *Klaxon*, a força misteriosa da floresta, do mundo ainda virgem, resguardado da civilização, se humaniza e se integra à disciplina dos homens:

> A árvore e a água. Perene seiva. A água misteriosa que mora no íntimo da árvore e a que mora nas células humanas. Integração.
> Vida profunda. Inteligência buscando na Terra a vida.
> Humanização. Árvores disciplinadas, dominadas. Revolta, violência. Vingança. Venenos. Segredos dos vegetais. Solidariedade. Unidade verde. (Aranha, 1972, p. 1)[9]

Mantinham-se os dois mundos distintos, sem transcendê-los. Tratava-se de uma convivência de opostos, portanto, mais que uma síntese. Esta foi a impressão que Alfredo Bosi colheu do modernismo. Os modernos de São Paulo teriam respondido às instâncias dos novos tempos, da cidade avassaladora, que

....
9. Ao imaginar *Canaã*, primeiro romance de Graça Aranha, publicado em 1902, como uma espécie de precursor de muitos dos temas e intenções modernistas, José Paulo Paes ressalta a pretensão de superação do ecletismo novecentista da *Belle Époque*, "por via de uma síntese das tendências estéticas de fim de século", situando-o no bojo de um empenho artenovista cujo gosto da ornamentação verbal operava por vezes em prol de uma conciliação utópica entre civilização e barbárie, reaproximando "o mundo da técnica, da indústria e da ciência do mundo natural dos seres vegetais, animais e minerais do qual, por sua artificialidade mecânica, elas estavam tão distanciadas. Reaproximação feita sob o signo do ornato, cujas caprichosas volutas estilizavam no limite os embates das forças vitais da Natureza e cuja simbiose com os produtos manufaturados buscava reintegrá-los no âmbito delas" (Paes, 1992, p. 21).

eles tanto cantaram, com um grito primitivo, com uma fusão que somente se daria no campo mítico. Espelhando o próprio olhar, o modernismo paulista

> fixou a sua identidade como poesia da Revolução Industrial e Técnica: "Uma visão que bata nos cilindros dos moinhos, nas turbinas elétricas, nas questões cambiais"... Mas estendendo os olhos para a Nação, não poderia apanhá-la na sua riqueza e pobreza concretas: viu a floresta, a tribo e o rito, o selvagem sempre bom mesmo quando mau e, na verdade, aquém do Bem e do Mal. E diante da alternativa sofrida por todos os povos coloniais – ou o futuro tecnológico ou o passado aborígene – preferiu resolver o impasse fugindo à escolha. Pela fusão mítica: "O instinto caraíba/ Só a maquinaria". (Bosi, 1988, p. 122)

Retomando os termos do *Manifesto antropófago*, Bosi assinala o impasse que foi o de todos os modernistas, "antigos" ou "novos": o instinto caraíba ou a maquinaria. Como conciliá-los?

Tratava-se de responder positivamente aos influxos de ideias, de sugestões e de fórmulas novas de convivência. Mas se tratava também de adequá-las, implantando-as de forma muitas vezes violenta, banindo os sinais do atraso, civilizando, como é tarefa de um herói mítico.

Sobre o choque de culturas e de temporalidades diversas, na senda do embate sempre problemático entre o "arcaico" e o "moderno", Francisco Foot Hardman lembra a importância de um modernismo que não nascera apenas em São Paulo, com a Semana de Arte Moderna de 1922, mas vinha de muito antes, alimentado por um ânimo "civilizador" que trazia a violência como signo:

> Canudos, Contestado, Chibata, Madeira-Mamoré, Clevelândia: territórios banidos da história, cruzamentos trágicos na trama da modernidade. O Estado, máquina moderna de civilizar, foi o aparelho material na demarcação das linhas fronteiriças e no ajuste dos relógios, detendo, para tanto, o monopólio da violência. Mas esta também já se encontrava disseminada na sociedade e no choque de culturas. Por isso, quando os antigos modernistas chegaram, projetando cidades e esperanças, as guerras tinham, havia muito, começado. Numa era de barbáries tecnológicas crescentes, suas utopias emergiam como fogos--fátuos, como reminiscências de verdades, como prelúdios de alucinações reais. (Hardman *in* Novaes, 1992, p. 303-304)

Enquanto o Estado civilizava, reprimindo e expulsando os que não se concertassem em torno da nova ordem e de uma nova paisagem, os modernistas podiam buscar a civilização no campo híbrido da herança passada e do maquinismo promissor, da velocidade alucinante com que se procurava acelerar o próprio tempo, ceifando o que restasse de arcaísmo na literatura e na cultura.

Era o triunfo de Ariel sobre Caliban, segundo uma recorrente utilização das personagens de Shakespeare, em *A Tempestade*. Em 1920, Sérgio Buarque, então com dezessete anos de idade, escrevia na *Revista do Brasil* sobre o nosso "hábito de macaquear tudo quanto é estrangeiro", censurando a atitude de muitos brasileiros que iam buscar, ao "utilitarismo *yankee*", uma fórmula promissora para sua própria civilização, como se a importação de traços norte-americanos pudesse torná-los melhores.

Segundo o jovem autor, a realidade de povo em formação reclamava, bem ao contrário, soluções originais, adequadas às características morais e climatéricas locais. O *desideratum* do brasileiro, diz ele,

> é o caminho que nos traçou a natureza, só ele nos fará prósperos e felizes, só ele nos dará um caráter nacional de que tanto carecemos. E o caminho que nos traçou a natureza é o que nos conduzirá a Ariel, sempre mais nobre e mais digno que Caliban. (Holanda, 1996, v. I, p. 45)[10]

Falava do triunfo do espírito, portanto, e da derrota das deformações e da subserviência mundanas. É claro que a postura do jovem modernista, como a dos mais velhos, mudaria muito, ao sabor das inclinações pessoais e dos pendores políticos de cada um. Mas entre o tom jovial e seguro de um jovem de dezessete anos e o tom desenganado de um Mário de Andrade, vinte anos depois (Andrade, 1990), passando talvez por aquilo que Alceu Amoroso Lima chamaria de "sibaritismo estético" dos jovens modernistas, muitas águas rolaram.

O desagrado que o futuro autor de *Raízes do Brasil* mostrou no polêmico "O lado oposto e outros lados", de 1926, com o "intelectualismo" que tomava conta das mentes de vários de seus antigos colegas de modernismo, revela um autor que ia se preocupando com os novos tempos não mais nos termos arrebatados e otimistas de antes, mas com moderação, detendo-se mais nas diferenças e nos matizes do movimento que no colorido obsedante do seu conjunto.

....
10. Eu trabalharia posteriormente o tema em Meira Monteiro (2009, p. 159-182). A propósito, veja-se, neste livro, o pós-escrito *"El hombre cordial*: um conceito latino-americano", originalmente publicado na edição argentina de *Raízes do Brasil*, de 2016.

É interessante que sua revolta recaísse justamente sobre aqueles que, segundo sua impressão, acreditavam possuir em seus cérebros, desde já, a "expressão nacional", "tal e qual deve ser". Tal "expressão", contudo, deveria nascer menos de "nossa vontade" e "mais provavelmente de nossa indiferença" (Holanda, 1996, v. I, p. 224-228). Estariam se anunciando, já aqui, as linhas mestras de *Raízes do Brasil*? Difícil responder. Mas o trecho que se segue a tais considerações é tão rico, e tão incrivelmente prenunciador de suas preocupações com a "expressão nacional", que vale a citação mais longa.

Referindo-se àqueles que acreditavam possuir a chave da tal "expressão nacional" em suas mentes, Sérgio Buarque (1996, v. I, p. 224-228) afirma que

> o que idealizam, em suma, é a criação de uma elite de homens inteligentes e sábios, embora sem grande contato com a terra e com o povo [...] gente bem-intencionada e que esteja de qualquer modo à altura de nos impor uma hierarquia, uma ordem, uma experiência que estrangulem de vez esse nosso maldito estouvamento de povo moço e sem juízo. Carecemos de uma arte, de uma literatura, de um pensamento enfim, que traduzam um anseio qualquer de construção, dizem. E insistem sobretudo nessa panaceia abominável da construção. Porque para eles, por enquanto, nós nos agitamos no caos e nos comprazemos na desordem. Desordem de quê? É indispensável essa pergunta, porquanto a ordem perturbada entre nós não é, decerto, não pode ser, a nossa ordem: há de ser uma coisa fictícia e estranha a nós, uma lei morta, que importamos senão do outro mundo, pelo menos do Velho Mundo. É preciso mandar buscar esses espartilhos para que a gente aprenda a se fazer apresentável e bonito à vista dos outros. O erro deles está nisso de quererem escamotear a nossa liberdade, que é, por enquanto pelo menos, o que temos de mais considerável, em proveito de uma detestável abstração inteiramente inoportuna e vazia de sentido.

Se estas considerações não são exatamente as mesmas que apareceriam em *Raízes do Brasil*, há aqui muitas coincidências. Em primeiro lugar, a crítica àquela tentativa aberrante de buscar aos outros povos fórmulas que abafassem o "nosso natural inquieto e desordenado":

> Hoje, a simples obediência como princípio de disciplina parece uma fórmula caduca e impraticável e daí, sobretudo, a instabilidade constante de nossa vida social. Desaparecida a possibilidade desse freio [referia-se anteriormente à disciplina que os jesuítas procuraram implantar na América do Sul], é em vão que temos procurado importar dos sistemas de outros povos modernos, ou

criar por conta própria, um sucedâneo adequado, capaz de superar os efeitos de nosso natural inquieto e desordenado. (*Raízes*, p. 14)

Em segundo lugar, o historiador ressalta e critica a fabricação mental de uma tradição de ordem a que nos ligaríamos, quando, na verdade, nunca possuímos tal tradição. Se nunca a tivemos, restaria buscá-la, então, a um "outro mundo", ou ao "Velho Mundo:

> A falta de coesão em nossa vida social não representa [...] um fenômeno moderno. E é por isso que erram profundamente aqueles que imaginam na volta à tradição, a certa tradição, a única defesa possível contra nossa desordem. Os mandamentos e as ordenações que elaboraram esses eruditos são, em verdade, criações engenhosas do espírito, destacadas do mundo e contrárias a ele. Nossa anarquia, nossa incapacidade de organização sólida, não representam, a seu ver, mais do que uma ausência da única ordem que lhes parece necessária e eficaz. Se a considerarmos bem, a hierarquia que exaltam é que precisa de tal anarquia para se justificar e ganhar prestígio. (*Raízes*, p. 6)

Seriam meras coincidências? Parece-me que não. Mas é curioso que muitas das críticas presentes em *Raízes do* Brasil apareçam, no texto de 1926, apontadas *contra o próprio modernismo*. Contra o intelectualismo, mas especialmente contra a tentativa de abafar, com as soluções da ordem e da disciplina, o "natural inquieto e desordenado", o "estouvamento de povo moço e sem juízo", ou, voltando ainda mais no tempo, "o caráter nacional de que tanto carecemos".

No entanto, entre 1920 e 1936 algo mudou. O espírito de Ariel não era mais suficiente. A face de Caliban reaparecia, entremostrando-se numa forma de agir menos ordenada e iluminada do que aquela que se podia almejar. Seguindo esse raciocínio, os cidadãos brasileiros eram também desordenados, estouvados, resistentes àquilo que os defensores obstinados da ordem queriam que absorvessem.

Ordem e desordem

"Desordem de quê?" Em relação a quê? Aos novos tempos, decerto. Ao novo mundo da cidade, que minava as fundações de uma ordem familiar, cujo vinco patriarcal dificilmente se perderia. No entanto, transferida para a cidade, a ordem familiar se convertia numa "desordem".

Frente às normas urbanas, que reclamam uma resignação propriamente *civil* do cidadão, não deveria prevalecer o arbítrio do mando pessoal. O núcleo da sociabilidade não seria mais o *coração*, mas a ordenação abstrata, vinda das mentes racionalizadoras que a cidade parecia reclamar. Se a *pólis* é, de fato, um círculo além da família, e o próprio Estado é a negação e sua transcendência, com a vitória de Creonte sobre Antígona, seria razoável imaginar que, ao adentrar a arena urbana, o homem cordial perdesse os vínculos que mantinha com o meio doméstico e rural, transformando-se, enfim, num cidadão.

A referência a Antígona aparece justamente no capítulo quinto, sobre o "homem cordial", quando o historiador recorre a Sófocles para salientar o aparecimento do Estado como "transgressão da ordem familiar":

> Creonte encarna a noção abstrata, impessoal da Cidade em luta contra essa realidade concreta e tangível que é a família. Antígona, sepultando Polinice contra as ordenações do Estado, atrai sobre si a cólera do irmão [sic], que não age em nome de sua vontade pessoal, mas da suposta vontade geral dos cidadãos, da pátria. (*Raízes*, p. 129)

No enredo trágico, Creonte vetara a qualquer cidadão a possibilidade de render homenagens fúnebres ao suposto traidor. Mas Antígona, irmã de Polinice e sobrinha de Creonte, transgrediu a ordem imposta pelo rei de Tebas e cobriu de terra o corpo do irmão. Por isso, foi sepultada viva (cf. Sófocles, s.d.; Brandão, 1993, p. 82-83).

Se há qualquer coisa de coercitivo e mesmo tirânico na proibição do sepultamento de Polinice, tratava-se da mesma coerção e tirania da ordem civil, que obriga os indivíduos a portarem-se de acordo com o concerto coletivo dos cidadãos. A vida na *pólis* exige a renúncia do particular em nome do coletivo, do concreto em nome do abstrato. Exige, enfim, que o espaço privado se contraia e que dessa contração floresça o espaço público.

A questão ética que então se desenha em *Raízes do Brasil* ecoa, com clareza, as reflexões de Hegel sobre o ético como o universal em si, sempre em conflito com a imediatez e singularidade da família enquanto ordem natural. Na relação entre o irmão e a irmã, como se lê na *Fenomenologia do Espírito*, dá-se o

> limite em que a família, circunscrita a si mesma, se dissolve e vai para fora de si. O irmão é o lado segundo o qual o espírito da família se torna a individualidade

que se volta para Outro e passa à consciência da universalidade. O irmão abandona essa eticidade da família – *imediata elementar* e por isso propriamente *negativa* – a fim de conquistar e produzir a eticidade efetiva, consciente de si mesma. (Hegel, 1992, p. 18)

Explicita-se aqui a condição daquele que se torna cidadão, desconectando-se progressivamente da família. Não terá sido casual que Sérgio Buarque confundisse o parentesco de Creonte e Antígona, considerando-os, ao invés de tio e sobrinha, irmãos. Trata-se de um lapso que se pode compreender à luz do texto hegeliano. O problema ético se desdobra, afinal, quando a culpa interior do transgressor, carregando em si o Direito que nos espreita, revela o conhecimento da lei: "a consciência ética é mais completa, sua culpa mais pura, quando *conhece antecipadamente* a lei e a potência que se lhe opõem, quando as toma por violência e injustiça, por uma contingência ética; e como Antígona, comete o delito sabendo que o faz" (Hegel, 1992, p. 26).

Mas a entrada triunfal no mundo das cidades, nos "novos tempos", não seria tão simples nem tão plácida. Não é possível se despojar sem mais da tralha cordial, porque não era possível simplesmente extirpar um coração que pulsava estouvadamente, e pulsaria ainda, mesmo diante da assombrosa face despersonalizante da cidade.[11]

Nicolau Sevcenko fixou o cenário urbano desorientador que dominara a década de 1920, em São Paulo, ao escrever sobre os conflitos de classe que se transmitiam à própria geografia urbana excludente, ao discurso entre eufórico e assombrado dos cronistas da cidade, ao indivíduo – em grande medida já o imigrante – que perdia os laços primários e era jogado na aventura da exploração, da violência e do divertimento urbanos:

> A multiplicação ciclópica das escalas do ambiente urbano tinha como contrapartida o encolhimento da figura humana e a projeção da coletividade como um personagem em si mesmo. O que era um choque tanto para os orgulhos individuais mal-feridos, quanto para liames comunitários esgarçados por escalas de padronização que não respeitavam quaisquer níveis de vínculos

---

....
11. O coração que pulsava estouvadamente se estampa na epígrafe do quinto capítulo, na primeira edição de *Raízes do Brasil*. Ali, figura a seguinte passagem, atribuída a Milton: "*How small of all that human hart endure/ That part that kings or laws can cause or cure*" ("Quão pequena de tudo o que o coração humano suporta/ Aquela parte que reis ou leis podem provocar ou curar...") (Holanda, 1936, p. 91, tradução livre). Mais tarde, eu descobriria que a passagem é na verdade de Samuel Johnson (cf. Meira Monteiro, 2015, p. 45).

consanguíneos, grupais, compatrícios ou culturais, impondo uma produção avassaladora de mercadorias, mensagens, normas, símbolos e rotinas, cujo limiar de alcance poderia abranger não menos do que a extensão da superfície do globo terrestre. Diante da magnitude desse panorama, as próprias opções para os artistas oscilavam entre limites extremos do desvario, da afluência, da náusea, da desmistificação. (Sevcenko, 1992, p. 19)

O processo de urbanização trazia consigo a experiência, pavorosa para o homem cordial, da perda de sua identidade mais concreta. De um indivíduo que se reconhecia – mesmo que por meio de relações muitas vezes conflituosas – no ambiente familiar ou comunitário, devia tornar-se um indivíduo a mais na cidade, ou mesmo na fazenda, não mais como possível protegido, mas como empregado.

Há quem tenha visto, no impasse fundamental que aqui se aponta, o eco daquela oposição básica da sociologia alemã, entre a "comunidade" e a "sociedade". Nesse sentido, Alfredo Bosi ajuda a esclarecer o dilema entre uma ordem pessoalizada e a ordem pública, em *Raízes do Brasil*, ao afirmar que a

> contradição entre o círculo das relações naturais e o círculo das relações públicas – intervalo que corre entre os polos da "comunidade" e da "sociedade", fixados pela sociologia alemã, é, ou me parece, a matriz da caracterização do "homem cordial", ser de raiz comunitária que buscaria transpor as distâncias sociais mediante comportamentos de intimidade. Antígona e Creonte, a ordem dos afetos domésticos e a ordem impessoal do Estado, avultam como arquétipos de cada uma das tendências. O *homo brasiliensis* estaria desde sempre do lado de Antígona. Percebo aqui, em germe, as visões do brasileiro como inventor sutil de meios e jeitos, sabotador manhoso e sorridente dos óbices burocráticos que ele contorna apelando para os contactos pessoais diretos. Latejam igualmente aqui reiteradas leituras de uma História do Brasil como teatro de arranjos e conciliações que contemplariam a esfera privada ou clânica em detrimento dos interesses públicos. Enfim, toda uma teoria do estilo brasileiro de ser como dissolução dos ritualismos: e não poucos ensaios sobre nossa religiosidade mais sentimental do que ética descendem desse capítulo sobre o homem cordial, que passou à posteridade por outras razões. (Bosi, 1988, p. 152-153)

Passou à posteridade por outras razões, polêmicas, como por exemplo a ideia de que o "homem cordial" é apenas, ou principalmente, uma fixação do *ser* brasileiro. A própria noção de um "*homo brasiliensis*" revela a aceitação da leitura de Dante Moreira Leite, de que o próprio Bosi é devedor.[12]

Ruindo a ordem da família, restava a nova ordem urbana, que parecia emanar da própria cidade, não dos homens e mulheres que a habitavam ou que a tinham forçosamente por referência, como nova fonte de riquezas e de contatos, agora que o mundo rural não mais se fechava sobre si mesmo.

Mas eram esses mesmos indivíduos que produziam a nova ordem. Muitos deles saídos do meio rural, prendiam-se, largamente ainda, ao núcleo cordial da sociabilidade. Da desordem e do estouvamento da mentalidade cordial, refratária às ordenações abstratas, nasceria então a própria ordem urbana, que ia sendo lentamente gestada.

O que era regra e ordem no mundo cordial, isto é, a própria ausência de regras fixas e o poder quase discricionário do senhor, poderia converter-se em transgressão e desordem no mundo urbano. No entanto, curiosamente, o homem cordial seguia a expressar uma conduta típica no Brasil. Ordem e desordem conviviam, a despeito de sua incompatibilidade de princípios.

Estaríamos aqui próximos à dialética da ordem e da desordem, proposta por Antonio Candido (Souza, 1993, p. 19-54) na "dialética da malandragem", quando submeteu o romance de Manuel Antonio de Almeida a uma "redução estrutural"? Segundo essa análise clássica, a oscilação entre os polos do lícito e do ilícito, da ordem e da desordem, teria caracterizado a vida social brasileira por longo tempo, transparecendo e se dramatizando nas *Memórias de um sargento de milícias*.

A flexibilidade, como se viu, teria sido a marca de uma sociedade que se adaptou ao meio e moldou uma sociabilidade relativamente solta, baseada no recesso doméstico, tendo como norma paradoxal a própria ausência de regras rígidas. Era natural, portanto, que a cidade, demandando, por sua própria natureza, níveis mais altos de ordenação, exigisse dos indivíduos que regrassem a vida civil, estabelecendo um tecido de normas que seria, contudo, sistematicamente rompido por eles.

Regras que foram feitas e são transgredidas diuturnamente na cidade... Mas por que foram feitas, então? A resposta de Antonio Candido (Souza, 1993, p. 49) é cristalina:

---

12. Veja-se, no mesmo livro, o ensaio que serviu de prefácio a *O Caráter Nacional Brasileiro*, a partir de suas edições mais recentes. Cf. Bosi, p. 159-66.

Uma sociedade jovem, que procura disciplinar a irregularidade da sua seiva para se equiparar às velhas sociedades que lhe servem de modelo, desenvolve normalmente certos mecanismos ideais de contensão, que aparecem em todos os setores. No campo jurídico, normas rígidas e impecavelmente formuladas, criando a aparência e a ilusão de uma ordem regular que não existe e que por isso mesmo constitui o alvo ideal.

Mais que a artificialidade da regra, a própria força da ausência de regras, do "estouvamento", do "inquieto e desordenado", ou de uma "seiva" irregular, impunha-se. Se a conduta se guiava em torno das regras, ela oscilava, contudo, num campo de transgressão sistemática. Em suma, as regras existiam, para que fossem transgredidas.

Se essa tinha sido a realidade no Rio de Janeiro de D. João VI, não seria menos a realidade da cidade que crescia e rompia a ordem familiar, convertendo-a em desordem. De qualquer modo, o indivíduo que habitava essa cidade, ou que era dela dependente, não se libertaria prontamente de sua carga cordial, que o manteria, por longo tempo ainda, no terreno da transgressão da ordem civil.

Uma *Weltanschauung* original

A transgressão está no núcleo de uma das mais originais interpretações do "homem cordial": a comunicação de Oswald de Andrade (1990, p. 157-159) no Primeiro Congresso Brasileiro de Filosofia, em 1950, intitulada "Um aspecto antropofágico da cultura brasileira: o homem cordial".

Segundo o autor do *Serafim Ponte Grande*, o homem cordial transgride o "Patriarcado". Permanecem os termos, mas mudam os significados: o "Patriarcado" de Oswald não é a conceituação sociológica devida a Weber, mas sim a manifestação crua de um sentimento egoísta que o indivíduo desenvolve na sociedade civilizada, em grande medida devido à presença da propriedade privada, que separa os homens e os torna dependentes de uma cultura messiânica (Andrade, p. 104).

Nos termos sempre provocativos e ribombantes que caracterizam sua prosa, Oswald transitava pelas trilhas da filosofia havia algum tempo. No mesmo ano de 1950, apresentou à Faculdade de Filosofia da Universidade de São Paulo, para um concurso de cátedra, a tese "A crise da filosofia messiânica". Nela, explicitava os termos com que entendia o "Matriarcado" primitivo, sem Estado ou propriedade privada, e o "Patriarcado", como produto das sociedades civilizadas e da própria divisão de classes:

> A ruptura histórica com o mundo matriarcal produziu-se quando o homem deixou de devorar o homem para fazê-lo seu escravo. Friedrich Engels assinala o fecundo progresso dialético que isso constituiu para a humanidade. De fato, da servidão derivaram a divisão do trabalho e a organização da sociedade em classes. Criaram-se a técnica e a hierarquia social. E a história do homem passou a ser, como disse Marx, a história da luta de classes. Uma classe se sobrepôs a todas as outras. Foi a classe sacerdotal. A um mundo sem compromissos com Deus sucedeu um mundo dependente de um Ser Supremo, distribuidor de recompensas e punições. Sem a ideia de uma vida futura, seria difícil ao homem suportar a sua condição de escravo. Daí a importância do messianismo na história do patriarcado. (Andrade, p. 158)

Apoiando-se largamente em alguns "modernos estudos de sociologia, de etnologia e de história primitiva", Oswald de Andrade nota a vinculação entre o sentimento da individualidade na sociedade moderna e a existência da propriedade, que separa o indivíduo econômica e psicologicamente do grupo a que pertence. Mais que a anomia, a existência separada do grupo gera o egoísmo, colocando frente a frente o grupo e o indivíduo, um em oposição ao outro. Já a cordialidade aponta exatamente o contrário, produzindo, ao invés do isolamento, a comunhão antropofágica. Mas vamos por partes.

Oswald de Andrade se utiliza da segunda edição de *Raízes do Brasil*, em que está presente, como já se observou reiteradamente aqui, a distinção fundamental de Margaret Mead entre aquilo que Sérgio Buarque traduziu como "prestância" e "cooperação". A "prestância" (*helpfulness*), ao contrário da cooperação, não pressupõe o objetivo material comum, mas tem como alvo o próprio ser humano. A ajuda mútua que dela deriva não existe em função de um objetivo que transcenda os indivíduos, mas sim em função do próprio indivíduo, ou melhor, do próprio homem concreto. Alargando o sentido de tal conceituação, a prestância teria no *outro* o seu objetivo.

É sobre o "outro" que se detém o intérprete do homem cordial, logo no início de sua comunicação. Segundo ele, pode-se

> chamar de alteridade ao sentimento do outro, isto é, de ver-se o outro em si, de constatar-se em si o desastre, a mortificação ou a alegria do outro. Passa a ser assim esse termo o oposto do que significa no vocabulário existencial

de Charles Baudelaire – isto é, o sentimento de ser outro, diferente, isolado e contrário. A alteridade é no Brasil um dos sinais remanescentes da cultura matriarcal. (Andrade, p. 157)

Encontrando na alteridade a possibilidade de se sentir e ver no outro, abre-se espaço para a identificação, mais que a solidariedade. Tal identificação se estampa, segundo o filósofo-escritor, na choradeira que os indígenas promoviam quando acolhiam um hóspede em sua taba, segundo a observação de Fernão Cardim (Andrade, p. 158).

A lhaneza e a hospitalidade do homem cordial se fundam então nessa verdadeira "identificação", num sentimento de alteridade que não isola o indivíduo, que não separa, mas congrega, trazendo o outro a si e fazendo com que ele se reconheça no outro. O indivíduo se projeta na coletividade, para nela encontrar-se, invertendo os termos atribuídos a Baudelaire.[13]

Tal é o "aspecto antropofágico" que Oswald de Andrade encontrou no homem cordial: o primitivo devora o outro, não o escraviza. Entenda-se como a metáfora antropofágica pode operar no sentido dessa alteridade, que não carece da mediação da exploração, do trabalho ou da moral coletiva do trabalho para se expressar. É a alteridade que se dá na "prestância", não na "cooperação".

Embora não se refira a Margaret Mead, Oswald chama a atenção para a passagem de *Raízes do Brasil* em que o homem cordial é apresentado não como o homem da civilidade, mas como aquele que tem pavor de viver consigo próprio e que, portanto, existe em função dos outros. A cordialidade, afinal, é definida como "um viver nos outros".

A prestância caberia também aqui: trata-se, de certa forma, de um viver nos outros, mais que viver consigo mesmo. Já a cooperação se postaria na

....

13. Em seu estudo sobre a essência do riso, Baudelaire (1968, p. 370-380, cf. "Le Poëme du Haschisch", p. 567-584) detecta, no cômico e na ideia da superioridade daquele que ri, a essência do fenômeno artístico que permitiria ao homem manter-se em sua permanente dualidade, sendo simultaneamente *eu* e *outro*. Em *Les Paradis Artificiels*, compara o espírito "rapsódico" do usuário de haxixe àquele estado de "embriaguez" que toma conta da mente no fazer poético, marcando o deslocamento do indivíduo, ou uma espécie de imersão de si mesmo no "espetáculo exterior", num desprendimento da própria personalidade. Daqui até à célebre fórmula de Rimbaud (1972, p. 249-254) – "Eu é um outro (*Je est un autre*)" –, tem-se o caminho da individuação mais profunda a que se referiria Oswald de Andrade, quando o próprio reconhecimento do eu se torna problemático, não apenas pelo necessário fingimento do poeta, mas especialmente pelo seu isolamento mais profundo, quando então se sentiria, ele próprio, "outro, diferente, isolado e contrário".

esfera da civilidade, exigindo a renúncia de si em função da abstração do coletivo. O indivíduo abstrato, não a pessoa concreta, revela-se aí. A cooperação, em suma, impede que o homem veja a si mesmo no outro e encontre o outro em si. Interrompendo esse ciclo virtuoso estariam as regras abstratas do trabalho e a ordem impessoal da coletividade que trabalha.

Oswald de Andrade (1990, p. 146) projeta um traço "primitivo", portanto, sobre o homem cordial. Na onda modernista e antropofágica, não caberia anular o primitivo, mas sim assimilá-lo à civilização moderna. Como se a décima primeira tese sobre a "crise da filosofia messiânica" ressoasse naquele mesmo ano de 1950, afirmando que "só a restauração tecnizada duma cultura antropofágica resolveria os problemas atuais do homem e da Filosofia".

Estaríamos diante de mais uma fusão mítica, entre o "instinto caraíba" e a "maquinaria"? Talvez. Talvez uma interpretação como esta, sobre o homem cordial, não consiga sair do terreno mítico que permite a fusão harmoniosa dos opostos. Talvez não fosse mais que "um ufanismo crítico", se é possível dizê-lo com Roberto Schwarz (1989, p. 13). Mesmo assim, a interpretação traz à luz a candente questão da sobrevivência da cordialidade numa sociedade que se individualiza e que, ao fazê-lo, se "dessolidariza", para usar, ainda aqui, a expressão de Oswald de Andrade.

Discorrendo sobre a atualidade do homem cordial, o autor da *Crise da filosofia messiânica* sugere que ele traz dentro de si sua própria oposição: "sabe ser cordial como sabe ser feroz". Assim sendo, repõe os termos da solidariedade clânica, que se caracteriza por "boa vontade, amor, auxílio" em relação aos seus membros, mas apenas "aversão, inimizade, roubo e assassínio" em relação ao resto do mundo. É assim que, no contraponto

> agressividade-cordialidade, se define o primitivo em *Weltanschauung*. A cultura matriarcal produz esse duplo aspecto. Compreende a vida como devoração e a simboliza no rito antropofágico, que é comunhão. De outro lado a devoração traz em si a imanência do perigo. E produz a solidariedade social que se define em alteridade. Ao contrário, as civilizações que admitem uma concepção messiânica da vida, fazendo o indivíduo objeto de graça, de eleição, de imortalidade e de sobrevivência, se dessolidarizam, produzindo o egotismo do mundo contemporâneo. Para elas, há a transcendência do perigo e a sua possível dirimição em Deus. A periculosidade do mundo, a convicção da ausência de qualquer socorro supraterreno, produz o "Homem cordial", que é o primitivo, bem como as suas derivações no Brasil. Hoje, pela ondulação geral do pensamento humano, assiste-se a uma volta às concepções do matriarcado. A angústia de Kierkegaard, o

"cuidado" de Heidegger, o sentimento do "naufrágio", tanto em Mallarmé como em Karl Jaspers, o Nada de Sartre não são senão sinais de que volta a Filosofia ao medo ancestral ante a vida que é devoração. Trata-se de uma concepção matriarcal do mundo sem Deus. (Andrade, 1990, p. 159)

Repentinamente, o primitivo se revela moderno. Mas a cordialidade seria então, de fato, uma contribuição à civilização? Daríamos ao mundo o homem cordial, como queria Ribeiro Couto? São questões difíceis de responder. Vale reiterar que o indivíduo que se vê na cidade, nos seus "novos tempos", experimenta, na carne e na imaginação, a dessolidarização e a perda dos laços primários. A cidade exige dele que recoloque ou reconstrua os liames que podem dar sentido novamente à vida. Até que isso ocorra, é natural que termos como "desvario", "afluência", "náusea", "desmistificação", "cuidado", "angústia", "naufrágio" e o "Nada" possam servir de expressão filosófica ou artística para uma experiência que é a da própria modernidade.

O que aliás repõe a atualidade do homem cordial, agora sob o pano de fundo da cidade, não mais apenas como espaço urbano ou como geradora de uma nova sociabilidade, mas como signo da modernidade. Talvez fosse necessário, como intuiu Oswald de Andrade, negar e transcender a civilização que fora criada e nos era dada. Talvez, da periferia do mundo capitalista, viesse a negação mais profunda do egoísmo mundano, sem que fosse necessário recorrer a qualquer "socorro supraterreno" para se chegar a um mundo menos injusto que amalgamasse técnica e primitivismo. Seguindo a linha desse raciocínio, talvez a justiça fosse, paradoxalmente, a da cordialidade. Talvez a "nossa" ordem fosse a desordem do coração. Mas poderia, do "estouvamento", da "inquietude" e da "desordem", nascer uma nova ordem?

Radicalismo

Definido o primitivo em *Weltanschauung*, e sendo o homem cordial uma manifestação remanescente do "primitivo", conclui-se que a própria cordialidade era uma "visão de mundo". Oswald de Andrade tratou de imaginá-la nos trilhos da modernidade, vendo nela uma antecipação filosófica e social de um futuro poeticamente intuído e desejado. A inversão é clara, já que geralmente o dilema desenhado em *Raízes do Brasil* é visto a partir da oposição entre a cidade dos "novos tempos" e as "raízes rurais" do passado.

Há algo a dizer sobre o estilo com que se anunciam os dilemas colocados pelos "novos tempos". O ensaio, como forma discursiva, exige bastante da imaginação do leitor. Sua musicalidade, por assim dizer, reclama atenção e certa soltura de espírito, recusando a forma fixa e conclusiva do tratado. Nos termos de Adorno ("O ensaio como forma", 1986, p. 186), ao não expor um conteúdo já pronto, que poderia ser indiferentemente comunicado, o ensaio termina por estabelecer uma tensão entre "a exposição e o exposto", garantindo um movimento que o pensamento tradicional nem sempre faculta.

No caso de *Raízes do Brasil*, a exposição é fluida, digressiva, aparentemente solta, o que permite pensar nas digressões eruditas, não necessariamente organizadas, das aulas de Sérgio Buarque de Holanda, que um ex-aluno já comparou, com entusiasmo, a uma árvore frondosa e cheia de galhos.[14] É um desses galhos que Oswald de Andrade percorreu, como que a ressuscitar o homem cordial.

Mas o próprio Sérgio Buarque de Holanda não acreditou por muito tempo no "homem cordial". Em 1948, à altura da segunda edição de *Raízes do Brasil*, declarou a Cassiano Ricardo, com uma solenidade cheia de ironia, que o homem cordial falecera. Respondendo às críticas do poeta, frisava que

> a própria *cordialidade* não me parece virtude definitiva e cabal que tenha de prevalecer independentemente das circunstâncias mutáveis de nossa existência. Acredito que, ao menos na segunda edição de meu livro, tenha deixado este ponto bastante claro. Associo-a antes a condições particulares de nossa vida rural e colonial, que vamos rapidamente superando. Com a progressiva urbanização, que não consiste apenas no desenvolvimento das metrópoles, mas ainda e sobretudo na incorporação de áreas cada vez mais extensas à esfera da influência metropolitana, o homem cordial se acha fadado provavelmente a desaparecer, onde ainda não desapareceu de todo. E às vezes receio sinceramente que já se tenha gasto muita cera com esse pobre defunto. (*Raízes*, p. 213)

O cadáver de alguém que fora morto pela força avassaladora da cidade reclamava jazigo. Não caberia mais o velório, inútil diante dos novos tempos.

....
14. "Esta característica do Sérgio divagador [...] talvez seja o que mais encanta os seus leitores e o que embeveceu seus alunos. As digressões eruditas e belas, que dificultavam aos menos preparados acompanhar seu raciocínio, eram verdadeiras aulas dentro da aula. Sendo uma árvore de galhos frondosos ela tinha necessidade de muitas ramificações para o sustento do tronco. Nesse sentido, as digressões e parênteses de Sérgio não se faziam e não se fazem apesar, mas para a concatenação geral mais vigorosa" (Witter, 1987, p. 92-93).

Mas talvez o sucedâneo do homem cordial não fosse, imediatamente ao menos, aquele indivíduo abstrato a que me referi tantas vezes neste trabalho. Se o jovem Sérgio Buarque se recusava a "macaquear" os estrangeiros, como se viu acima, com o passar dos anos essa recusa se converteria na crença de que a solução legal, imposta de cima, não surtiria qualquer efeito benéfico sobre o corpo da sociedade. Algo resistiria sempre – e era bom que fosse assim – às invenções delirantes dos intelectuais.

Se o liberalismo nunca passara de "uma inútil e onerosa superafetação", e a própria democracia fora sempre um "lamentável mal-entendido" no Brasil, não era tampouco

> pela experiência de outras elaborações engenhosas que nos encontraremos um dia com a nossa realidade. Poderemos ensaiar a organização de nossa desordem segundo esquemas sábios e de virtude provada, mas há de restar um mundo de essências mais íntimas que, esse, permanecerá sempre intato, irredutível e desdenhoso das invenções humanas. Querer ignorar esse mundo será renunciar ao nosso próprio ritmo espontâneo, à lei do fluxo e do refluxo, por um compasso mecânico e uma harmonia falsa. Já temos visto que o Estado, criatura espiritual, opõe-se à ordem natural e a transcende. Mas também é verdade que essa oposição deve resolver-se num contraponto para que o quadro social seja coerente consigo. Há uma única economia possível e superior aos nossos cálculos para compor um todo perfeito de partes tão antagônicas. O espírito não é força normativa, salvo onde pode servir à vida social e onde lhe corresponde. As formas superiores da sociedade devem ser como um contorno congênito a ela e dela inseparável: emergem continuamente das suas necessidades específicas e jamais das escolhas caprichosas. Há, porém, um demônio pérfido e pretensioso, que se ocupa em obscurecer aos nossos olhos estas verdades singelas. Inspirados por ele, os homens se veem diversos do que são e criam novas preferências e repugnâncias. É raro que sejam das boas. (*Raízes*, p. 184-185)

Assim se encerra o canto em *Raízes do Brasil*. Assim se resgata, pela via da reflexão ensaística, a obsessão pela originalidade que foi a marca, em grande medida, dos modernistas de São Paulo. Haveria um fluxo próprio, um ritmo específico, uma desordem que nem a cidade, a despeito do necrológio que o autor reservaria ao homem cordial, poderia estancar, de uma hora para outra.

Era impossível vencer sem mais a desorganização. O homem cordial não era apenas uma presença senil, um ser decrépito que se deixava engolir pela cidade. Ele era ainda vivo. E "não tinha coragem pra uma organização", para lembrar a frase de *Macunaíma*. No final de sua saga de anti-herói, Macunaíma se descobre falto de ânimo, indeciso entre ir morar no céu ou na ilha de Marajó, ou, ao contrário, na "cidade de Pedra com o enérgico Delmiro Gouveia":

> Para viver lá, assim como tinha vivido era impossível. Até era por causa disso mesmo que não achava mais graça na Terra... Tudo o que fora a existência dele apesar de tantos casos tanta brincadeira tanta ilusão tanto sofrimento tanto heroísmo, afinal não fora sinão um se deixar viver; e pra parar na cidade do Delmiro ou na ilha de Marajó que são desta Terra carecia de ter um sentido. E ele não tinha coragem pra uma organização. (Andrade, s.d., p. 219)

Em bom estilo modernista, a "nossa desordem" resistia. Mais que simples freio aos novos tempos, ela se mantinha, entremeada à ordem urbana. Seria necessário um espírito que soubesse construir aquelas "formas superiores" de que as sociedades necessitam para viver. A ressalva, contudo, é que tais formas deveriam ser um "contorno congênito" à sociedade. Mais que defender com intransigência a ordenação impessoal, seria preciso encontrar as formas superiores da própria desordem, respeitando as "necessidades específicas" de todos, não apenas dos caprichosos intelectuais, para encontrar talvez o "contraponto" entre a ordem transcendente das formas e o "natural inquieto e desordenado".

A discussão final de *Raízes do Brasil* se dá tendo como pano de fundo a formação do Estado brasileiro. A atenção voltada para a realidade "desordenada" terminava por evocar as opções políticas que se desenhavam no horizonte, situadas entre os extremos representados por um Estado de talhe liberal e o próprio Estado totalitário.

A possibilidade do surgimento de um "Brasil fascista" não é rejeitada pelo historiador por uma simples questão de princípios valorativos. No plano analítico, ele trata de imaginar a que levaria o integralismo, se alcançasse algum sucesso no país. Despido do caráter enérgico que era a característica do fascismo na Europa, Sérgio Buarque supunha que restaria, a esse ridículo "mussolinismo indígena", apenas a aparência insípida de um movimento reformador. Os integralistas se contentariam, quando muito, em recolher-se à sombra da Ordem (*Raízes*, p. 184).

No plano da conformação do Estado, o historiador recusava energicamente a solução autoritária de Octávio de Faria. Na primeira edição de *Raízes do Brasil*, Sérgio Buarque retoma um artigo seu, publicado em 1933 no *Boletim de Ariel*, em que criticara o autor de *Maquiavel e o Brasil*. Nele, notara também que a noção que Faria esposava, de um ser humano que "não presta", era o que justificaria a obsessão com algo que transcendesse a desordem mundana. Não se tratava da defesa de uma ordem divina, porém. A ordem do Estado forte é que deveria se contrapor aos homens, impondo-se como uma solução. O historiador se pergunta, no entanto, em

> nome de que princípio superior ou de que vantagem terrena os homens, em sua miséria, devem aceitar essa solução inimiga? Não é crível que se disponham a renunciar às suas liberdades por um ideal vago e metafórico. (Holanda, 1936, p. 175, nota E)

Num artigo de 1935, por seu turno, o tema do Estado totalitário seria retomado por Sérgio Buarque (Holanda, 1988, p. 298-301), numa série de comentários críticos ao *Der Begriff des Politischen*, de Carl Schmitt, em que a distinção "entre o *amigo* e o *inimigo*" fundamenta a própria política, marcando sua fonte irracional, radicada "nas regiões obscuras, inconscientes do homem". A crítica de Schmitt aos valores liberais, propugnando a máxima sujeição do indivíduo ao Estado, explicava o sucesso de suas ideias na Alemanha de então.[15]

Segundo os argumentos expostos em *Raízes do Brasil*, analisados amplamente acima, a zona de "coincidências" entre a cultura cordial e os princípios neutros do liberalismo não alcançava mais que uma precária superfície. O Estado como mero servidor da sociedade neutra pareceria, àquele teórico do totalitarismo, uma ideia desprovida de sentido, embora, também em *Raízes do Brasil*, a neutralidade democrática não encontra grande eco na formação cultural e política do país. De qualquer maneira, os termos fundantes da política para Schmitt – o *amigo* e o *inimigo* – não se põem no mesmo nível que a amizade e a inimizade para o homem cordial. O "inimigo" de Schmitt (1992, p. 55) se posta no plano público, não privado: é "*hostis*, e não *inimicus* no sentido lato; *polémios*, não *ekhthrós*."[16]

As críticas de Schmitt ao positivismo jurídico permitem que desponte, na cena dramática da política, o tema da *vontade* e, com ela, as zonas "obscuras" da alma passam a um primeiro plano, explicando-se aí a caracterização ontológica da política nos termos daquela distinção básica amigo-inimigo. Nessa

....

15. Sobre a recepção de Carl Schmitt no Brasil, veja-se Chacon (1990).

16. Veja-se ainda a nota, aposta ao texto a partir da 2ª edição, em que Sérgio Buarque de Holanda discute a questão terminológica da cordialidade com Cassiano Ricardo (Cf. *Raízes*, p. 136-37). Para uma crítica lúcida à sempre desconcertante atualidade de Schmitt, veja-se Habermas (1986, Ilustrada, p. A-26-27).

perspectiva eminentemente irracionalista, talvez não estejamos completamente distantes daquela "rude cordialidade" (*Gemütlichkeit*) dos habitantes da Bavária, que, de acordo com o testemunho ocular do jovem jornalista brasileiro na Alemanha de 1930, era a região onde Hitler possuía uma extensa rede de jornais e periódicos, por meio dos quais eram pregadas as ideias salvacionistas de um terceiro Reich. Pelo menos esta foi a percepção do jovem Sérgio Buarque (Holanda, 1988, p. 249-255) quanto à ascensão do nazismo, na condição de correspondente d'*O Jornal* em Berlim.

Raízes do Brasil oscila entre posições extremas, como se da contraposição entre os princípios "neutros" do liberalismo e aquela obscura zona da "vontade" pudesse florescer a crítica a ambas as formas de se conceber o fenômeno político, ou ainda, como se dessa contraposição devessem os próprios leitores retirar elementos que os levassem a uma ação política mais refletida e esclarecida. De qualquer forma, parece-me equivocado atribuir a Sérgio Buarque de Holanda a pecha de "irracionalista", como se ele imaginasse que a *vontade* pudesse ou devesse se sobrepor à "neutralidade" da democracia liberal. Afinal, sua crítica à prevalência do âmbito privado sobre o público procura exatamente revelar que o círculo decisório se estreita dramaticamente no Brasil e somente alguns podem livremente exercer a *sua* vontade.

Mas se o tempo no Brasil era também de proliferação de teses autoritárias, isto não se dava apenas por conta do movimento integralista. O pensamento conservador, com Oliveira Vianna à frente, gozava então de enorme prestígio. Na verdade, nem mesmo as alternativas liberais fugiam à ideia de um domínio esclarecido sobre as massas. Na panaceia da educação, repousava a crença no papel iluminador das elites intelectuais. Era a "miragem da alfabetização do povo", que Sérgio Buarque encontra por exemplo em Mário Pinto Serva, autor de *O Enigma Brasileiro*:

> Quanta inútil retórica se tem esperdiçado para provar que todos os males ficariam resolvidos de um momento para outro se estivessem amplamente difundidas as escolas primárias e o conhecimento do ABC. Certos simplificadores chegam a sustentar que, se fizéssemos nesse ponto como os Estados Unidos, "em vinte anos o Brasil estaria alfabetizado e *assim* ascenderia à posição de segunda ou terceira grande potência do mundo"! (*Raízes*, p. 159-160)

Em *Raízes do Brasil*, a discussão se dá em outro patamar. Ao chamar atenção para a "desordem", não conclamava, é claro, a um mergulho no caos, embora tampouco sugeria a entrega a uma ordem superior, absoluta e inquestionável. O temor daquele mergulho se alimentava justamente da impressão corrente de que a "nossa" realidade – a "dura" realidade – era uma disformidade, verdadeira aberração a ser varrida do mapa. A atenção analítica voltada para a "desordem" sugeria que ela – ou o que quer que se abrigasse sob a palavra – deveria ser a base de toda e qualquer transformação. Em suma, não caberia transformar o "povo", segundo os moldes bem talhados nas mentes ilustradas. As cabeças bem pensantes é que deveriam se adequar à desordem, em que se incluíam todos, elites e massas, trabalhadores manuais ou intelectuais. Esta, a tradição brasileira que se esboça em *Raízes do Brasil*.

Termino assim com o traço "radical" que Antonio Candido viu em Sérgio Buarque de Holanda (Souza, 1990). Respeitar as "necessidades específicas", manter o "quadro social" coerente com o Estado, era dar àquelas "formas superiores" um contorno tal, que não violentassem o que era a realidade popular, fugindo então às especulações autoritárias, desenhando no horizonte a possibilidade de profundas transformações nos quadros sociais. Não à toa, a partir da segunda edição do livro, seria incorporada ao texto a ideia de Herbert Smith, que apontava a necessidade de uma "revolução vertical". Através de uma "boa e honesta revolução", o naturalista norte-americano julgara que os países da América do Sul trariam finalmente "à tona elementos mais vigorosos, destruindo para sempre os velhos e incapazes" (*Raízes*, p. 175-176).

Outro não seria o sentido do aforismo nietzschiano que serve de epígrafe ao último capítulo de *Raízes do Brasil* ("Nossa revolução"), em sua primeira edição: "Um povo perece, se ele confunde o seu dever com o conceito de dever em geral".[17]

Era, no entanto, uma confusão que habitualmente se fazia, nas mentes de muitos intelectuais. Julgando que "esquemas sábios" pudessem resgatar o país de uma situação menos favorecida, fantasiavam impor uma solução artificiosa no campo político. Desde sempre, tal solução teria a população como um único ente passivo, incapaz de se valer politicamente de seus valores, velhos ou novos, e de guiar suas ações de acordo com eles. Incapaz, sobretudo, de romper as malhas de uma dominação secular, alçando-se ao plano da *pólis*, descobrindo-se agente político, com seus próprios valores a serem negociados na arena pública.

É neste sentido, porventura, que o homem cordial sobreviveu e sobreviveria por bastante tempo. Com sua típica desordem, ele continuava resistindo ao demônio que obscurecia as vistas de alguns, mas ao mesmo tempo se

....
17. "*Ein Volk geht zugrunde wenn es seine Pflicht mit dem Pflichtbegriff überhaupt verwechselt*". A tradução é de Marcos Seneda, cf. Holanda (1936, p. 133).

mantinha enredado àquelas malhas, a um só tempo aprisionadoras e acolhedoras. Resistia e resistiria ainda às ordenações abstratas da tecnocracia, perpetuando, porém, uma dominação perversa, de raízes profundas. Porque, de fato, ele levaria algum tempo para se organizar, alcançando formas de participação política mais eficientes. Mas aí, talvez, o homem cordial já estivesse definitivamente extinto.

CONCLUSÃO

Para jogar com os termos de Sérgio Buarque de Holanda, há muito de atual e de inatual em *Raízes do Brasil*.

O ensaio traz até nós, coloridos pelos tons fortes de sua atualidade, um tema candente na década de 1930, como era a discussão sobre o papel do Estado numa sociedade ainda fortemente atrelada a tradições privatistas e familiares. O exercício da política, nos termos de uma convivência regrada segundo as normas da civilidade, parecia impossível, ou demasiado distante, no horizonte do cidadão brasileiro.

Sua inclusão no *mercado*, mesmo e principalmente no mercado de trabalho, não se faria imediatamente, a partir do advento dos "novos tempos" e, muito menos, se daria de forma pacífica. Embora as referências de Sérgio Buarque, na interpretação de uma cultura política oriunda do meio rural e patriarcal, repousassem privilegiadamente no passado colonial e imperial, era também o tema do *trabalho*, como vinha assomando à vista de todos, que lhe importava.

Se 1888 foi considerado, em *Raízes do Brasil*, um marco entre duas épocas, é no seio da época mais recente, já nos trilhos da discussão sobre o trabalho livre, que deveríamos situar o livro de Sérgio Buarque de Holanda, sempre que quisermos compreendê-lo com mais cuidado, inserto na arena do debate contemporâneo.

É claro que a discussão sobre a moral do trabalho vinha mobilizando a imaginação de todos os que estivessem preocupados com as questões sociais, não constituindo, portanto, um tema totalmente novo, exclusivo do cenário republicano. Mas o fato é que, na década de 1930, o universo do trabalho formalmente livre trazia à baila não apenas a discussão sobre os novos padrões de produção industrial, como principalmente, marcando fundo aquela imaginação, fazia pensar na adequação do país às normas "civilizadas".

A mão de obra imigrante não trouxera apenas o idealizado espírito laborioso de que careceria a incipiente indústria nacional, mas trouxera à cidade, de fato, um espírito de organização e luta, repondo a atualidade do tema da moral do trabalho, agora porém sob a marca do conflito, que se dava no plano das lutas sindicais, reclamando dos intelectuais uma reflexão sobre as normas do trabalho e do mercado. Tudo isso, no fundo, recolocava, uma vez mais, a atualidade da discussão sobre a adequação às normas do mundo capitalista, não apenas no âmbito do trabalho manual, como principalmente no plano da conduta empresarial.

Emprestando os termos a Sérgio Buarque, a conduta aventureira, que não fixa o ganho e não o prolonga no tempo, poderia ceder espaço a uma ética do trabalho, com os indivíduos se concertando em torno de uma harmonia mais regrada, seguindo uma cadência mais disciplinada e produtiva. Mas a dissonância e os ruídos não eram meros desvios. Pelo contrário, eram parte fundamental de um concerto coletivo que incluía a todos, intelectuais, trabalhadores manuais e capitalistas, homens e mulheres.

Os novos ritmos da cidade, ecoando até o meio rural de forma quase sempre conflitiva, sugeriam ou mesmo obrigavam, a todo indivíduo, seu enquadramento no mundo da produção capitalista, oferecendo-lhe os novos valores por que poderia, ou teria que guiar suas ações. No plano da conduta individual, o choque de valores e as contingências materiais marcavam o abandono de posturas tradicionais, com a assimilação de novos padrões de convivência e de ação, mediante, muitas vezes, o rompimento de tradições centenárias e o esgarçamento de vários laços de referência afetiva e simbólica. Nos termos que *Raízes do Brasil* ecoa, tratava-se do choque inevitável de um espírito "estouvado" e "moço" com as normas rígidas e disciplinadoras que se abrigavam sob o rótulo do "moderno".

Se na década de 1920 o jovem escritor pôde sonhar com a vitória de Ariel sobre Caliban, em 1936 o choque entre os dois espíritos pareceria menos claro e promissor. O progresso que servia de modelo não era visto por Sérgio Buarque como uma fórmula pronta. A discrepância em relação às normas modelares era constitutiva da própria ordenação social, marcando um desvio que nada tinha de casual.

Valendo-me, com um pouco de liberdade, de observações de Roberto Schwarz, talvez seja plausível situar *Raízes do Brasil* numa tradição de reflexão sociológica que busca a identidade nacional justamente no cruzamento das linhas do moderno e do tradicional. Referindo-se ao projeto nacional-desenvolvimentista, o crítico literário lembra que, afastada

> de suas condições antigas, posta em situações novas e mais ou menos urbanas, a cultura tradicional não desapareceria, mas passava a fazer parte de um processo de outra natureza. A sua presença sistemática no ambiente moderno configurava

um desajuste extravagante, cheio de dimensões enigmáticas, que expressava e simbolizava em certa medida o caráter pouco ortodoxo do esforço desenvolvimentista. [...] Por outro lado é certo que o ritmo e a sociabilidade tradicionais lançavam por sua vez uma crítica sobre as pautas do progresso econômico dito "normal", criando a presunção de que nas condições brasileiras a sociedade moderna seria mais cordial e menos burguesa que noutras partes. Com a distância no tempo e a ampliação da perspectiva, entretanto, esta mesma mescla sofre mais outra viravolta: deixa de funcionar como emblema nacional, para indicar um aspecto comum das industrializações retardatárias, passando a representar um traço característico da cena contemporânea tomada em seu conjunto. (Schwarz, 1994, p. 6-9)

Uma sociedade tradicional e periférica, portanto, que não podia mais ser encarada como um desvio em relação à sociedade avançada. Antes disso, ela se revelava parte integrante de uma sociedade global, que tinha na tradição "retardatária" não uma simples nódoa a incomodar a gente civilizada, mas sim uma face real da acumulação capitalista em plano mundial. Nascia então a consciência de que as mazelas nacionais e as desigualdades internacionais formavam um "único conjunto", a ser visto e criticado como tal (Schwarz, 1994, p. 6-9).

Se procurarmos enxergar *Raízes do Brasil* retrospectivamente, veremos que discussões como a que Schwarz atribui ao nacional-desenvolvimentismo não se colocavam ainda no seu horizonte, ao menos não com tanta clareza. Talvez ainda houvesse um pouco de "extravagância" nas combinações insólitas dos signos do moderno com a tradição brasileira, apontadas por Sérgio Buarque. Extravagante talvez seja a própria combinação de cordialidade e individualismo, que Oswald de Andrade parece sugerir em sua análise do homem cordial.

Mas o fato é que, em *Raízes do Brasil*, a interpretação de uma cultura nacional, fugindo à simples análise da psicologia social, se dava a partir de um cenário em que os valores liberais, por exemplo, se colocavam como uma *opção* individual, que parecia *excluir* os valores cordiais. Se nos mantivermos no plano da reflexão do historiador, dificilmente vislumbraremos, no próprio ensaio, uma saída clara para o impasse. Talvez não fosse essa sua intenção. Talvez o tempo não lhe desse ainda os elementos necessários para uma solução menos exclusiva. De qualquer modo, a antítese seguia apontando a possibilidade da síntese, embora o autor não se estendesse sobre ela.

Ainda na encruzilhada do arcaico e do moderno, despontava o tema da inclusão dos cidadãos no palco da política. Para além dele, no próprio mercado, o indivíduo tinha que se adequar aos ritmos acelerados da produção e às normas impessoais do trabalho. A dinâmica dessa inclusão e dessa adequação forma o núcleo da discussão sobre os "novos tempos" em *Raízes do Brasil*. Era o futuro do país, nos marcos de um almejado progresso nacional, que se colocava como norte das preocupações de muitos intelectuais.

A preocupação com a inclusão dos indivíduos no mundo da cidade, transcendendo a ordem doméstica, traz para o leitor, como contrapartida, a reflexão sobre o caráter excludente do capitalismo, hoje em dia recolocado, mais que nunca, numa escala global. Os liames comunitários e pessoais, afinal, se cruzam com laços mais amplos, não apenas numa cidade específica, mas num universo em que as possibilidades de expressão e de contato cultural crescem assustadoramente, embora sigam repondo a exclusão social, formando uma intrincada rede de identidades em que os indivíduos se reconhecem e se enquadram. A iconoclastia crítica de ontem cede espaço à iconolatria. Recorro, uma vez mais, a Nicolau Sevcenko, para quem tal questão,

> [...] como a do multiculturalismo, não é de definição, mas de multiplicação. Houve um momento, como no exemplo de Canudos, em que a questão posta pelos intelectuais era a de dar visibilidade aos que eram relegados à indiferença e ao esquecimento. Hoje, a questão mais drástica é lutar contra o aprisionamento das criaturas e grupos em imagens estereotipadas, que pretendem resumir em si mesmas e de uma vez por todas o lugar e o destino daqueles nelas enquadrados. Nesse sentido, não há imagens do Brasil ou imagens da Europa [...], como se fossem projeções autênticas de espelhos gigantescos. O que há são sistemas de imagens do Brasil e sistemas de imagens da Europa, que podem ser articulados e multiplicados para compor a retórica de um presente congelado da imagem, que nega o presente fluido, carregado das tensões da história. Assim, a questão da identidade como se formula agora, diferentemente do momento do professor Sérgio Buarque, alimenta a iconolatria, em vez de avançar a crítica. Se éramos uns "desterrados na nossa terra", somos agora uns retratados no lugar e no papel que nos cabe nesse latifúndio. (Sevcenko, 1996, p. 5)

Paralelamente ao trânsito incessante das mercadorias, uma rede mundial é tecida sobre a virtualidade da imagem e do símbolo, marcando o terreno das trocas culturais e o jogo das identidades. Num mundo em que o próprio significante se esvai, tornando-se quase descartável, resta o império da mensagem e da imagem. O lastro concreto das comunicações deixa de existir, e o indivíduo se vê enlaçado naquela rede, à mercê de um traçado que nem sempre respeita ou valoriza os laços mais próximos, que o ligam a um local, a um grupo ou a uma família. Bem vistas as coisas, a cordialidade, se já não acabou de todo, parece realmente fadada ao fim. Mas é daqui que pode surgir, paradoxalmente, a atualidade do tema. Pois exatamente a ausência de referenciais concretos para a experiência da comunicação e da formação das identidades culturais sugere, afinal, a reposição do tema do afeto, da emoção e da concretude dos laços familiares e comunitários.

Se *Raízes do Brasil* somente se deixa compreender referido a seu tempo e aos problemas que então se punham no horizonte dos cidadãos, não deixa de haver grande dose de atualidade nas observações e na construção do texto. Se os temas e as questões se redesenharam, nem por isso o ensaio se tornou inatual. O que se conservou, tanto quanto as discussões sobre a cultura política brasileira, foi a riqueza de um discurso plástico que, postado no terreno sincrético da literatura e da ciência, não parece ter pecado pela imprecisão ou pela falta de rigor.

A construção de categorias analíticas como "aventura" e "cordialidade" serviu para expressar e dar a compreender uma conduta típica dos indivíduos. Mas *Raízes do Brasil*, como se viu aqui, não pretende escamotear o aspecto móvel da história. O ensaio *fixa* apenas para melhor explicar, não para estancar o fluxo das mudanças, idealizando ou procurando manter um passado edulcorado. Nesse particular, o livro pode se revelar bastante atual, especialmente num mundo em que o descompasso entre a reflexão e a transformação histórica é patente, e em que o pensamento reclama, cada vez mais, uma plasticidade que o torne capaz de assimilar a velocidade das mudanças, evitando cristalizar-se em crenças demasiado sólidas e dogmáticas. Refletindo sobre a experiência do pensamento crítico no horizonte atual, é ainda Nicolau Sevcenko quem nos alerta que, nesse

> descompasso entre a reflexão e a velocidade da transformação histórica, o pensamento corre o risco de elaborar sobre o obsoleto. Todos corremos o risco de nos cegarmos pela solidez das nossas convicções e de ficarmos presos no arcabouço complexo de nossos conhecimentos. A tentação maior é a de aderir e pegar carona, antes de se esfalfar inutilmente, correndo atrás do bonde. Mas então, seria possível acelerar a imaginação? Não creio. Parece, porém, que ela vai sendo forçada a se tornar mais plástica. (Sevcenko, 1996, p. 5)

Nada mais conforme ao espírito que Sérgio Buarque de Holanda representou, com sua atenção à transformação e à mudança, numa prosa cuja eventual beleza jamais foi o fim, mas apenas o meio que encontrou para expressar os problemas de seu tempo e sugerir respostas, sempre provisórias, às questões que traziam.

PÓS-ESCRITOS

Uma flor desajeitada no jardim modernista:

Machado de Assis e o bovarismo a partir de *Raízes do Brasil*[1]

I. Introdução

Em sua crítica ao bovarismo, Sérgio Buarque de Holanda, em *Raízes do Brasil*, de 1936, sugere que o "amor às letras" teria criado, na experiência intelectual brasileira, um "horror à nossa realidade cotidiana". É nesse exato momento que Machado de Assis surge, em sua análise, figurado como uma flor que teria brotado na "estufa" da literatura de inspiração romântica.

Três anos depois, no centenário do autor de *Memórias póstumas de Brás Cubas*, em 1939, Mário de Andrade expunha seu desconforto com a figura austera do grande escritor. Embora convencido da genialidade de Machado, Mário se confessava incapaz de amá-lo.

Embebida em forte imaginário orgânico, ansiosa diante do futuro do país, a crítica modernista não sabe o que fazer com Machado de Assis, cuja atenção à realidade nacional é um problema irresolvido, o que aliás o torna até hoje ambíguo, tanto no que diz respeito a seu engajamento, quanto à mensagem que sua obra carregaria.

A intenção, aqui, é ajudar a esclarecer a origem do desconforto modernista diante do maior nome da literatura brasileira.

II. A trava

Machado de Assis pode ser uma pedra no meio do caminho dos modernistas. Muito antes de cantar liricamente o "bruxo do Cosme Velho", Carlos Drummond de Andrade, então com 22 anos de idade, diria, com todas as letras, que Machado era "um entrave à obra de renovação da cultura geral". A afirmação aparece no primeiro número d'*A Revista*, publicado em Belo Horizonte, em 1925 (Guimarães, 2012, p. 34-35).

Para aqueles que se sentiam tocados pelo vento das vanguardas europeias e sua promessa de renovação radical da linguagem, a prosa comportada e castiça

....
1. Publicado originalmente em Guimarães e Senna (2018, p. 256-79).

de Machado era, na melhor das hipóteses, um enigma. O maior escritor da língua portuguesa no Brasil, fundador e patrono da Academia Brasileira de Letras, era um empecilho, mais que um ponto de apoio.

Mário de Andrade (1993, p. 57), em texto escrito no centenário do escritor carioca, quando a fortuna crítica de Machado ia se tornando mais complexa, tampouco se rende ao enigma. No pêndulo de contradições que move sua imaginação, Mário sentia, sob a lisa prosa machadiana, uma impetuosa sensualidade, embora ao mesmo tempo visse, na biografia do grande literato, todos os traços da convenção: "perfeitamente expressivo da sociedade burguesa do Segundo Reinado e imagem reflexa do nosso acomodado Imperador", nele a inquietação moral e sexual, tão central para a visão de mundo romântica, era desautorizada pela "vida honestíssima que viveu".

A maneira como Mário de Andrade (1993, p. 57-58) se aproxima de Machado de Assis é um exemplo perfeito de titubeio crítico. A cada elogio, aparece um senão:

> Machado de Assis ancorou fundo as suas obras no Rio de Janeiro histórico que viveu, mas não se preocupou de nos dar o sentido da cidade. Na estreiteza miniaturista das suas referências, na sua meticulosidade topográfica, na sua historicidade paciente se percebe que não havia aquele sublime gosto da vida de relação, nem aquela disponibilidade imaginativa que, desleixando os dados da miniatura, penetra mais fundo nas causas intestinas, nas verdades peculiares, no eu irreconciliável de uma civilização, de uma cidade, de uma classe. Por certo há muito mais Rio nos folhetins de França Júnior ou de João do Rio, há muito mais o "quid" dos bairros, das classes, dos grupos, na obra de Lima Barreto ou no *Cortiço*. Sem datas, sem ruas e sem nomes históricos.

Machado teria imergido na "meticulosidade freirática dos memorialistas", perfeito no seu "*métier*", mas incapaz de captar a pulsação da cidade. Como poeta, teria "levado a poesia às portas do Parnasianismo e a deixa aí", para que os outros "a degenerem". No entanto, Mário ressalta a perfeição técnica e a profundidade psicológica de "Última jornada", poema excepcional em que se sente, num livro de resto "medíocre" como as *Americanas*, o balanço entre fórmulas românticas e clássicas, em meio à mais fina trama dantesca (Andrade, 1993, p. 59-63).

A "figura genial do Mestre" é mantida a uma distância quase protocolar. Diz Mário: "ele foi um homem que me desagrada e que não desejaria para meu convívio". "Anti-mulato", "anti-proletário", Machado é exemplo de "arianização" e de "civilização". Amante meticuloso da literatura europeia, inadvertidamente "mulatizou" quando escolheu a Inglaterra como uma de suas pátrias espirituais, capaz de lhe dar a "*pruderie*" e o respeito beático à tradição, assim como o exercício aristocrático da hipocrisia e o "*humour* de camarote". Mas como nada em Mário de Andrade é preto *ou* branco, o nosso freirático escritor teria se safado, ao livrar-se da deslavada impostura que seria defender uma civilização sem máculas:

> Branco, branco, ariano de uma alvura impenitente, Machado de Assis correu um perigo vasto. Mas com o seu gênio alcançou a mais assombrosa vitória; e, em vez de soçobrar no ridículo, na macaqueação, no tradicionalismo falso, conseguiu que essa brancura não se tornasse alvar. Antes, rico de tons e fulgurações extraordinárias, o "arianismo" dele opõe o desmentido mais viril a quanto se disse e ainda se diz e pensa da podridão das mestiçagens. (Andrade, 1993, p. 66)

Estranho torneio interpretativo, já que Mário atribui ao "ariano" ideal, isto é, ao Machado que se protege na redoma simbólica que ele mesmo construíra para si, um inconsciente gesto "mulato", estampado no negaceio com sua própria condição, e que teria tingido a irreal brancura alvar com "tons e fulgurações extraordinárias". Mas Machado de Assis não era o "Homo brasileiro" buscado por Mário de Andrade (1993, p. 66), que, entretanto, o encontra em Gonçalves Dias, no Aleijadinho, em Almeida Júnior e, sobretudo, nas generosas características que, naquela década de 1930, iam compondo a face do país, ou de um certo país: "a generosidade, o ímpeto de alma, a imprevidência, o jogo no azar, o derramamento, o gosto ingênuo de viver, a cordialidade exuberante".

Convém lembrar que, passados os primeiros ventos do modernismo no Brasil, já bem entrada a década de 1930, a questão da "brasilidade" machadiana se tornava fundamental. Naquele momento, em pleno Estado Novo, iniciava-se a longa e tortuosa busca de um Machado de Assis brasileiro, que em vários planos e sentidos nos ocupa até hoje.[2]

Permito-me citar mais uma longa passagem, na qual se condensa o problema de Machado de Assis em Mário de Andrade (1993, p. 67):

> Como arte, Machado de Assis realizou o Acadêmico ideal, no mais nobre sentido que se possa dar a "academismo". Ele vem dos velhos mestres da língua, pouco

---
2. Ver, a propósito, Guimarães (2017).

inventivos, mas na sombra garantida das celas tecendo o seu crochet de boas ideiazinhas dentro de maravilhosos estilos. Assim os Bernardes e os Frei Luís de Sousa criaram um protótipo da escritura portuguesa tanto intelectual como formal. Isso é que Machado de Assis desenvolveu. No tempo em que os Camilos, os Eças, os Antônio Nobre estavam derrubando muros para alargar o campo da inteligência literária de Portugal, Machado de Assis estava afincando os mourões de um cercado na vastidão imensa do Brasil. Está claro que viveu as necessidades do seu tempo, é um oitocentista. Mas, profundamente, o que ele melhor representa é a continuação dos velhos clássicos, continuação tingida fortemente de Brasil, mas sem a fecundidade com que Álvares de Azevedo, Castro Alves, Euclides e certos portugueses estavam... estragando a língua, enriquecendo-a no vocabulário, nos modernismos expressionais, lhe ditando a sintaxe, os coloridos, as modulações, as cadências, asselvajando-a de novo para lhe abrir as possibilidades de um novo e mais prolongado civilizar-se.

Não há dúvida de que as raízes do Brasil andavam na cabeça de todos. O problema, passada a febre juvenil e iconoclástica dos primeiros tempos modernistas, era como construir – a partir de que materiais e de que terreno – uma civilização. Mário de Andrade (1993, p. 68), em 1939, tinha poucas dúvidas de que Machado de Assis olhava somente para trás. Sua obra era moderna, mas de uma modernidade que fora varrida impiedosamente pela Grande Guerra. Seus dois grandes "memoriais" (referência, suponho, ao *Memorial de Aires* e às *Memórias póstumas de Brás Cubas*) eram uma "*Nova floresta*", numa alusão à obra do padre Manuel Bernardes. "Estético", "hedonista", "técnico", "acadêmico"... A cadeia de adjetivos funciona como um dardo envenenado: "Machado de Assis não profetizou nada, não combateu nada, não ultrapassou nenhum limite infecundo". Embora a sua obra fosse a mais alta da literatura brasileira, em sua perfeição ela "se isola na infecunda tristeza da imobilidade".

Impressiona a insistência na *infecundidade*. É impossível esquecer o mulato que ronda, como um fantasma indesejado, a figura do criador. Num já clássico ensaio, José Miguel Wisnik (2004, p. 27) nota como Pestana, protagonista de "Um homem célebre", conto publicado em *Várias Histórias*, de 1896, vive na gangorra do ideal clássico da sonata e a potência saltitante da polca, que por sua vez era a expressão do *maxixe* que tomava as ruas do Rio de Janeiro com uma força ainda não plenamente nomeada ou aceita. Pestana seria o signo de uma verdade inconfessada, elaborada por Machado de Assis no plano de sua ficção: a "compulsão enigmática que se impõe desde dentro como uma verdade difícil de aceitar", apontando, em todos os níveis, para a miscigenação, questão que Machado tratará obliquamente.

Na tensão entre o ideal clássico inacessível e a realidade refugada e potente da herança de uma rítmica sincopada, as cenas imaginadas pelo escritor, em "Um homem célebre", corroboram aquela "compulsão enigmática" imaginada pelo crítico. Cada vez que Pestana se senta ao piano com a alma inteiramente voltada aos clássicos, sai-lhe pelos dedos mais uma buliçosa polca. Quando ele já não aguenta mais a irrealização do ideal, manda as polcas ao inferno, mas eis que "elas não quiseram ir tão fundo". Isto é, mundanas e serelepes, elas regressam pelo ladrão do inconsciente, como um jorro de realização, ou um gozo inadmissível. *Inadmissível* pelo menos até que o modernismo de cunho nacionalista, que vigoraria no Brasil a partir das décadas de 1920 e 1930, criasse e idealizasse um novo patamar para a produção autóctone, feita de uma mistura agora não mais calada ou refugada, mas admitida com júbilo.

Mário de Andrade não teve tempo ou vontade de ver, em Machado de Assis, a elaboração dessa verdade refugada e complexa. Seria preciso esperar várias décadas até que um Machado "nacional" já fosse moeda corrente na crítica, e que a questão afro-brasileira começasse a ganhar relevo nos estudos machadianos, para que então uma análise do entrecho musical mobilizado por sua ficção se tornasse finalmente possível.[3]

Não à toa, o agente dessa análise é ao mesmo tempo crítico e músico, estudioso tanto de Machado de Assis quanto de Mário de Andrade.[4] É como se Wisnik tivesse, conscientemente ou não, continuado o projeto inacabado de Mário para a compreensão de Machado. Afinal, a discrição de nosso acadêmico e bem-comportado autor não impede que algo vaze em sua obra, cujo valor estaria, justamente, na mistura que ela sofisticadamente secreta:

> É extraordinária a vida independente das obras-primas que, feitas por estas ou aquelas pequenezas humanas, se tornam grandes, simbólicas, exemplares. E se o mestre não pôde ser protótipo do homem brasileiro, a obra dele nos dá a

....

3. Para além do ensaio de José Miguel Wisnik, a discussão racial atinge uma parte significativa da fortuna crítica machadiana. As abordagens vão da defesa de um Machado "pós-racial" ao "afrodescendente", passando pelo funcionário público engajado diante da discussão da Lei do Ventre Livre (cf. Chalhoub, 2003, p. 131-291; Daniel, 2012; Duarte, 2007, p. 249-292).

4. Enquanto estudava o tecido musical mobilizado em "Um homem célebre", José Miguel Wisnik compunha a trilha sonora do espetáculo *Nazareth*. Além de uma consulta ao website do Grupo Corpo, onde se encontram vídeos e entrevistas sobre o espetáculo, recomendo a leitura da "Entrevista" em *Sem receita* (Wisnik, 2004, p. 432-533, especialmente p. 438-447), onde se discute a solução musical dada ao impasse apresentado pela literatura.

> confiança do nosso mestiçamento, e vaia os absolutistas raciais com o mesmo rijo apito com que Humanitas vaiou o sedentarismo das filosofias de contemplação. E se o humorismo, a ironia, o ceticismo, o sarcasmo do Mestre não o fazem integrado na vida, fecundador de vida, generoso de forças e esperanças futuras, sempre é certo que ele é um dissolvente apontador da vida tal como está. (Andrade, 1993, p. 69)

O crítico modernista não sabe o que fazer com Machado de Assis. Mais que uma pedra, o autor das *Memórias póstumas de Brás Cubas* é uma estátua no meio do caminho de Mário de Andrade. Apesar do "complexo de inferioridade orgulhosíssimo" que pode porventura uni-los (Moraes, 2007, p. 43), algo mais fundo os separava, talvez porque o universo machadiano tenha mais a ver com as ruínas que assombram a criatura humana do que com as grandes edificações que obsedam os construtores do futuro. E não há dúvida de que Mário de Andrade tentava construir o futuro:

> E é por tudo isto que a esse vencedor miraculoso não lhe daremos as batatas de que teve medo e antecipadamente zombou. Damos-lhe o nosso culto. E o nosso orgulho também. Mas estou escrevendo este final com uma rapidez nervosa... Meus olhos estão se turvando, não sei... Talvez eu já não esteja mais no terreno da contemplação. Talvez esteja adivinhando. (Andrade, 1993, p. 69)

O que adivinha a vista aguda de Mário de Andrade, embaçada porém quando se trata de Machado de Assis?

III. A flor na estufa

Em 1936, apenas três anos antes que Mário de Andrade escrevesse sobre Machado de Assis, Sérgio Buarque de Holanda publicara *Raízes do Brasil* como primeiro volume da prestigiosa coleção Documentos Brasileiros, da editora José Olympio. As inquirições sobre o futuro do país tinham ocupado a imaginação dos intelectuais na década de 1930, e o livro de Sérgio Buarque interrogava o desejo de construção que os guiava. *Raízes do Brasil* é, em grande medida, uma lancinante pergunta sobre o que se podia construir com um cimento mole e inacabado, que parecia inadequado à tarefa de afirmação nacional.

A discussão sobre o "homem cordial", que se tornaria célebre a partir de então, terminava num impasse:

A vida íntima do brasileiro não é bastante coesa, nem bastante disciplinada para envolver e dominar toda a personalidade, ajustando-a como uma peça consciente ao ambiente social. Ele é livre, pois, para se abandonar a todo o repertório de ideias e de gestos que encontra em seu meio, ainda quando obedeçam ao mais rigoroso formalismo. (Holanda, 1936, p. 110)[5]

No remate da discussão da cordialidade, amanhava-se o terreno para a crítica do "bovarismo", que não é somente a capacidade de trocar de ideias como se troca de roupa, mas é sobretudo a destreza em se fingir perfeito e fazer de conta que não há, sob a perfeição de fachada, uma vida inconfessável e real, que foge às aparências e aos contornos nítidos do ideal.

Na tradição luso-brasileira, armara-se, segundo Sérgio Buarque de Holanda, um embuste de longas raízes. Comentando a *Arte de Furtar*, do século XVII, o autor nota que, segundo afiança o livro, na Universidade de Coimbra se formavam todos os anos, a fim de obterem empregos públicos, mais de cem estudantes que jamais haviam posto os pés em Coimbra. Pouco mais ou menos como o nosso Brás Cubas, um par de séculos depois: "um acadêmico estroina, superficial, tumultuário e petulante, dado às aventuras, fazendo romantismo prático e liberalismo teórico, vivendo na pura fé dos olhos pretos e das constituições escritas" (Machado de Assis, s.p.).

Se alguma dúvida houver sobre o paralelo entre Brás Cubas e o bacharel de *Raízes do Brasil*, leiam-se estas linhas:

no vício do bacharelismo ostenta-se também a nossa tendência para exaltar acima de tudo a personalidade como um valor próprio e superior a todas as contingências. A dignidade e a importância que confere o título de doutor permitem ao indivíduo atravessar a existência com discreta compostura e, em alguns casos, libertam-no da necessidade de uma caça incessante aos bens materiais, que subjuga e humilha a personalidade. (Holanda, 1936, p. 117)

O retrato do Brasil que então se desenhava não era nada edificante, assim como pouco lisonjeira é a situação de uma sociedade governada pelo desejo ilimitado de um sujeito que se abstém do trabalho, a quem é dado satisfazer os impulsos pessoais (romantismo prático) sem que seja necessário adaptar

....
5. Utilizo aqui a primeira edição do ensaio, substancialmente diversa das edições mais recentes. Apenas atualizei a ortografia, nesta e nas demais citações, assim como fiz no restante das notas, neste livro.

as ideias à realidade, antes dobrando-as livremente para que caibam numa moldura perfeita e distante do mundo concreto (liberalismo teórico). Aqui surge, na imaginação de Sérgio Buarque, o pendor para as fórmulas prontas e um discreto horror à realidade:

> Um amor pronunciado pelas formas fixas e pelas leis gerais, que circunscrevem a realidade complexa e difícil dentro do âmbito dos nossos desejos, é dos aspectos mais constantes do caráter brasileiro. Essas construções da inteligência constituem um repouso para a imaginação, comparável à exigência de regularidade a que o compasso musical convida o corpo do dançarino. O prestígio da palavra escrita, da frase lapidar, do pensamento inflexível, o horror ao vago, ao hesitante, ao fluido, que obrigam à colaboração e ao esforço e, assim a certa dependência e mesmo abdicação da personalidade têm determinado assiduamente nossa formação espiritual. Tudo quanto dispense um trabalho mental contínuo e fatigante, as ideias claras, lúcidas, definitivas, que favorecem uma espécie de atonia da inteligência, parecem-nos a verdadeira essência da sabedoria. (Holanda, 1936, p. 118)

Sérgio Buarque volta, ainda aqui, um espelho bem pouco enaltecedor aos seus compatriotas. O alvo eram os valores positivistas que fundaram a República, em tudo refratários à "fluidez e à mobilidade da vida". A democracia, segundo fórmula que se tornaria bastante conhecida, "foi sempre um lamentável mal-entendido" no Brasil. Ao fim de tudo, o "convívio das ideias e especulações" era apenas uma forma de "evasão da realidade".

A artilharia se voltava, em suma, para o artificialismo e a idealização do país, que era imaginado diverso do que é. O romantismo brasileiro copiara Byron, Musset, Espronceda, desenvolvera um "indianismo de convenção" à Chateaubriand e Cooper, abandonara o convencionalismo clássico e, no entanto, o seu "pessimismo, o morrer de amor e até a sentimentalidade lacrimosa que ostenta" são traços que já vinham da metrópole, dos trovadores da Galícia e de Portugal.

A sugestão, em *Raízes do Brasil*, é a de um romantismo que fundamentalmente não mexe em nada, que ensina a passar ileso diante da dura realidade do país. Machado de Assis, porém, é um acidente interessante nesse cenário de constantes negações e intermináveis fugas:

> Apenas não nos devem iludir as aparências, a ponto de nos fazerem ver nos movimentos de depressão e de exaltação que oferece essa literatura romântica,

muito mais do que uma superfetação na vida brasileira. Tornando possível a criação de um mundo fora do mundo, o amor às letras não tardou em instituir um derivativo cômodo para o horror à realidade, à nossa realidade. Não reagiu contra ela, de uma reação sã e fecunda, não tratou de corrigi-la ou dominá-la; esqueceu-a, simplesmente, ou detestou-a, provocando desencantos precoces e ilusões de maturidade. Machado de Assis foi a flor dessa planta de estufa. (Holanda, 1936, p. 125)

Como interpretar essa flor que nasce numa estufa que a protege da realidade? Sérgio Buarque de Holanda jogava, provavelmente, com os termos de José de Alencar, na apresentação de *Sonhos d'Ouro*, de 1872. Em sua prefação a favor do sujeito criador e do "livrinho" que então se publicava, Alencar se posiciona entre o elogio dos novos tempos e a crítica a uma sociedade que tudo fazia de afogadilho:

Os livros de agora nascem como flores de estufa, ou alface de canteiro; guarda-se a inspiração de molho, como se usa com a semente; em precisando, é plantá-la, e sai a cousa, romance ou drama.
Tudo reduz-se a uma pequena operação química, por meio da qual suprime-se o tempo, e obriga-se a criação a pular, como qualquer acrobata. Diziam outrora os sábios: – *natura non facit saltus*; mas a sabedoria moderna tem o mais profundo desprezo por essa natureza lerda, que ainda cria pelo antigo sistema, com o sol e a chuva. (Alencar, 1872)

Curiosamente, e apesar das inúmeras diferenças entre eles, tanto em Sérgio Buarque quanto em Alencar há um elogio latente (no primeiro) ou explícito (no segundo) às soluções orgânicas. Na revisão da literatura brasileira, o romance precisaria de *maturação*, enquanto a interpretação da história nacional levava a inquirir as *raízes* do país.

Referindo-se ao emprego da língua portuguesa, Alencar esperava dos críticos que aplaudissem, em seu livro, "a aclimatação da flor mimosa, embora planta exótica, trazida de remota plaga". O arremate da introdução aos *Sonhos d'Ouro* é conhecido: "O povo que chupa o caju, a manga, o cambucá e a jabuticaba, pode falar uma língua com igual pronúncia e o mesmo espírito do povo que sorve o figo, a pera, o damasco e a nêspera?"

Sérgio Buarque (Holanda, 1936, p. 137) se perguntava, por seu turno, e na mesma senda de Alencar, pelo americanismo inconcluso que estava na base das raízes do Brasil. Enquanto prevaleceram as relações sociais estabelecidas no meio rural, patriarcal e escravista, a influência da metrópole não se desfez de todo, e talvez, segundo o autor, ela viesse a se desfazer apenas com o advento do mundo urbano, que ia aos poucos promovendo a ruína da ordem antiga. Até lá, em sentença cortante, o ensaísta é cristalino: "o americano ainda é interiormente inexistente".

Diante dessa inexistência, isto é, do vazio enigmático que um discurso de fachada mal recobre, e sobretudo diante das ideias que giram em falso, surge a flor machadiana em *Raízes do Brasil*. Deixemos de lado o fato de que a crítica de Sérgio Buarque resvala sobre o romantismo que teve em Alencar, justamente, seu grande prócer. Menos que uma pergunta sobre a maneira como se lê a história literária em *Raízes do Brasil*, procuremos compreender o lugar dessa flor desajeitada na estufa das ideias que os modernistas criticavam.

Mais flagrante que o incômodo modernista diante do casticismo machadiano, ou de seu verniz clássico – o que nos levaria a uma crítica meramente estilística –, é o embaraço diante de um experimento literário como o de Machado de Assis, justamente porque ele não contém, em seu bojo, qualquer plano ou intenção de mudar a face do mundo. Se Mário de Andrade via o futuro do Brasil como uma miragem poética, e Sérgio Buarque se perguntava sobre esse mesmo futuro, Machado de Assis parece menos inclinado a oferecer uma resposta sobre o tempo vindouro. Ora cáustica, ora ligeira, quase sempre profunda e cheia de despistes, a sua é uma literatura que recua diante da construção do futuro.

Textos como o de Mário de Andrade e o de Sérgio Buarque de Holanda, produzidos numa década que tentava vigorosamente livrar-se do passado para abraçar o futuro, empacam diante dessa flor de estufa. No entanto, se o desconforto de Mário com Machado é mais evidente, no Sérgio Buarque de *Raízes do Brasil* o papel dessa "flor" é bastante ambíguo.

O que faz, de fato, tal flor em meio às raízes do Brasil? Rompe a idealização e surge como um dado de realismo que teria faltado à consciência romântica? Ou ela é apenas um botão impotente, que se faria uma bela e fulgurante flor, no entanto esquecida numa estufa velha e caduca?

IV. Tudo se dissolve

Não há resposta conclusiva a tais questões. Ainda assim, e por isso mesmo, vale a pena ir um pouco mais longe na forma como Machado de Assis foi entendido por Sérgio Buarque de Holanda. Mas é então preciso deixar que corram mais quatro anos, até que o autor de *Raízes do Brasil* substituísse Mário de Andrade na coluna crítica do *Diário de Notícias* do Rio de Janeiro. Nela, em dezembro de 1940, Sérgio publica uma ampla resenha do recém-lançado *A filosofia de Machado de Assis*, de Afrânio Coutinho.

Louvando o esforço crítico em torno de Machado de Assis e o contexto de renovado interesse por sua obra, em especial por conta das muitas publicações que se deram em torno do seu centenário, no ano anterior, Sérgio Buarque (Holanda, 1996, v. I, p. 307) não deixaria porém de salientar que Coutinho se ativera apenas e principalmente a um autor, quando pensou na "filosofia" de Machado: Blaise Pascal. A tal ponto, diz ele, que o seu livro poderia chamar-se "Pascal e Machado de Assis", ou "O jansenismo e Machado".[6]

Deixo de lado o teor da crítica severa de Sérgio Buarque a Afrânio Coutinho, para concentrar-me apenas no que o texto permite vislumbrar de uma leitura propriamente buarquiana de Machado de Assis.

Para o autor de *Raízes do Brasil*, que àquela altura já passara pela experiência de ser professor-assistente de Literatura Comparada na efêmera Universidade do Distrito Federal, o grande erro estaria em deixar de perceber que, diferentemente de Pascal, para Machado de Assis "a lei moral nasce de uma demagogia caprichosa e insípida, boa para confortar a vaidade humana". Dessa perspectiva, haveria algo sempre vão nos movimentos e na agitação dos homens. No mundo machadiano, finalmente, "o trágico dissolve-se no absurdo e o ridículo tem gosto amargo" (Holanda, 1996, v. I, p. 308-309).

A ausência do horizonte trágico que dá tom à escrita de Pascal faz com que Machado, na visão de Sérgio Buarque, recue até uma descrença quase absoluta; ou, quando menos, até uma indiferença tão grande, que nos faria mirar o espetáculo humano sem qualquer chance ou desejo de alterá-lo. Aqui, o crítico identifica um ceticismo incontornável e flagrante:

> Machado de Assis pode talvez desprezar os homens como [Anatole] France, mas não os despreza com ternura, antes com certo amargor. Todos os seus escritos estão impregnados desse arrepio acre, desse *Schaudern* em que Goethe viu o melhor do homem. É que em verdade Machado de Assis não parece deliciar-se profundamente em sua própria descrença. E talvez sentisse como uma inferioridade a inaptidão para ver os homens de outra forma, para julgá-los dignos de amor. Assim, sob as aparências de uma zombaria constante, esconde

....
6. Tratei da inspiração pascaliana em Machado de Assis, em Meira Monteiro (2012, p. 55-71).

um sentimento de deficiência. O *humour* é a expressão adequada desse disfarce. (Holanda, 1996, v. II, p. 311)

Sentem-se aqui ecos dos estudos então correntes, que viam em Machado de Assis uma série de deficiências, atribuídas até a condições fisiológicas, ou psíquicas.[7] Sérgio Buarque não vai tão longe, mesmo porque já nesses anos ele começa a desenvolver uma concepção da literatura que desconfiava das explicações biográficas conclusivas, o que apenas se acentuaria com a recepção pioneira, mais à frente, do *New Criticism* (cf. Moraes, 2014).

Dez anos mais tarde, em 1950, ainda na mesma coluna do *Diário de Notícias*, Sérgio Buarque (Holanda, 1996, v. II, p. 158-164) voltaria a tratar da obra de Machado de Assis. Num primeiro momento, para criticar – duramente – o estudo então reeditado de Eugênio Gomes sobre as "influências inglesas" em Machado. Num segundo momento, ele regressaria ao tema numa crítica bastante positiva da *História da literatura brasileira: prosa de ficção (1870-1920)*, recém-publicada por Lúcia Miguel Pereira numa coleção dirigida por Álvaro Lins, que aliás incluiria, segundo seu desenho original, uma obra de Sérgio Buarque de Holanda (1996, v. II, p. 189-194) sobre a literatura colonial no Brasil.[8]

Nessa última crítica, a "consciência de nacionalidade" de Machado de Assis se colocava em questão, e um cauteloso elogio à "visão histórica" pretendia contrabalançar a "simples preocupação estética", sempre que se tratasse de analisar textos literários. Ainda assim, Sérgio Buarque se incomoda com a sugestão de Lúcia Miguel Pereira de que a maturidade artística de Machado estaria relacionada à "relativa maturidade social que teríamos atingido no segundo reinado". Ao que o crítico rebate:

> Creio, ao contrário, que o valor particular da obra que deixou nosso maior romancista não se acentua tanto na medida em que espelhou as condições de seu tempo em seu país, mas na medida em que sobressaiu dele, passando a constituir um caso à parte em nossas letras. (Holanda, 1996, v. II, p. 193-194)

Uma flor diferente na estufa das "nossas letras"?

....
7. É o caso do estudo de Lúcia Miguel Pereira (1936), que fora publicado originalmente em 1936, no mesmo ano de *Raízes do Brasil*.

8. A obra nunca concluída sobre a literatura colonial resultou num conjunto de manuscritos publicados postumamente, organizados por Antonio Candido, cf. Holanda (1991).

No ano seguinte, já no *Diário Carioca*, Sérgio Buarque regressaria ainda ao tema. Num artigo intitulado "Situação do romance", ele pergunta se não fora exatamente Mário de Andrade quem alertara para o fato de que a literatura brasileira seria pródiga em protagonistas "malogrados e demissionários", naquilo que configuraria, no fim das contas, uma "literatura de desistência" (Holanda, 1996, v. II, p. 327). Se assim era, uma verdadeira "estética da demissão e do fracasso" se desenhava perigosamente no horizonte literário brasileiro.

No entanto, a única certeza que o crítico se permite é a de que as situações projetadas pela ficção respondem às normas sociais do tempo. Assim, a sensação era a de que uma sociedade desfibrada, ainda em formação, não produziria jamais um bom romance. Creio que aqui se torne um pouco mais claro o sentido daquela flor de estufa:

> O longo romantismo de nossa literatura, no caso de nossa literatura de ficção, deveu-se [...] a essa insuficiência de elementos romanceáveis, na sociedade brasileira do tempo da monarquia. A maturidade de Machado de Assis, e é apenas neste ponto que já me permiti discordar [de Lúcia Miguel Pereira], corresponderia ao amadurecimento dessa sociedade. Acredito, ao contrário, que a arte de Machado, também "microcósmica" a seu modo, formou-se a despeito das situações adversas que encontrou e retratou. Creio também que, se nossa sociedade pôde evoluir, de então pra cá, no sentido de um maior cosmopolitismo e de uma complexidade maior, não deixou, contudo, de se conservar largamente aluvial, sem contornos definidos e sem a densidade necessária para alimentar, salvo casos excepcionais, uma arte social no sentido em que foi uma arte social o romance burguês europeu do século XIX e continua a sê-lo sua prole recente. (Holanda, 1996, v. II, p. 330)

Quem conhece a fortuna crítica machadiana pensará aqui, talvez, que Sérgio Buarque de Holanda fazia perguntas que apenas a crítica de Antonio Candido, e sobretudo a de Roberto Schwarz, viria a responder, décadas mais tarde. Afinal, somente pondo em relação a sociedade e a forma do romance, seria possível compreender que mesmo um país formado à sombra do mundo desenvolvido poderia fornecer, a um escritor genial, matéria a trabalhar. O foco, no caso, não seria tanto um país inteiramente *formado*, mas justamente a sua história *periférica*, construída na distância e no descompasso em relação ao centro, cujos segredos inconfessáveis a sociedade "atrasada" poderia eventualmente desnudar.

A maior "complexidade" social que Sérgio Buarque reclamava no início da década de 1950, quando se gestava a fantasia do desenvolvimentismo, mal esconde certa ansiedade diante de uma sociedade *ainda não formada*. Nos termos de um autor até aí bastante afeito à ideia das "raízes do Brasil", tratava-se de uma sociedade *aluvial*, isto é, nova e insípida, capaz, quando muito, de produzir uma literatura de superfície, ou então uma literatura de fachada. Tudo numa grande estufa, é claro.⁹

Mas não avancemos tanto, e fiquemos, ainda por um último instante, com aquela flor desajeitada que tanto fez e ainda faz pensar.

V. Conclusão: apenas uma flor neurótica

Não será exagerado imaginar que a "flor" machadiana nasceu, firme, para furar o teto da estufa da literatura romântica. A distância da realidade, ou o "bovarismo" que Sérgio Buarque de Holanda acusa nas mentalidades que regeram o século XIX no Brasil, permite pensar numa fuga do mundo, num escape oportuno para contornar o que não se quer ou não se pode ver. Penso aqui numa espécie de estrutura psicótica: diante de uma realidade insuportável, o sujeito constrói um universo paralelo e passa a habitá-lo, tornando-se presa dele.

Contudo, diante dessa sorte de "psicose" romântica, Sérgio Buarque já apontara, em *Raízes do Brasil*, o surgimento inesperado de um Machado de Assis que – abusando das metáforas – se afastara da psicose para criar com a realidade uma relação tão complexa quanto problemática, incapaz de alterá-la, mas apta a perscrutá-la.

Diante da impossibilidade de mudar a face do mundo, e como bom escritor moderno, Machado cria mundos paralelos que não são absolutos, porque

....
9. Interessante que, já em 1941, Sérgio Buarque (Holanda, 1996, v. II, p. 321) se perguntasse sobre a possível falta de fôlego do "romance estritamente regional". Os "dramas e paisagens que nos proporcionam tais romances", dizia ele, "servem para satisfazer certo gosto pelo exótico e pelo fantástico, no fundo inseparável do prazer que deve oferecer qualquer romance, mas que pode fatigar com a repetição insistente. [...] É um problema inquietante o de saber até que ponto vários desses escritores regionalistas seriam bem sucedidos se colocados perante assuntos menos sugestivos para a imaginação do leitor, e que exijam mais engenho e arte. Não há dúvida de que alguns suportariam a prova. Penso em José Lins do Rego, por exemplo. E sobretudo em Graciliano Ramos e Rachel de Queirós". Um leitor de hoje, olhando por sobre os ombros do crítico, não deixará de pensar que, àquela altura, Guimarães Rosa vinha vindo, para alargar e contrapor os marcos do regional e do nacional.

apenas dialogam com a realidade deixada para trás, tornando-a suportável, ou, pelo menos, passível de ser manipulada e compreendida. Esta, aliás, é a vantagem dos que nos consideramos apenas neuróticos: ao recusar a entrega sem freios à realidade, que na sua totalidade acachapante pode ser insuportável, criamos condições de trânsito com ela. No fundo, estrategicamente abandonamos a realidade, para logo mais reencontrá-la, embora o reencontro se dê, saudavelmente, no plano da fantasia, a que a ficção dará forma.[10]

Se levarmos tais ideias a seu limite, a fuga total da realidade – que nos afastaria da neurose e nos aproximaria da psicose – estaria, no esquema mental de Sérgio Buarque de Holanda, do lado da política romântica. É difícil resistir, neste ponto, à lembrança de que José de Alencar, ele mesmo um político conservador do Império, formou entre aqueles que se recusavam teimosamente a considerar seriamente a abolição da escravidão. Machado de Assis, digamos assim, abre os olhos, oblíquos e talvez dissimulados, para a realidade do século XIX brasileiro, enquanto um Alencar abriria os olhos para outra e distante realidade, encontrando nela um abrigo, ou seja, uma confortável e brilhante estufa a protegê-lo das agruras do mundo real.

A moldura edulcorada da ficção alencariana, a despeito de sua riqueza retórica[11], é em grande parte a negação da realidade que tanto incomodava o autor de *Raízes do Brasil*. Alencar elabora um espelho que tem a paisagem e os gostos locais como seu objeto (os saborosos cajus que se viu atrás), enquanto Machado de Assis tem pouco ou nenhum compromisso com esse espelho. Aliás, o espelho machadiano, como bem sabem os seus leitores, é a superfície que, ao invés de ofertar uma paisagem maravilhosa àquele que olha, devolve-lhe impiedosamente sua própria imagem, que ao fim sabemos ser apenas uma ilusão. Momento de desengano, quando é desarmado o mecanismo fantástico e demoníaco que nos permite imaginar-nos diversos do que somos.[12]

....
10. Valho-me aqui, livremente, das reflexões de Ricardo Piglia (cf. 2004, p. 49-59) sobre literatura e psicanálise.

11. Ver, a propósito, Martins (2005).

12. Ao rematar seu livro, Sérgio Buarque (Holanda, 1936, p. 161) faz uma alusão indireta ao demônio de Descartes, o qual, em *Raízes do Brasil*, escurece as nossas vistas para nos fazer enxergar um mundo perfeito além do mundo: "As formas exteriores da sociedade devem ser como um contorno congênito a ela e dela inseparável: emergem continuamente das suas necessidades específicas e jamais das escolhas caprichosas. Há, porém, um demônio pérfido e pretensioso, que se ocupa em obscurecer aos nossos olhos estas verdades singelas. Inspirados por ele, os homens se veem diversos do que são e criam novas preferências e repugnâncias. É raro que sejam das boas". Sobre "O espelho" machadiano, cf. Villaça (2013, p. 102-117).

Como poderiam os modernistas, tão preocupados com a descoberta de um país, lidar com esse vulto que se recusa serenamente a embarcar na fantasia da construção, evitando assim qualquer compromisso com a correção do rumo de uma sociedade "aluvial"? Que fazer com essa estátua incômoda, que Sérgio Buarque de Holanda contorna com curiosidade, e Mário de Andrade mantém a prudente distância?

Em *Raízes do Brasil*, como se viu atrás, o "prestígio da palavra escrita, da frase lapidar, do pensamento inflexível", era a contraface do "horror ao vago, ao hesitante, ao fluido, que obrigam à colaboração e ao esforço". Chama a atenção que o "fluido", o "vago" e o "hesitante" sirvam porventura para caracterizar a matéria que Machado de Assis elabora, ele mesmo nos antípodas de qualquer pensamento inflexível e seguro. O problema, talvez, é que a observação minudente e a perscrutação do universo social em Machado (sua arte "microcósmica", como sugeria Sérgio Buarque) dificilmente leva ao elogio, ou sequer à justificação, da "colaboração" e do "esforço".

Em seu diálogo ferino com Afrânio Coutinho, Sérgio Buarque de Holanda lembraria que, assim como no caso de Dostoiévski, nos romances de Machado de Assis os protagonistas raramente trabalham, furtando-se àquela "região mediana" em que "a lei do trabalho pertence à ordem geral e precisa ser obedecida". Região, dirá o crítico, apoiando-se em Romano Guardini, onde "os homens não se explicam tanto pelos seus impulsos, suas ideias, suas inquietações, como por sua vida exterior, sua habitação, seus trastes, seus negócios, seus gestos, sua linguagem" (Holanda, 1996, v. I, p. 318).

É sem dúvida já o autor que compunha *Monções* (que seria publicado cinco anos depois, em 1945) quem fala, neste caso, de uma civilização que se formaria não a partir das ideias grandiloquentes e distantes do mundo, mas no embate cotidiano em que se forjam as habitações, os trastes, os gestos e uma nova linguagem, na *fronteira* em que o *trabalho* permite uma relação mais significativa, menos idealizada e mais humilde com o mundo.

Trata-se, em suma, de uma pergunta sobre a formação do Brasil, a que o romantismo não dá conta de responder, porque se atém à paisagem superficial e se recusa a enfrentar a rugosidade incômoda do mundo real, onde o trabalho é o elemento central que explica a civilização. Em graus e com poéticas diversas, tanto Mário de Andrade quanto Sérgio Buarque de Holanda falam de uma civilização que se espraia, e de um passado que deveria conter respostas para os impasses do avanço dos indivíduos no tempo e no espaço. Já o olhar de Machado de Assis, insista-se, é incapaz de esquadrinhar o futuro. Quando muito, ele permite ver a realidade que os românticos, com suas sublimações, deixavam para trás. Mas não há nada que essa flor aponte, a não ser a beleza fugaz e muitas vezes amarga dela mesma.

É realmente difícil saber o que fazer com essa flor desajeitada. Amá-la, como diria Mário de Andrade (1993, p. 53), só "protestantemente", com a força do livre exame e da razão. Mas entregar-se a ela com vigor cego, como na "fé católica" que Mário abraçava cheio de angústias, era simplesmente impossível.

O mistério, em Machado de Assis, não é um elemento propulsor, capaz de levar o sujeito para além da contemplação, permitindo-lhe adivinhar o futuro em meio à realidade mais turva. Não há promessa alguma a brilhar em Machado, a não ser como engano e ilusão. A sua matéria não vai além da realidade presente, o que será sempre muito pouco para um bom modernista.

Sérgio com Lima:
um encontro inusitado em meio aos modernismos[1]

com Lilia Moritz Schwarcz

Introdução

O objetivo e o objeto deste texto são um tanto paradoxais, em meio a uma reflexão mais ampla sobre *Raízes do Brasil*. Resolvemos enfrentar a obra e seu autor a partir de um ângulo que, se não é novo, pode soar original. Retomamos o contexto dos anos 1920, marcados por todo tipo de incerteza em relação ao regime republicano, e que inaugurava uma agenda de modernismos, no plural. Era tempo de refazer tradições, repensar a história, duvidar do presente e alimentar incertezas em relação ao futuro. Nesse panorama irrequieto, Sérgio Buarque e Lima Barreto iam virando personagens importantes. O primeiro ainda um principiante na crítica, mas já um pensador do Brasil. O segundo, autor que se entendia como militante e crítico, fora da convenção: da Academia, das elites, e da República das Letras que então se formava. A crítica tratou de distanciá-los, como se representassem mundos opostos. A recepção futura apostou suas fichas nas reservas de Sérgio Buarque em relação a uma literatura de fundo realista, que teria em Lima Barreto seu representante. Neste texto, arriscamos aproximações e distanciamentos, exploramos ambiguidades, incertezas divididas e afinidades compartilhadas.

....
1. Publicado originalmente na *Revista Brasileira de História*, vol.36, n.73, 2016, num dossiê dedicado aos oitenta anos da publicação de *Raízes do Brasil*, organizado por Ângela de Castro Gomes.

Lados opostos, lados convexos

Em 1922, com 20 anos de idade, Sérgio Buarque morava no Rio de Janeiro, onde estudava para ser advogado e de onde se correspondia com Mário de Andrade, que o designara representante de *Klaxon*, a revista dos modernistas paulistas, na então capital federal. Em 20 de julho daquele ano, Sérgio contava, entusiasmado, que o terceiro número da revista vendera bem, sobretudo considerando "a quase frieza com que foram recebidos os dois primeiros números". O diligente jovem relata então a Mário, pouco mais velho e já reconhecido como um dos líderes do movimento, que encaminhara exemplares da revista aos principais jornais cariocas. É quando o nome de Lima Barreto surge, meio obliquamente, quase como um adendo ao mapa da grande imprensa carioca: "Além disso dei um número ao Lima Barreto a fim de que escrevesse qualquer coisa na *Careta*, elogio ou ataque, de modo a despertar atenção" (Meira Monteiro, *Mário de Andrade*, 2012, p. 50).

Lima Barreto, àquela altura, já era bastante conhecido nos meios cariocas. Era autor de romances como *Recordações do escrivão Isaías Caminha, Numa e a ninfa, Triste fim de Policarpo Quaresma*, e no final do ano de 1921 publicara, pela editora de Monteiro Lobato, *Vida e morte do escrivão Gonzaga de Sá*. Era figura carimbada na cena literária carioca e não fazia parte da Academia Brasileira de Letras. Na verdade, tentara por três vezes entrar na instituição, sempre sem sucesso. Na última, desanimado, desistiu antes do final do pleito.

Lima também gozava da fama de "rebelde". Avesso ao formalismo parnasiano, vinculava-se às novas causas sociais, sobretudo dos mais humildes. O cronista circulava nos ambientes boêmios, era leitor dos russos e das vanguardas europeias, assinante de revistas francesas, e tinha uma verve crítica que poderia até mesmo agradar ao grupo paulistano. Enfim, juntando dois mais dois, era possível entender a conta de somar que Sérgio Buarque fizera ao entregar pessoalmente a revista a Lima Barreto. Mas ao que tudo indica o resultado da soma deu cinco e não quatro.

Klaxon, e com ela a aventura dos "modernos" paulistas, de fato atrairia a atenção de Lima Barreto, embora ela viesse na forma de um ataque, em *A Careta* de julho de 1922:

> São Paulo tem a virtude de descobrir o mel do pau em ninho de coruja. De quando em quando, ele nos manda umas novidades velhas de quarenta anos. Agora por intermédio do meu simpático amigo Sérgio Buarque de Holanda, quer nos impingir como descoberta dele, São Paulo, o tal de "futurismo"... Recebi, e

agradeço, uma revista de São Paulo que se chama *Klaxon*. Em começo, pensei que se tratasse de uma revista de propaganda de alguma marca de automóveis americanos. (Boaventura, 2008, p. 327-328)

Depois de desfazer de Marinetti e dos jovens de São Paulo, Lima recua e tenta selar a paz: "O que há de azedume neste artiguete não representa nenhuma hostilidade aos moços que fundaram a *Klaxon*; mas sim, a manifestação da minha sincera antipatia contra o grotesco 'futurismo', que no fundo não é senão brutalidade, grosseria e escatologia, sobretudo esta" (Boaventura, 2008, p. 328).

A provocação pegou forte nos jovens, que não aceitaram a pecha de futuristas. Na *Klaxon* (n. 4, p. 17, ago 1922) seguinte sairia um comentário na última página, devolvendo tudo no mesmo tom:

Na Careta (22 de julho) confunde ainda o espírito de atualidade da Klaxon com o futurismo italiano um snr. Lima Barreto. Desbarretamo-nos, imensamente gratos, ao ataque do clarividente. Mas não é por causa da estocada que estamos gratos. Esta apenas nos permitiu sorrisos de ironias. (*Klaxon*, n. 4, p. 17, ago 1922)

O estilo era de salto alto e de desfaçatez diante da crítica de Lima. Não apenas o desautorizavam, como ironizavam a prática de leitura do carioca:

Snr. Lima, como seu artigo "não representa *Klaxon*" amigavelmente tomamos a liberdade de lhe dar um conselho: Não deixe mais que os rapazes paulistas vão buscar no Rio edições da *Nouvelle Revue*, que, apesar de numeradas e valiosíssimas pelo conteúdo, são jogadas como inúteis embaixo das bem providas mesas das livrarias cariocas. Não deixe também que as obras de Apollinaire, Cendrars, Epstein, que a Livraria Leite Ribeiro de há uns tempos para cá (dezembro, não é?) começou a receber, sejam adquiridas por dinheiros paulistas. Compre esses livros, Snr. Lima, compre esses livros! (*Klaxon*, n. 4, p. 17, ago 1922)

As provocações vão subindo de tom, com os mais novos tentando se diferenciar de um "passado" associado ao Rio de Janeiro. A nota anônima de *Klaxon* é, possivelmente, do próprio Mário de Andrade, que no número anterior da revista respondera a um artigo ácido publicado por Agripino Grieco no *Mundo Literário*, reagindo com a mesma cena dos livros jogados embaixo da mesa de uma livraria carioca.

Não há como saber se Lima Barreto leu as notas de *Klaxon*, até porque ele morreria logo mais, em novembro de 1922. Mas os "moços" respondiam com arrogância ao comentário do escritor carioca e devolviam na mesma moeda que era o estilo de Lima: ironizar, atacar e depois tentar alisar e aliviar a crítica. Dessa vez, não houve alívio; ao contrário, ficou evidente o atrito entre os grupos literários.

Outros muitos lados

Pode ser ainda que o nome de Lima Barreto se vinculasse, para os articulistas de *Klaxon*, a Monteiro Lobato, que em 1917 escrevera sua resenha severa sobre a exposição de Anita Malfatti, atingindo aquele que seria, nos anos seguintes, o grupo dos modernistas de São Paulo. Se não há como saber se Lima leu a crítica de Lobato, publicada antes de estabelecerem contato pessoal, podemos, no entanto, imaginar que esse tipo de opinião acerca dos "modernos" não fosse tão incomum, no final da década de 1910 e começo da seguinte. Levaria algum tempo para que os nomes cariocas do grupo modernista fossem mais conhecidos. Villa-Lobos, por exemplo, tocava violoncelo num cabaré e Manuel Bandeira só publicaria *Carnaval* em 1919.

Sérgio Buarque de Holanda era um jovem que, ainda em São Paulo, no início do anos 1920, frequentara o seleto grupo de rapazes que se reuniam na confeitaria Fazzolli e no escritório de advocacia do pai de Guilherme de Almeida, onde Sérgio Milliet, Rubens Borba de Moraes e Tácito de Almeida, entre outros, se juntavam para discutir as novas tendências da arte e da literatura europeia. Ocasionalmente, passavam por ali Oswald de Andrade e Mário de Andrade, assim como Di Cavalcanti, que viera do Rio de Janeiro (Barbosa, 1988, p. 27-54).

Conquanto polêmico, Monteiro Lobato foi figura importante e talvez um elo oculto de relações que passavam não apenas por simpatias e antipatias estéticas, mas também pela questão editorial. Sérgio publicaria, na *Revista do Brasil* então editada por Lobato, em 1920, uma resenha do *Ariel* de José Enrique Rodó, num tom elitista muito distante da nuance que marcaria seus textos seguintes, inclusive em suas incursões pela imprensa do Rio de Janeiro, em que ele apresentaria os modernistas paulistas ao público leitor carioca, em artigos na revista ilustrada *Fon-Fon*, encomendados por Gustavo Barroso.

Na *Fon-Fon*, Sérgio declararia, em fevereiro de 1922, quando acontecia em São Paulo a Semana de Arte Moderna, que cabia a Manuel Bandeira o papel de "iniciador do movimento modernista". Afinal, escreve o jovem articulista, o autor de *Carnaval* dera "o primeiro golpe na poesia idiota da época em que ainda se usava o guarda-chuva, que é positivamente uma prova evidente do mau gosto estético dos nossos avós" (Holanda, 1996, v. I., p. 144). O tom polêmico continuaria, assim como a ideia de que a arte deveria se libertar de seu aspecto utilitário, abrindo-se à experimentação poética. No entanto, a vida de um jovem que não pertencia às classes abastadas exigia vínculos de trabalho: além de escrever para vários jornais, Sérgio trabalhava como tradutor e datilógrafo dos telegramas em inglês da agência de notícias Havas.

Daqueles que iam sendo nomeados modernistas, Lima conhecia Graça Aranha, que publicara *Canaã* em 1902, era membro da Academia Brasileira de Letras e andava muito pelos circuitos literários cariocas. Embora o pensamento de Graça Aranha não agradasse a Lima, tampouco agradaria totalmente aos modernistas paulistas, embora alguns deles cultuassem o autor da *Estética da vida*, que operava como um mediador entre gerações. Por outro lado, a Semana de Arte Moderna em São Paulo fora abertamente financiada por Paulo Prado, que mais tarde se juntaria a Lobato na direção da *Revista do Brasil*. Ele, a essas alturas, era interlocutor e financiador do grupo, convivendo com gente como Alcântara Machado, Yan de Almeida Prado e, mais tarde, Blaise Cendrars.

Já Lima Barreto, em seus artigos, desancara a "plutocracia paulista", em especial Antonio Prado, que seria chamado de "açougueiro" num artigo em *O Debate,* de setembro de 1917, intitulado "Sobre a carestia". Estamos quase no pós-guerra, e Lima acusa o fazendeiro de explorar os brasileiros ao aumentar o preço da carne. Nesse mesmo texto, Graça Aranha é definido como "seu caixeiro viajante", talvez por conta de seu papel como embaixador, talvez por sua amizade com Antonio Prado. O fato é que o escritor carioca se opunha à República, identificando-a à ganância dos paulistas e de seus representantes literários. Tudo entrava no mesmo balaio, o que mostra como Lima parecia predisposto a não gostar das atividades dos "moços", que associava de um lado à burguesia do café, de outro, ao acadêmico Graça Aranha, e ao que chamava de uma visão copiada e inapropriada do "futurismo". Tampouco *Klaxon* mereceu a simpatia que o escritor costumava dedicar aos iniciantes.

É assim que Lima Barreto recebe a revista das mãos do jovem Sérgio Buarque de Holanda: percebendo em seus articulistas meros "imitadores de Marinetti" e, no modernismo, uma cópia fácil do futurismo. Se tivesse lido com calma, notaria que eles negavam serem adeptos do movimento italiano, muito embora o próprio Sérgio, como vimos, apresentara o movimento aos leitores cariocas como "futurista", pecha de que Mário de Andrade fugiria, mas que os demais aceitaram durante algum tempo.

Para os modernistas paulistas, algo estaria escapando aos olhos cansados dos atrasados cariocas. E os "dinheiros paulistas", na expressão – de gosto duvidoso – dirigida a Lima Barreto em *Klaxon*, vinham para comprar o que era deixado de lado, como se a visão "moderna" fosse, ela apenas, capaz de compreender o que tinha valor naqueles anos que eram "frementes" também no Rio de Janeiro. De uma forma ou outra, o "futurismo" atribuído aos modernistas paulistas era o estopim da guerra, embora a questão fosse muito mais ampla que o simples mapeamento do gosto literário das duas facções.

A turma de *Klaxon*, de um lado, e Lima Barreto, de outro, seriam posteriormente percebidos pela crítica literária como polos opostos de uma equação. Por muito tempo, jogou-se para baixo do tapete aquilo que se opunha ao modernismo paulista, abrigando toda uma produção sob o rótulo do "pré-modernismo". Diferentemente, procuramos pensar na complexidade de um campo literário que não admitia cisões rígidas, e que se configurava de maneira relacional, contrastiva e transitória. Talvez, no arco tenso que "opunha" *Klaxon* a Lima Barreto, Sérgio Buarque funcionasse como um mediador, aquele que leva mensagens, mais ou menos consciente de seu conteúdo explosivo, e verga (um pouco) para os dois lados, pendendo ao fim para os modernistas.

Não se trata de imaginar que Sérgio e Lima estivessem de lados opostos, mas tampouco se trata de supor que algo mais profundo os unisse. O termo "futurista" mobilizava corações e mentes, e levaria ainda algum tempo até que se tornasse anátema para vários dos modernistas brasileiros, ou mesmo para que fosse satirizado no samba de Noel Rosa e Lamartine Babo, "A. B. Surdo", de 1931, em que o "futurista" é também um mau pagante. Para recuperar a ambivalência do futurismo, bastaria lembrar o *tour* sul-americano de Marinetti em 1926, quando Manuel Bandeira o ouviu extasiado no Rio de Janeiro, enquanto Mário de Andrade o evitou, irritado com o "cagaço confraternizador" do pensador italiano que, para o autor da *Pauliceia desvairada*, não passava, àquela altura, de um "delegado do fascismo" (Moraes, 2001, p. 296).

O esgotamento do realismo e a pose juvenil

Voltando ao tempo em que Lima Barreto e Sérgio Buarque se conheceram, vale a pena lembrar mais um autor: Enéas Ferraz, protegido de Lima e testemunha de sua decadência física e espiritual. No início de 1922, Ferraz publicara a

História de João Crispim, que logo mereceu uma nota ambivalente de Sérgio no *Rio-Jornal*. Nela, o jovem paulistano destacava a qualidade "carioca" da obra. É aí que surge, novamente, o nome de Lima Barreto:

> O romance de Ferraz é uma obra caracteristicamente carioca. É mesmo uma das poucas que podem figurar neste caso. Ao lado dele só conheço no gênero dos nossos romances mais recentes a obra de Lima Barreto. O Rio já criou os seus tipos particulares, como todas as grandes cidades. Assim como soube criar o cafajeste, personagem genuinamente carioca, criou também o filósofo vagabundo, espécie de Diógenes Bárbaro, tipo interessantíssimo e não aproveitado ainda em obras de ficção antes de João Crispim. A figura central do romance foi traçada com rigorosa observação. (Holanda, 1996, v. I, p. 145-147)

Entretanto, Sérgio chamaria atenção para o esgotamento do "realismo" que presidia a narrativa de Enéas Ferraz: "creio perfeitamente razoável a pergunta dos expressionistas alemães: a verdade está aqui: para que repeti-la?". A discussão em torno do "realismo" se dirigia, subliminarmente, à obra do próprio Lima Barreto. O incômodo com o marco realista da literatura era questão pungente para o jovem articulista. Ao mesmo tempo, o debate sobre vagabundos geniais que perambulavam pelas grandes cidades também o mobilizava, porque lhe interessava a potência errática desses sujeitos "desviantes", que podiam contrabalançar os anseios modernizadores da elite bem-pensante, dos arquitetos das políticas públicas racionais e dos discursos higienistas, que previam que apenas "corpos saudáveis" poderiam ensejar mentes sãs. Já Lima era o boêmio que fora internado no manicômio por duas vezes e hostilizava abertamente a sociabilidade literária bem-comportada do Rio de Janeiro.

Em depoimento de 1976 a Antonio Arnoni Prado, um outro Sérgio Buarque, já assentado na carreira, recordou seu primeiro encontro com Lima Barreto. Mais tarde, em clima de reminiscências, Arnoni escreveria uma tocante e imaginária "carta" destinada a Mário de Andrade, em que narra a cena, supostamente ouvida durante a entrevista:

> Sérgio foi bater na livraria Schettino, um maço de exemplares da *Klaxon* debaixo do braço. Manhã bem cedo, a livraria fechada, quem vem lhe abrir a porta, imagine a surpresa!, é um Lima Barreto maldormido e estremunhado que vai logo amaldiçoando a luz do sol e a chegada do primeiro cliente. Como passasse uma temporada na rua largado à vida boêmia, o livreiro Schettino o abrigava ali

entre os livros, acomodando-o num pequeno estrado atrás do balcão principal. (Prado, 1993, p. 13-14)

Imaginária ou não, a cena é reveladora. A despeito das diferenças profundas que os separavam, algo houve entre Lima e Sérgio que parece ter chegado perto de torná-los comparsas – ou "confrades", como o escritor carioca se referia aos colegas escritores em suas cartas. Em comum havia também a descrença diante da irrealização dos valores republicanos, e a percepção de que a República podia ser, no fim das contas, uma grande farsa. Talvez essa visão crítica da República pudesse tê-los tornado próximos, mas a morte prematura de Lima em 1922 fez com que essa possível amizade não durasse mais que alguns meses, tomados aliás por bastante ruído.

É curioso imaginar como um jovem franzino e elegante, afetado na sua sofisticação literária, podia se relacionar ao "maldormido" Lima Barreto. A afetação do jovem paulistano era conhecida na cidade letrada carioca. Logo mais, no mês de abril de 1922, um artigo assinado por "João Crispim" (pseudônimo de Lima) aparece em *A Careta*. Nele, o escritor carioca repreende com ironia, embora sem sombra do azedume posterior, o "futurismo". Dessa vez é a um genérico "Sérgio" que se dirigem as críticas:

> O meu amigo Sérgio, crítico literário, hóspede de casa de pensão, estudante de Direito, escritor de pró-labores a 20$000 e, mais do que tudo isso, um futurista de imensa imaginação, vai publicar uma revista intitulada *Vida Literária*. A notícia é positivamente agradável. Espera-se todo o sucesso... Mas Sérgio, que usa um pedaço de monóculo no olho direito, sempre que me topa aí pelas esquinas, atravessa-me o caminho com um gesto alto e discreto, ajeita no olho o seu brunhido cristal e entra a definir copiosamente o que seja o futurismo. Entretanto, eu vou cometer aqui uma imperdoável irreverência para com esses moços que ajeitam os seus monóculos parados às esquinas, o braço em arco, pálidos, faces encovadas, a mão branca e longa nos acenando gestos nervosos – com a afirmação de que, a respeito do futurismo, me fez o meu vendeiro, o Sr. Manuel, português do Minho, homem de tamancos, proprietário abastado e, no fundo, muito bom coração. – Aí é que está a coisa! O *sinhoiri* João está a *vieiri* que o homem não é um literato e, vai daí, cada vez que lhe mando cobrar a conta, insulta-se, torna-se fulo, diz que espere, pois que ele é um futurista. E faz assim com o padeiro, com o açougueiro e até com o *sinhoiri* farmacêutico, que eu soube! (Boaventura, 2008, p. 387-389)

Conquanto houvesse quase um abismo social entre os dois, não resta dúvida de que aquele jovem de monóculo era mesmo Sérgio Buarque de Holanda. É conhecida a descrição de Manuel Bandeira, num artigo publicado em 1952 no *Diário Carioca*, em que o poeta relembra a figura excêntrica do jovem amigo caminhando pelas ruas do centro do Rio, naqueles idos de 1921 ou 1922:

> A classe de Sérgio! Foi a primeira qualidade que me chamou a atenção para ele há uns trinta anos. Nunca me esqueci de sua figura certo dia em pleno largo da Carioca, com um livro debaixo do braço, e no olho direito o monóculo que o obrigava a um ar de seriedade. Naquele tempo não fazia senão ler. Estava sempre com o nariz metido num livro ou numa revista – nos bondes, nos cafés, nas livrarias. Tanta eterna leitura me fazia recear que Sérgio soçobrasse num cerebralismo cuja única utilidade seria ensinar a escritores europeus de passagem pelo Rio a existência, desconhecida por eles, de livros e revistas de seus respectivos países. Sérgio talvez não tivesse lido ainda a *Ilíada* ou a *Divina Comédia*, mas lia todas as novidades das literaturas francesa, inglesa, alemã, italiana e espanhola. Sérgio não soçobrou: curou-se do cerebralismo caindo na farra. (Bandeira, 1987, p. 90-91)

Lima e Sérgio quem sabe poderiam vir a ser colegas de "farra", mas uma farra talvez um pouco diversa daqueles primeiros encontros que vieram a compor uma espécie de mitologia inaugural do modernismo na capital federal, quando, a acreditarmos na memória transbordante de Gilberto Freyre (1987, p. 134-141), ele e Sérgio tomavam inumeráveis chopes ao som de Pixinguinha, Donga e Patrício Teixeira, nos bares do centro do Rio.

A turma de Lima era outra, também da boêmia, embora composta por vários escritores que ficaram fora do cânone literário, mais voltados para uma literatura "social". Se os dois tivessem sido colegas duradouros de noitada, talvez Lima atenuasse a ojeriza que desenvolveu diante dos modernistas, e Sérgio talvez acelerasse a perda da pose "cerebral". O carioca também, quem sabe, abriria mão de sua avaliação severa, ao ver nos modernistas meros "bovaristas", "copiadores" dos modelos estrangeiros. Isso não se sabe. O fato é que o monóculo de Sérgio Buarque logo viraria motivo de sarro até mesmo entre os amigos. Em carta enviada de Campos do Jordão naquele mesmo ano, Ribeiro Couto perguntaria ao jovem Sérgio: "Que tem feito você além de espantar os caixeiros da Livraria Leite Ribeiro com o seu monóculo adolescente?" (Arquivo Privado Sérgio Buarque de Holanda, Siarq-Unicamp, Cp 16 P5).

Para além dos dados anedóticos, havia um orgulho, um sentimento de diferença que o jovem de monóculo perderia, como corretamente supôs Manuel Bandeira. Muito mais tarde, aliás, num artigo publicado em 1941, Sérgio reveria a resposta irada do grupo modernista a Lima, que os tomara por "futuristas": "o azedume (...) veio antes do lado dos klaxistas, indignados com a confusão. O criador de *Isaías Caminha* fora até moderado e mesmo maliciosamente simpático quando se referiu ao pessoal de *Klaxon*. Todo o seu mau humor reservara-o para o italiano" (Holanda, 1996, v. I, p. 345).

O fato é que as respostas de *Klaxon* às reações da imprensa carioca se baseavam em grande medida no monitoramento de Sérgio Buarque de Holanda, que comunicava a Mário de Andrade as manifestações dos "passadistas". Ao mesmo tempo, ao ler o texto de Lima de maio de 1922, ficamos sabendo que àquela altura o futuro historiador concebia uma revista própria, que se chamaria *Vida literária*. Esse talvez fosse o embrião de *Estética*, que Sérgio Buarque viria a fundar e dirigir, entre 1924 e 1925, em parceria com seu dileto amigo Prudente de Moraes, neto. Essa, contudo, é outra história.

Que fazer com a danada da realidade?

Existem muitas diferenças entre Lima e Sérgio. Em primeiro lugar no que se refere ao realismo como gênero literário. Se Lima elege esse modelo e o vê como única maneira de realizar uma literatura engajada no Brasil, Sérgio se mostrou crítico à escola, e destilou sua oposição na resenha mais tardia que fez ao romance inacabado *Clara dos Anjos*, escrita em 1948 e publicada como prefácio à edição póstuma de 1956. Em sua análise, Sérgio bate forte e encontra, no apego à realidade, o fruto da falta de imaginação. Procurando dar conta de toda a obra do carioca, e não apenas do livro em questão, a resenha retomava a vida de Lima, para insistir na tecla de como o autor não se separava de seu próprio destino, o que o limitaria em sua arte. Bem a seu estilo, que era também o de Lima, Sérgio (Holanda *in* Barreto, 2012, p. 35) condena, para logo reconhecer em sua obra "uma das mais admiráveis da nossa prosa de ficção".

Tal qual uma "confissão de amarguras íntimas", a obra de Lima constituiria, para o Sérgio Buarque que escrevia em 1948 – mais de 25 anos após a morte do autor carioca –, um convite para se discutir a abordagem mais eficaz da própria literatura. Já escaldado quanto aos excessos do *New Criticism* anglo-americano, que tratara de relativizar a importância dos dados biográficos para a análise do texto ficcional, Sérgio ao mesmo tempo admitia e não admitia a importância da vida torturada de Lima para a compreensão de sua obra, pensando que a "refundição estética" dos problemas pessoais não teria se dado de modo satisfatório nos seus livros: "os problemas íntimos que o autor viveu intensamente e procurou muitas vezes resolver através da criação literária não foram integralmente absorvidos e nela ainda perduram em carne e osso como corpo estranho" (Holanda *in* Barreto, 2012, p. 36-37).

Levando tal interpretação a seu limite lógico, Lima não passaria de uma sombra de suas influências. "Antes de abordar francamente um dos aspectos do problema do mestiço, o que faria em *Clara dos Anjos*, já o deixa transparecer em vários escritos". Sérgio cita, por exemplo, a famosa passagem em que "um caixeiro atende mal Isaías Caminha que lhe pede troco, ao passo que recebe prazenteiramente a reclamação de outro freguês, este alourado, e não mestiço como ele, Isaías, marca um contraste suficiente para transtornar suas relações com o mundo que o cerca". E conclui: "Há nessa humilhação, sem dúvida, o eco de muitas outras que o romancista padeceu pessoalmente e registrou em seu diário íntimo ainda inédito [...] Suscetibilidades que parecem ter se agravado nos anos seguintes ao primeiro acesso de loucura de seu pai, ocorrido em 1903" (Holanda *in* Barreto, 2012, p. 36).

Sérgio passa a listar então todos os momentos em que Lima se refere a "seu estigma", como na passagem em que volta da Ilha do Governador, onde fora pagar uma dívida do pai, e encontra um desafeto que passeava "como me desafiando", diz ele, ao lado da esposa. "O idiota me persegue", diz ainda, e "tocou-me na tecla sensível, não há negá-lo. Vê, seu negro. Você me pode vencer nos concursos, mas nas mulheres não. Poderás arranjar uma, mesmo branca como a minha, mas não desse talho aristocrático". Lembra também como em outra ocasião, quando encontra uma esquadra americana de visita ao Rio de Janeiro, notou que, na prancha de embarque, a ninguém pediam convite, mas a ele pediram. E conclui: "É triste não ser branco". E no Ministério da Guerra, onde servia como amanuense alguém o tomou por contínuo. Isso lhe sucedeu por três vezes e precisava de "muito sangue-frio para que não desmentisse com azedume" (Holanda *in* Barreto, 2012, p. 37).

A despeito de nuançar sua análise, afirmando ser absurdo "procurar nesses desajustamentos a explicação para toda a arte de Lima Barreto", Sérgio

Buarque (Holanda *in* Barreto, 2012, p. 38) defende existir aí "alguma coisa de seu sabor". Em oposição a

> Machado de Assis, que saído do Morro do Livramento procuraria os bairros da classe média e abastada, este homem nascido nas Laranjeiras, que se distinguiu nos estudos de Humanidades e nos concursos, que um dia sonhou tornar-se engenheiro, que no fim da vida ainda se gabava de saber geometria contra os que o acusavam de não saber escrever bem, procurou deliberadamente a feiura e a tristeza dos bairros pobres, o avesso de Botafogo e de Petrópolis.

Como que buscando explicar Lima pelo tempo que lhe coube, Sérgio Buarque diz que esse era seu "orgulho, daquela espécie de orgulho que o faria referir-se ao próprio desmazelo de hábitos e indumentária, dizendo que era essa a sua elegância e a sua pose". Astrojildo Pereira (1957, p. 76), em livro aliás citado por Sérgio Buarque, diria que Lima Barreto pertencia à categoria dos "romancistas que mais se confessam". Para aquele crítico, "os seus romances estão cheios de alusões e indicações de natureza autobiográfica – alusões e indicações quase sempre feitas abertamente, com um mínimo de disfarce, às vezes até sem disfarce algum".

Mas o que era elogio para Astrojildo, Sérgio (Holanda *in* Barreto, 2012, p. 39) transformaria em crítica:

> É desnecessária uma excessiva argúcia para sentir que essa noção da arte, da Arte, como forma de compensação e de redenção, era própria de Lima Barreto, e que a ênfase convencional com que a exprime neste caso é talvez uma tênue caricatura, não um disfarce. Sua susceptibilidade às pequeninas mas reiteradas humilhações constitui motivo de revolta contra os outros, mas sobretudo contra a própria condição. E de revolta que não quer traduzir-se abertamente nos escritos destinados ao grande público, mas de que o diário íntimo ainda inédito exprime em mais de um passo.

Se aceitamos a visão de Sérgio Buarque (Holanda *in* Barreto, 2012, p. 39), diríamos então que Lima Barreto "não conseguiu forças para vencer, ou sutileza para esconder, à maneira de Machado, o estigma que o humilhava". Além de poder se expressar num texto não de todo bem-acabado, o desejo de denúncia social explicaria ainda por que Lima tantas vezes dissera desprezar a obra de Machado de Assis, considerando-a inferior à de Aluísio Azevedo. Enquanto a obra de Lima se aproximaria perigosamente do libelo, a de Machado, segundo Sérgio Buarque, era muito mais uma forma de "evasão e refúgio" da realidade – o que, para o crítico paulistano, traduzia-se em valor positivo, por manter o texto longe do "realismo" de que ele tanto desconfiava. Em Lima Barreto, em suma, não teria se desenvolvido plenamente uma "arte feita de vigilância, de reserva e de tato", como em Machado de Assis.

No entanto, há diferenças sociais importantes entre os autores, que complicam ainda mais a discussão. Referimo-nos a marcadores sociais de diferença como raça, região, geração e classe social, que vincam as perspectivas de cada um. Lima Barreto (1956, p. 98) trazia sempre à frente sua condição marginal: morava nos subúrbios, era negro, relativamente pobre, e falava em nome de uma geração boêmia que começa a ser vista como "do passado". Não se pode pensar aqui em causa e efeito, até porque em literatura não há continuidade ou descontinuidade absolutas com o contexto. Mas não há como negar que havia aí divisão de escolas e de influências literárias. Lima aconselhava sempre a seus discípulos que lessem Taine, Spencer, Renan e autores russos: "Dostoiévski, Tolstói, Turguêneff, um pouco de Górki, mas, sobretudo, o Dostoiévski da *Casa dos Mortos* e do *Crime e Castigo*". Esses eram os "russos" de sua predileção, que o inspiraram quando ele estava no hospício.

Lima ia defendendo, diante das novas gerações, a importância da literatura social em que tanto acreditava, prometendo a seus correspondentes exemplares de Kropótkine, de Hamon, de Reclus e outros. Recomendava também "o maluco do Comte e o Spencer, *Introdução à Ciência Social* e a *Moral entre os diferentes povos*" (Barreto, 1956, p. 98). Na discussão de como a "realidade" deveria se transfigurar na ficção, tornava-se impossível contornar a questão racial. Para Lima esse era um tema central e inadiável, e lhe parecia preciso boicotar países como os Estados Unidos, por conta de sua política de segregação no Sul. A questão apareceria mais obliquamente na obra de Sérgio Buarque de Holanda: em 1972, quando da publicação de *Do Império à República*, a resistência à Abolição forneceria um dos fios para a compreensão do recrudescimento do espírito oligárquico no Brasil, no momento em que o país ensaiava tornar-se uma República, quando a crise do Império se fazia cada vez mais clara (Holanda, 1985).

A crítica radical à República aparece de forma diversa na obra dos dois autores. Mas, se regressamos ao ano de 1922, quando eles se conheceram, havia em ambos um pequeno flerte com a Monarquia. Não com uma Monarquia necessariamente real, mas com uma forma simbólica de oposição à Primeira República, que prometera inclusão e ia devolvendo exclusão social.

Lima, em seus romances, contos e crônicas, batia pesado no Governo, acusando jornalistas, políticos e literatos de compartilharem a vida de "negócios", e da falta de compromisso com o país. Já Sérgio, em seu primeiro artigo, publicado em *A Cigarra* em 1920, quando tinha apenas 17 anos de idade, saúda o Imperador e engrossa o coro dos que pediam a revogação do banimento da família imperial e o consequente regresso, ao Brasil, dos restos mortais de D. Pedro II (Holanda, 2011, p. 3-7). No entanto, mesmo quando seu monarquismo de juventude já passara, ele se manteria aferrado à ideia de que a República não entregara o que prometera. Talvez aí, na desconfiança diante da promessa falha da República, encontre-se a chave para compreender como, em 1936, quando a editora José Olympio publica *Raízes do Brasil* em sua nova coleção Documentos Brasileiros, dirigida por Gilberto Freyre, Sérgio Buarque esposa uma ideia que fora também central para Lima Barreto: a crítica ao "bovarismo" republicano.

Ambos compartilhariam a denúncia do fascínio que exercem as ideias vindas do exterior, e a terrível tendência à imitação que assolava os brasileiros. Para Lima, o bovarismo era "essa mania de se querer diferente do que se é". O conceito, forjado a partir da obra célebre de Flaubert, fora retirado de Jules de Gaultier, filósofo e jornalista do *Mercure de France,* periódico no qual, provavelmente, Lima conheceu a obra desse autor. A teoria girava em torno do poder da ilusão; acerca da capacidade humana de se conceber a partir do que *não* se é. Para Gaultier, os homens eram eternos mentirosos e produziam sentidos a partir da ilusão que criavam para si. E o modelo não se aplicava apenas aos indivíduos; poderia se referir também a um grupo, uma sociedade, ou uma nação. Tratava-se, pois, de um tratado da "ilusão universal" (Buvik *in* Gaultier, 2006).

Seguindo a mesma linha, Lima desfaria dos edifícios modernos, do *football*, das danças importadas, do feminismo (a despeito de ser contra a violência doméstica), todos considerados por ele sinais da obsessão com o que vinha de fora, sem combinação alguma com o que haveria dentro do país, em sua própria formação histórica. Aqui vemos como a crítica ao artificialismo das soluções republicanas, tão forte em *Raízes do Brasil*, encontra na obra de Lima Barreto um de seus muitos antecedentes, ainda que pouco conhecido.

Os dois autores professariam, em momentos distintos, sua crítica ao Brasil oligárquico dos grandes latifúndios, com suas hostes de desvalidos. Lima Barreto (1921, p. 58-59) criou uma galeria de personagens para mostrar, por vários ângulos, como o país era feito de heróis muitas vezes vencidos, empobrecidos, que se tornavam nostálgicos, quando não céticos. Ao invés do patriotismo, a crítica à nação parecia fazer sentido nessa literatura que o próprio Lima chamava, propositalmente, de militante.

Se o caráter militante de Sérgio Buarque não era necessariamente tão evidente, ainda assim a crítica ao "bovarismo" atravessa *Raízes do Brasil*, ensaio que pode ser lido como uma grande pergunta sobre o que se podia erguer sobre um cimento mole e inacabado, que parecia inadequado à tarefa de construção nacional perseguida por tantos ensaístas dos anos 1920 e 1930. A discussão sobre o "homem cordial", que se tornaria célebre a partir de então, terminava num gigantesco impasse, nesta passagem que já apareceu anteriormente neste livro:

> A vida íntima do brasileiro não é bastante coesa, nem bastante disciplinada para envolver e dominar toda a personalidade, ajustando-a como uma peça consciente ao ambiente social. Ele é livre, pois, para se abandonar a todo o repertório de ideias e de gestos que encontra em seu meio, ainda quando obedeçam ao mais rigoroso formalismo. (Holanda, 1936, p. 110)

Na discussão da cordialidade, preparava-se o terreno para a crítica do "bovarismo", que expressa a destreza em fingir-se perfeito e fazer de conta que não há, sob a perfeição de fachada, uma vida inconfessável que foge às aparências e aos contornos nítidos do ideal. Além do mais, joga para o outro, para o Estado, as mazelas da imperfeição. O retrato do Brasil que então se desenhava pela pena de Sérgio Buarque não era nada edificante. Nele, aponta-se o pendor, típico no Brasil, para as fórmulas prontas e um discreto horror à realidade: "um amor pronunciado pelas formas fixas e pelas leis gerais, que circunscrevem a realidade complexa e difícil dentro do âmbito dos nossos desejos, é dos aspectos mais constantes do caráter brasileiro" (Holanda, 1936, p. 118).

Como já se viu, Sérgio Buarque volta um espelho pouco lisonjeiro aos seus compatriotas. Seu alvo eram os valores positivistas que fundaram a República, em tudo refratários à "fluidez e à mobilidade da vida". A democracia, segundo fórmula que se tornaria bastante conhecida, "foi sempre um lamentável mal-entendido" no Brasil. Ao fim de tudo, o "convívio das ideias e especulações" era apenas uma forma de "evasão da realidade", uma maneira espelhada e projetiva de olhar para a própria realidade do país sem encará-la de fato. A artilharia se voltava contra o artificialismo e a idealização do país, que era imaginado diverso do que é. Em *Raízes do Brasil*, sugere-se um romantismo que não mexera em nada, e que apenas ensinara a passar ileso diante da dura realidade do país:

> Apenas não nos devem iludir as aparências, a ponto de nos fazerem ver nos movimentos de depressão e de exaltação que oferece essa literatura romântica, muito mais do que uma superfetação na vida brasileira. Tornando possível a criação de um mundo fora do mundo, o amor às letras não tardou em instituir um derivativo cômodo para o horror à realidade, à nossa realidade. Não reagiu contra ela, de uma reação sã e fecunda, não tratou de corrigi-la ou dominá-la; esqueceu-a, simplesmente, ou detestou-a, provocando desencantos precoces e ilusões de maturidade. Machado de Assis foi a flor dessa planta de estufa. (Holanda, 1936, p. 125)

A equação, nesta passagem já comentada atrás, neste livro, é complexa: Machado de Assis é um acidente interessante nesse cenário de constantes negações e intermináveis fugas, porque foi capaz de introduzir a realidade em sua ficção, mas não de forma direta. Já Lima Barreto, se nos fiarmos na crítica a *Clara dos Anjos*, escrita por Sérgio Buarque em 1948, teria deixado que os seus problemas, e as questões sociais explicitadas por eles, aparecessem demasiado, sem que fossem devidamente filtrados pela ficção, restando como ossos e galhos num terreno mal lavrado (Holanda *in* Barreto, 2012, p. 125).

O problema apontado por Sérgio não é a presença da realidade na ficção, mas sim o que ele julgava ser sua aparição imediata, sem uma cuidadosa elaboração literária prévia e um amplo trabalho da imaginação. Como se, em *Raízes do Brasil*, e depois na crítica a *Clara dos Anjos*, fosse recolocada "a pergunta dos expressionistas alemães", que Sérgio lembrara na década de 1920: "a verdade está aqui: para que repeti-la?"

Mais que simples gesto juvenil do vanguardista, tratava-se, já naquela época, de uma simpatia profunda pelos debates da arte moderna na Europa. Sérgio Buarque (Holanda, 1996, v. I, p. 215), aliás, seria um dos primeiros e mais agudos entusiastas do surrealismo, escrevendo em 1925 um artigo em que afirmava, em tom de manifesto, que diante do "desenho rígido e anguloso das coisas", mais que nunca "toda arte poética há de ser principalmente – por quase nada eu diria apenas – uma declaração dos direitos do Sonho".

Mas é Machado de Assis quem parece desempenhar um papel intermediário importante para Sérgio Buarque de Holanda, também aqui: nem o realismo exacerbado de Lima Barreto, nem a completa fuga da realidade dos românticos. Se por um lado essa avaliação é clara para o crítico literário, por outro lado a primeira edição de *Raízes do Brasil* carrega um elogio latente às soluções políticas orgânicas, que tomam em conta a realidade do país. Na revisão da literatura brasileira de Sérgio Buarque, a ficção parecia necessitar de *maturação*, ao mesmo tempo em que a interpretação da história nacional levava a inquirir as *raízes* do país, o que por sua vez conduziria a uma relação complexa com a realidade, que se traduziria na forma de um ensaio que jamais fecha o círculo da explicação. Estranha divisão de áreas esta, que devia atormentar o crítico literário tanto quanto o historiador social. Talvez pudéssemos arriscar uma fórmula e sugerir que, para um como para outro, e ainda que em graus diversos, chegar ao núcleo do real somente seria possível se estabelecêssemos uma relação oblíqua com a realidade.

No plano político, para Sérgio Buarque, enquanto prevalecessem as relações sociais estabelecidas no meio rural, patriarcal e escravista, a influência da metrópole não se desfaria de todo, e tal herança apenas se desbarataria com o advento do mundo urbano, que ia aos poucos promovendo a ruína da ordem antiga. Até lá, o ensaísta é cristalino: "o americano ainda é interiormente inexistente" (Holanda, 1936, p. 137). Já Lima ia na contramão da urbanização, a qual, segundo ele, só trouxera mais miséria e o oposto do bem-estar.

O pensamento de Sérgio Buarque, no entanto, pendula diante dessa inexistência interior do americano, diante da incapacidade de encontrar sua seiva para bem aproveitá-la, ou seja, diante do vazio que um discurso de fachada mal recobre, com suas ideias girando em falso, fora de seu eixo e lugar. Aí surge a pergunta sobre a literatura como uma possibilidade de vencer aquela distância. Curiosamente, o caminho não será, para Sérgio, o "realismo" de Lima Barreto. Mesmo assim, a aposta numa solução de *encontro*, em algum plano profundo – tanto literário quanto político – entre as ideias e a realidade, era desejável e parecia urgente.

Em sua obra de intérprete do Brasil, em diálogo com tantas outras do período, era exatamente esse encontro que Sérgio Buarque de Holanda buscava, sugerindo a necessidade de olhar de frente os impasses que então se apresentavam. O grande dilema era que a "realidade" nacional, em 1936, ia apontando para a matriz personalista da política, e as ideias liberais, conquanto bonitas e reluzentes, nada ou pouco diziam dessa mesma realidade. Havia entre a política e a sociedade um *gap*, um vazio incômodo, semelhante àquele que o debate no campo da literatura procurava também iluminar.

Raízes do Brasil: uma relação complexa com a realidade[2]

Quando foi publicado, em 1936, *Raízes do Brasil* continha ainda uma dose importante de desconfiança em relação às grandes teses liberais, as quais vinham sendo verdadeiramente testadas no período entreguerras, trazendo ao primeiro plano do debate a questão da adequação entre ideias e realidade.

O desconforto patente de Sérgio Buarque com o *caudillismo* hispano-americano não chegava a fazê-lo acreditar que uma visão mais impessoal da política pudesse derrotar o personalismo que atravessava o espaço público latino-americano, e brasileiro em particular. O personalismo, em suma, não seria derrotado por uma democracia liberal, porque o pacto político que ela pressupunha não se ajustava aos traços mais profundos da história brasileira. Para muitos leitores isso pareceria, nos idos de 1936, uma verdade insofismável, e *Raízes do Brasil* era mais um livro, ao lado de *Casa-grande & senzala*, de Gilberto Freyre, ou mesmo ao lado da obra autoritária de Oliveira Vianna, a postular a origem ibérica da civilização no Brasil e imaginar os indivíduos distantes, ou talvez protegidos, das "ilusões da mitologia liberal". O pressuposto também é que essa era quase uma segunda natureza, que não se suplantaria mecanicamente com a modernização. Ao menos essa é a tese geral que se pode ler nas versões mais recentes do livro de Sérgio Buarque – ou, como se lê na primeira edição de *Raízes do Brasil*: estávamos ainda longe das muitas ilusões "fraudulentas" da mitologia liberal.

Sintomaticamente, o adjetivo "fraudulentas" some, na releitura radical que o historiador faz de seu próprio livro, nas muitas revisões que promove em suas edições seguintes – leitura radical que seria corroborada por Antonio Candido, a partir de 1969, quando se publica seu célebre prefácio a *Raízes do Brasil*. Acontece que após a Segunda Guerra Mundial as coisas haviam mudado. Qualquer suspeita em relação ao pacto liberal seria agora colocada, ela mesma, sob suspeita. A primeira edição de *Raízes do Brasil* andava ainda repleta de flertes com uma noção mais sólida do Estado, especialmente no seu último capítulo. Isto é, por um lado, em chave hegeliana, o Estado era compreendido como uma forma abstrata e superior da sociedade, uma transcendência; mas, de outro lado, buscava-se uma *solução* – em sentido quase

....
2. Organizando recentemente a edição crítica de *Raízes do Brasil*, evidenciou-se para nós que as notáveis alterações feitas entre as três primeiras edições do livro (1936, 1948 e 1956) podiam revelar uma obra em constante transformação, espécie de testemunho de como o autor negociava sinuosamente com algumas de suas ideias de juventude. Retomamos aqui ideias desenvolvidas no nosso prefácio àquela edição (cf. Holanda, 2016).

químico, senão alquímico – que tornasse essa forma superior mais próxima e integrada à realidade, numa relação entre Estado e sociedade que se poderia chamar, finalmente, de *orgânica*.

Não é necessário grande esforço de imaginação para perceber o que podia significar a defesa de um Estado sem fissuras no imediato pós-guerra. Esquematizando, é possível dizer que um Estado que complementasse as "necessidades específicas" da sociedade, como se lê já na primeira edição de *Raízes do Brasil*, poderia resultar num Estado forte, enquanto a política liberal pretendia, ao contrário, que se discutisse democraticamente quais seriam essas "necessidades específicas" a cada local, e as respostas múltiplas a demandas de direitos plurais. Trata-se sempre, em suma, de uma questão de adequação à realidade. Mas qual realidade? Aquela que irmanava o Brasil à história de outros Estados considerados modernos, ou aquela que recuperava um passado marcado pelo latifúndio, pela mão de obra escrava, pelo legado colonial e pela origem ibérica? Eis a questão insolúvel na literatura e na imaginação social do período.

O imbróglio se torna ainda maior quando pensamos que as tais "necessidades específicas" do país, como se lê em *Raízes do Brasil*, eram por natureza indefiníveis. Afinal, se fossem facilmente definíveis, a própria política representativa e democrática se tornaria supérflua. Quem precisa de política se um líder é capaz, por exemplo, de traçar um diagnóstico perfeito das mazelas nacionais, oferecendo a cura definitiva de todos os males que afligem uma sociedade? Levando o esquema a seu limite lógico, uma vez que os traços nacionais fossem identificados e tomados em conta pelo governante – e ademais, entendidos como imutáveis pois marcados por traços culturais persistentes –, a política já não seria mais necessária, ao menos não no seu sentido liberal, como um palco em que diferentes forças lutam pelo controle do Estado e pelo direcionamento de suas políticas públicas. Por isso, o modelo democrático, que visa o debate entre diferenças a partir de projetos de cidadania entre iguais, talvez parecesse até deslocado, no momento em que o livro de Sérgio Buarque era publicado.

O que estava em questão, quando se publicou *Raízes do Brasil* pela primeira vez, era a crise e a relativa impotência do pacto representativo do liberalismo, quando se erguia o modelo de um Estado forte, de um lado, e se gestava o populismo, de outro. Crise, aliás, que mal ousamos discutir em nossa contemporaneidade, talvez porque hoje, passadas umas tantas décadas da experiência dos totalitarismos, saibamos bem o que significa apostar todas as fichas num Estado sem fissuras.

É verdade que Sérgio Buarque estaria preocupado, desde 1936, em criticar o modelo de um Estado forte, à esquerda ou à direita, como aliás fica claro na nota, na primeira edição do livro, e já discutida aqui, em que ele se contrapõe a Octávio de Faria, um dos grandes baluartes do pensamento autoritário no Brasil. Mas, ao mesmo tempo, o Estado deveria ser, se seguirmos a argumentação em *Raízes do Brasil*, uma forma que viesse de encontro às "necessidades específicas" da sociedade, ao seu "ritmo espontâneo". O argumento parece indicar uma cadência própria do corpo social, que o bom político seria capaz de ouvir. Mas o argumento pode ser falacioso, porque se de um lado justifica a singularidade de cada país no concerto das nações, por outro justifica e naturaliza um destino nacional, como se as sociedades tivessem comportamentos que fossem da ordem da natureza, e não explicados por meio da cultura, da história e da política.

É certo que Sérgio Buarque não iria tão longe, nem chegaria a propor um curto-circuito que pudesse atar o líder ao povo. Mas não há como esquecer que o livro é escrito na aurora dos populismos na América Latina, quando a *representação* era um problema espinhoso e dramático, e a emergência do poder simbólico do líder colocava o *carisma* no centro do debate político. O leitor de *Raízes do Brasil* encontrará esta imagem ao final do ensaio: como "compor um todo perfeito de partes tão antagônicas"? A pergunta convida a pensar nas pluralidades de um país de tamanho e lógica continentais, mas também nos impasses da representação política, diante dos quais nem o liberalismo nem o populismo ofereciam respostas totalmente satisfatórias.

Seria apenas na década de 1930 que tais discussões se esclareceriam, anos após a morte de Lima Barreto. Em 1922, quando Lima e Sérgio se conheceram fugazmente, nem um nem outro possuía os instrumentos adequados para formular os impasses da questão política de forma tão clara e tão paradoxal. Tinham, é claro, elementos para desconfiar dos ganhos incontestes do regime republicano; ao menos aquele que lhes fora dado conhecer.

Já em *Raízes do Brasil*, escrito quando Sérgio Buarque havia se desencantado com o modernismo e passara quase dois anos na Alemanha, o "bovarismo" seria enfrentado de maneira mais direta, e a crítica ao desejo de fugir da realidade – e de produzir novos espelhos para se mirar – seria levada a suas últimas consequências. Mesmo assim, não era claro, nem àquela altura, que a solução fosse a aposta incondicional no desvendamento da realidade.

Ensaiando-se historiador, em seu livro de estreia Sérgio Buarque percebia que entre as ideias e o real se interpõem as representações, as fantasias, os mitos, as simbologias herdadas e refeitas, os costumes persistentes, as heranças relidas no presente e as expressões confusas que sempre recobrem a ação humana. Entre as ideias e a realidade, colocava-se também uma expressão que ganharia fôlego décadas depois, mas que àquela altura mal tinha aterrissado na imaginação dos intelectuais brasileiros: a ideologia. Ou talvez, nos termos simples e pungentes de Lima Barreto, tratava-se dessa "mania de se querer diferente do que se é".

Se não é necessário ler *Raízes do Brasil* a partir desse diálogo com Lima Barreto, é no mínimo desafiador buscar entender como o livro conversa com uma agenda dos anos 1920, compartilhada entre autores que a recepção futura viria a definir como pertencentes a searas opostas e distintas. Distintas, sem dúvida, mas a seu jeito assemelhadas, talvez muito mais próximas do que sugere um olhar superficial, ou mais perto do que permite ver o pouco que sabemos sobre o encontro entre os dois autores. Refazer esses diálogos, rejeitando dicotomias fáceis e paradas no tempo, pode ajudar a refletir sobre ambos em seus momentos de produção, mas também para além deles. Ajuda também a retomar a crítica para torná-la, ela própria, uma forma de reflexão. Por fim, é uma maneira de entender as histórias do pensamento nacional como um campo aberto a novas perguntas que muitas vezes dirigimos aos mesmos autores e aos mesmos textos, mas a partir de demandas, inquietações e tempos distintos.

"El hombre cordial":
um conceito latino-americano[1]

Durante muito tempo, *Raízes do Brasil*, de Sérgio Buarque de Holanda, foi lido como um "clássico" de interpretação nacional, espécie de certidão de nascimento que atestaria as origens, as promessas e as limitações do Brasil. Publicado em 1936 e intensamente alterado em edições posteriores, o livro pode ser entendido, porém, como um testemunho agudo da insuficiência do discurso nacional.

Por um lado, a leitura contemporânea de *Raízes do Brasil* pode tornar claro que a identidade coletiva é sempre uma construção fluida, necessariamente relacional, que jamais se fecha numa imagem fixa. Ao mesmo tempo, o Brasil não existe sem a fantasia de ser diferente, único e intraduzível. Por outro lado, o signo nacional é insuficiente porque deixa escapar diferenças internas, lançando na sombra aquilo que resiste ao seu objetivo de abarcar tudo. O Brasil, em suma, é sempre mais (ou menos) do que aquilo que se pode dizer dele. E, como no verso genial de Charly García, "*la alegría no es solo brasileña*"...

Precisamente a tensão entre a alegria e a melancolia espreita alguns dos grandes ensaios de interpretação do Brasil, dentro daquilo que se convencionou chamar de seu "modernismo". Tendo como marco simbólico a Semana de Arte Moderna celebrada em 1922 na cidade de São Paulo, o modernismo brasileiro pouco tem a ver, à primeira vista, com seu congênere finissecular hispano-americano. Diferentemente do modernismo hispano-americano, o chamado modernismo brasileiro se confunde com as vanguardas das primeiras décadas do século XX, que hoje chamamos de clássicas. A experimentação com a linguagem, o desinteresse pela ossificada língua culta, assim como o desejo de fundar uma interpretação do país que levasse em conta o que acontece para além da *cidade letrada*, são características desse modernismo.

....
1. Publicado originalmente como estudo crítico, na edição argentina de *Raízes do Brasil* (cf. Holanda, *Raíces del Brasil*, 2016, p. 225-245).

Numa de suas obras fundamentais – *Macunaíma*, de Mário de Andrade, publicada em 1928 – o personagem-título vaga incerto entre a cidade e a floresta, em busca de uma miraculosa pedra preciosa que lhe fora roubada. Errando pelo país, Macunaíma oscila entre a alegria irresponsável de quem veio ao mundo para se divertir e a melancolia de quem gastou toda a sua energia na interminável busca do prazer. O livro de Mário de Andrade é dedicado a Paulo Prado, mecenas do modernismo e autor, também em 1928, de *Retrato do Brasil*, obra em que o colonizador português é apresentado como agente civilizador dilacerado e dividido entre a cobiça, a luxúria e a tristeza.

Para além dos princípios estéticos que guiavam os autores, ambos discutiam o sentido de uma civilização de origem colonial, e a possível canalização da energia coletiva em prol de um projeto nacional.

Raízes do Brasil pode ser lido como um livro que, na década de 1930, quando Getúlio Vargas já se instalara no poder, responde àqueles primeiros ensaios modernistas, mergulhando fundo nas "raízes" ibéricas que tornam a aventura europeia nos trópicos supostamente singular. Ao mesmo tempo, procurava sondar as potências e as pulsões que permitiram que uma sociedade se formasse à sombra da escravidão e do patriarcalismo, com um sujeito político que agora, no presente republicano brasileiro, ocupava um espaço novo, cujos contornos eram disputados pelas mais diversas forças políticas e culturais.

Não à toa, é na mesma década de 1930 que se funda a mitologia do brasileiro "alegre", cidadão discretamente irresponsável, senhor do carnaval, do samba e do futebol. Conscientemente ou não, Sérgio Buarque lidava com tais mitos ao inquirir o sentido do arranque colonizador português e ao perguntar que tipo de civilização vinha se formando sobre um cimento social que por vezes parecia demasiado solto, sem que as energias individuais fossem devidamente canalizadas para a construção da coletividade. A alegria e a soltura, afinal, levam à civilização? Esta talvez seja uma das perguntas que pulsam, surdamente, em *Raízes do Brasil*.

* * *

A despeito das diferenças que Sérgio Buarque de Holanda postula entre a colonização espanhola e a portuguesa, o fato é que a cultura "ibero-americana" lhe fornece o molde para a compreensão de um espaço formado a partir do encontro de europeus, nativos e escravos africanos em território americano.

Um dos conceitos-chave do livro, que hoje pertence quase ao imaginário coletivo brasileiro, é o "homem cordial". Embora a linguagem utilizada para defini-lo seja ainda devedora de princípios românticos, segundo os quais o "espírito" do povo guia o avanço da sociedade, o fato é que o homem cordial representa um impasse, mais que uma solução ou uma definição conclusiva. Ali onde o leitor esperaria encontrar um desenho perfeito, ou uma caricatura reveladora, a imagem do homem cordial se desdobra em muitas outras, e de repente nos vemos, com esse personagem desconcertante, diante de uma verdadeira "crônica dos descompassos", como se estivéssemos diante da narrativa da dificuldade – senão da impossibilidade mesma – de que se formasse uma esfera pública no Brasil.²

O homem cordial não é apenas, nem necessariamente, afável ou cordato, como se percebe na polêmica entre Sérgio Buarque e o poeta Cassiano Ricardo, que logo depois da publicação de *Raízes do Brasil*, em 1936, trataria de enquadrar o conceito na ideologia do Estado Novo (1937-1945), segundo a qual as relações sociais no Brasil eram fundamentalmente doces, como se a dureza dos conflitos fosse mitigada por um princípio de arrefecimento inato na alma de seus cidadãos.³

Já na interpretação de Sérgio Buarque, o homem cordial vive da proximidade com tudo o que lhe é familiar, protegido pelo clã e pela parentela, envolto num bolha que o estrema do espaço público, no qual ele não seria uma criatura singular, mas passaria a ser, simplesmente, um cidadão como qualquer outro. A entrada no mundo da pólis, isto é, da *política*, em que o indivíduo se faz cidadão e passa a responder a uma ética que o torna responsável por si mesmo, autônomo e independente dos laços de proteção familiar, é um dos principais dramas que se desenham em *Raízes do Brasil*. Como Antígona, na tragédia de Sófocles, o homem cordial obedece aos laços de sangue porque acredita na sua sacralidade, resistindo heroicamente à despersonalização

....

2. A expressão é de Gabriel Cohn, em texto no qual propõe que a influência de Max Weber em *Raízes do Brasil* se revelaria nos paradoxos da ação, isto é, no descompasso entre a intenção e suas consequências. No entanto, a matriz "alemã" de Sérgio Buarque de Holanda estaria, segundo Cohn (2002, p. 10-11), muito mais no modo "sinuoso e indireto" de Simmel: "ambos [Buarque de Holanda e Simmel] são a seu modo pensadores do destino, da inadequação, da distância entre o fluxo espontâneo dos impulsos vitais e a forma que ele assume na sua conformação pela força ordenadora da cultura".

3. Trabalhei o tema em meu próprio livro, já citado aqui, *Signo e desterro: Sérgio Buarque de Holanda e a imaginação do Brasil* (2015). Para uma leitura cuidadosa da recepção do conceito de cordialidade por intelectuais do Estado Novo, cf. Feldman (2016).

proposta pelo governo da Cidade, para o qual nem a família está acima das regras da coletividade.

Trata-se de um drama que traz ao palco a fidelidade às origens, quando o sujeito é colocado diante de um dilema crucial sobre qual princípio seguir: a vontade da família ou a vontade da sociedade? Transposto à realidade da modernização e da urbanização na América Latina e no mundo, nas primeiras décadas do século XX, o dilema se torna ainda mais agudo, porque se tratava agora de investigar o que acontece com o indivíduo autônomo, solitário, que deve se soltar da rede acolhedora da família e dos antepassados, para mergulhar no funil gelado do individualismo.

* * *

Mas de onde vem o "homem cordial"? Onde Sérgio Buarque de Holanda vai buscar a expressão, e o que ela inadvertidamente traz consigo? Que marcas e debates anteriores o homem cordial pode revelar e também dissimular?

É numa carta do poeta brasileiro Rui Ribeiro Couto, enviada de Marselha a Alfonso Reyes, em 1931, que a expressão surge, ao que parece pela primeira vez em português. A carta apareceria em *Monterrey*, o célebre *Correo Literario* que Reyes publicou enquanto embaixador do México no Brasil, entre 1930 e 1936:

> É da fusão do homem ibérico com a terra nova e as raças primitivas que deve sair o "sentido americano" (latino), a raça nova, produto de uma cultura e de uma intuição virgem, o homem cordial. Nossa América, a meu ver, está dando ao mundo isto: o homem cordial. (Couto *in* Holanda, 2016, p. 397)

Embora o tom de Sérgio Buarque de Holanda, ao escrever sobre o homem cordial, não seja celebratório como o de Ribeiro Couto, vemos aí a centelha inicial de um conceito muito complexo. Por um lado, a cordialidade apontava para o impasse da formação do espaço público, que depende da despersonalização do sujeito e de sua transformação em cidadão. Por outro lado, ela era também, à sua maneira, uma idealizada caraterística "latina".

A genealogia da expressão – o "homem cordial" – leva ainda mais longe. É num texto de Rubén Darío, "El Triunfo de Calibán", publicado em *La Nación* e escrito no calor da intervenção norte-americana no Caribe, durante a guerra de 1898, que o homem cordial faz, provavelmente, sua primeira aparição em letra impressa. No artigo, o poeta nicaraguense se refere a uma noite, em Buenos Aires, em que Roque Saenz Peña, numa conferência no teatro La Victoria patrocinada pelo Club Español, se reportou ao conflito armado entre os Estados Unidos e a Espanha:

> En este discurso de la fiesta de La Victoria el estadista volvió a surgir junto con el varón cordial. Habló repitiendo lo que siempre ha sustentado, sus ideas sobre el peligro que entrañan esas mandíbulas de boa todavía abiertas tras la tragada de Tejas; la codicia del anglosajón, el apetito *yankee* demostrado, la infamia política del gobierno del Norte; lo útil, lo necesario que es para las nacionalidades españolas de América estar a la expectativa de un estiramiento del constrictor. Sólo una alma ha sido tan previsora sobre este concepto, tan previsora y persistente como la de Saenz Peña: y esa fue – ¡curiosa ironía del tiempo! – la del padre de Cuba libre, la de José Martí. Martí no cesó nunca de predicar a las naciones de su sangre que tuviesen cuidado con aquellos hombres de rapiña, que no mirasen en esos acercamientos y cosas panamericanas, sino la añagaza y la trampa de los comerciantes de la yankería. ¿Qué diría hoy el cubano al ver que so color de ayuda para la ansiada Perla, el monstruo se la traga con ostra y todo? En el discurso de que trato he dicho que el estadista iba del brazo con el hombre cordial. Que lo es Saenz Peña lo dice su vida. Tal debía aparecer en defensa de la más noble de las naciones, caída al bote de esos yangüeses, en defensa del desarmado caballero que acepta el duelo con el Goliat dinamitero y mecánico. (Darío, 1983, p. 86-87)

As mandíbulas da cobra figuram a gula imperialista norte-americana, que a capa de bonomia panamericanista mal podia esconder, ao menos para olhos tão ávidos por identificar o monstro do Norte que ameaçava constranger a liberdade do mundo que se comprimia ao Sul. Aí surge, em defesa do desarmado *caballero* – numa referência a uma passagem do *Dom Quixote* –, a figura de Saenz Peña (ainda não presidente, naquele momento), o qual, como José Martí, teria visto a grande armadilha ianque se armando. Em sua defesa da mãe-pátria espanhola e da progênie latina, o estadista parecia ser também "*el hombre cordial*".[4]

....
4. A referência de Darío aos "ianques" se mescla à passagem em que Dom Quixote e Sancho reagem aos "yangüeses" que haviam dado uma surra no Rocinante, que por sua vez se engraçara com as éguas daqueles. O resultado é uma briga de Davi contra Golias: Sancho e o Quixote contra uma centena de homens, que terminam por espancar o amo e seu fiel escudeiro (cf. Cervantes, 2001, p. 159-67).

Difícil precisar se esta é a genealogia exata da expressão, mas é curioso que a reação ao fantasma do Norte acendesse na imaginação a figura de um político que abraça a cordialidade – uma característica que aponta para a herança que Ribeiro Couto posteriormente celebraria, até que Sérgio Buarque de Holanda a transformasse numa poderosa metáfora para a compreensão das relações políticas prevalentemente estabelecidas entre latino-americanos ou, mais especificamente, entre brasileiros.

Entre hispano-americanos e brasileiros interpõe-se, contudo, a figura do mexicano José Vasconcelos, em cuja célebre leitura do excepcionalismo latino-americano, em *La raza cósmica* (1925), encontram-se as "mil puentes para la fusión sincera y cordial de todas las razas", assim como "un corazón sensible y ancho que todo lo abarca y contiene, y se conmueve; pero henchido de vigor, impone leyes nuevas al mundo". *Cordial* provém afinal de coração, pelo latim *cor, cordis*. A formação "cósmica" latino-americana, por sua vez, anunciaria um "scherzo" civilizacional em que todos se encontram e cruzam, diferentemente do "allegro" da marcha anglo-saxã, ininterrupta e vigorosa, capaz de atropelar o Outro, antes de ter tempo para assimilá-lo (Vasconcelos, 2003, p. 16-18).

Não se trata de reclamar uma ascendência direta que conectaria Sérgio Buarque de Holanda a Rubén Darío, por via de Ribeiro Couto em seu diálogo com Alfonso Reyes, tendo de permeio o travo ideológico de Vasconcelos, que utiliza a palavra "cordial" abundantemente, referindo-se também ao Brasil. Mas, ainda que nada seja direto, podemos adensar a compreensão da "cordialidade", como sociabilidade contrária à suposta frieza dos norte-americanos, ao recordarmos o amplo espectro latino-americano que inclui os debates em torno do *arielismo*. Tais debates não se resumem apenas ao célebre *Ariel* (1900) de Rodó, com sua releitura dos motivos shakesperanos (Ariel, Caliban e Próspero) que já haviam ocupado Ernest Renan, na França tomada pelo furor revolucionário. Como observa Carlos Jáuregui (1998, p. 441-449), esses debates levam de volta a Rubén Darío e, deste, apontam para o ocultista francês, fundador da ordem rosa-cruz, Joséphin Peladan.[5] Há muito ainda por desenterrar, no sítio pouco explorado dessa arqueologia da exceção latino-americana.

....
5. Seguindo os argumentos de Jáuregui, resta lembrar que o Darío furioso de 1898 não coincide com o poeta de "Salutación al águila", de 1907, poema em que se lê: "*Tráenos los secretos de las labores del Norte,/ y que los hijos nuestros dejen de ser los rétores latinos/ y aprendan de los yanquis la constancia, el vigor, el carácter.*"

No quadro do excepcionalismo latino-americano, os Estados Unidos funcionam como exemplo de um desvio indesejado no avanço civilizacional. Afinal, ao valorizar o trabalho manual constante e alienante, os norte-americanos teriam endeusado o individualismo desprovido de sentido, enquanto no quadrante "latino" a alma ainda podia se deleitar com o ócio criativo dos espíritos elevados: elevados e incompreendidos, bem ao gosto elitista e tardo-romântico daquele fim de século assombrado pelos fantasmas da *regressão*. Não demoraria muito, aliás, para que, na Alemanha – onde Sérgio Buarque de Holanda conceberia as primeiras ideias de *Raízes do Brasil*, quando lá esteve entre 1929 e 1930 – Oswald Spengler ensaiasse sua reação agônica à falta de organicidade da sociedade moderna.[6]

Se nos voltamos para um contexto mais amplo, notaremos que os debates identitários brasileiros – estudados, no próprio Brasil, de forma rente ao nacional, em obsessiva e claustrofóbica autorreferência – estão conectados a uma discussão de fundo sobre a decadência moderna e a função da América Latina como peça de resistência ao mundo desencantado, ou como lugar onde se guardaria, como um segredo, tudo aquilo que o mundo ocidental ia perdendo. No caso hispano-americano, o "modernismo" que emergira no fim do século XIX se pautava por perguntas sobre aquilo que *desaparecia*, mais talvez que por aquilo que *surgia* no horizonte. Conquanto a renovação seja evidente no plano da linguagem e da sensibilidade, trata-se de um modernismo mais atento ao que se desmancha que ao que se ergue.

Em Rodó, o problema se encontraria cifrado na referência ao espírito que se eclipsava, num mundo em que os heróis desapareciam:

> Gran civilización, gran pueblo – en la acepción que tiene valor para la historia – son aquellos que, al desaparecer materialmente en el tiempo, dejan vibrante para siempre la melodía surgida de su espíritu y hacen persistir en la posteridad su legado imperecedero – según dijo Carlyle del alma de sus "héroes": – como una nueva y divina porción de la suma de las cosas. Tal, en el poema de Goethe, cuando la Elena evocada del reino de la noche vuelve a descender al Orco

....
6. "*En lugar de un mundo tenemos una ciudad, un punto, en donde se compendia la vida de extensos países, que mientras tanto se marchitan. En lugar de un pueblo lleno de formas, creciendo con la tierra misma, tenemos un nuevo nómada, un parásito, el habitante de la gran urbe, hombre puramente atenido a los hechos, hombre sin tradición, que se presenta en masas informes y fluctuantes; hombre sin religión, inteligente, improductivo, imbuido de una profunda aversión a la vida agrícola – y su forma superior, la nobleza rural –, hombre que representa un paso gigantesco hacia lo inorgánico, hacia el fin*" (Spengler, 1966, s.p.). A única referência a Spengler em *Raízes do Brasil* é retirada do livro a partir de sua segunda edição, de 1948.

sombrío, deja a Fausto su túnica y su velo. Estas vestiduras no son la misma deidad; pero participan, habiéndolas llevado consigo, de su alteza divina, y tienen la virtud de elevar a quien las posee, por encima de las cosas vulgares. (Rodó, 2004, p. 219-220)

Ainda que evitemos reduzir o pensamento de Rodó ao gesto ilustrado – elitista e estetizante – de *Ariel*,[7] vale a pena notar que aí se encontra algo totalmente sedutor para um Sérgio Buarque de Holanda (1996, v. I, p. 35-41) que, com apenas dezessete anos de idade, no início de 1920, escreveria para um jornal de São Paulo sobre a "emancipação intelectual" da América Latina. Um dos autores evocados pelo jovem articulista é o peruano Francisco García Calderón, um *arielista* de primeira plana, preocupado, conta-nos o jovem articulista, com a "completa emancipação espiritual do Novo Mundo, e, em especial, na porção onde domina a língua de Cervantes".

Um texto seguinte de Sérgio Buarque (Holanda, 1996, v. I, p. 42-46), já então com dezoito anos completos, publicado na *Revista do Brasil* em maio de 1920, é uma resenha de *Ariel*, que funciona também como obituário de José Enrique Rodó, falecido poucos anos antes.[8] O artigo é um verdadeiro grito contra a decadência das nações que se ajoelham diante da grandeza e do progresso de "raças" exóticas. O autor comunga nas desconfianças difusas de Rodó em relação aos norte-americanos: o "utilitarismo yankee" é o grande vilão, e o jovem brasileiro não esquece de associá-lo à condição republicana dos Estados Unidos, deixando entrever, com clareza, seus próprios ideais monarquistas.[9]

O elitismo patente de Rodó ganha, na resenha do adolescente, um espectro amplo:

> O utilitarismo e a preocupação de ganhar dinheiro, a *auri sacra fames*, conquistaram os norte-americanos em detrimento do espírito intelectual, da moralidade política e da própria liberdade individual. Isso deu azo a que Schopenhauer os qualificasse de proletários da humanidade. Seu caráter próprio, diz ele, é a vulgaridade sob todas as formas: moral, intelectual, estética, vulgaridade que se

....
7. Sobre Rodó, em especial a partir dos *Motivos de Proteo* (1909), cf. Draper (2006, p.50-74).

8. Sobre a importância de Rodó para o jovem Sérgio Buarque de Holanda, cf. Newcomb (2012, p.183-210).

9. Sobre o monarquismo do jovem Sérgio Buarque de Holanda, leia-se: Eugênio, João Kennedy. "Um horizonte de autenticidade. Sérgio Buarque de Holanda: monarquista, modernista, romântico (1920-1935)".

manifesta não somente na vida privada mas também na vida pública. O autor de *Die Welt als Wille* atribuía essa vulgaridade em parte à Constituição republicana dos Estados Unidos e, em parte, à sua origem, isto é, a terem sido no princípio uma colônia penitenciária ou por possuírem por ascendentes, "homens que tinham razões para fugir da Europa". (Holanda, 1996, v. I, p. 43)

Tais ideias estão muito distantes da crítica ao pensamento autoritário que Sérgio Buarque elaboraria, dezesseis anos mais tarde, em 1936, em *Raízes do Brasil*. Ainda assim, vale a pena reter, para fim de contraste, a impressão forte que, no jovem de dezoito anos, a causa latino-americana e o elitismo de Rodó despertaram. Como se viu atrás, o "empirismo frio e prosaico" norte-americano não deixaria de reaparecer, embora atenuado, nas teses weberianas que fornecem os andaimes em que se arrima a argumentação de Sérgio Buarque, que retoma, no capítulo sobre o "homem cordial", a "contribuição ao mundo" que Ribeiro Couto propusera, em seu diálogo com o diplomata e ensaísta Alfonso Reyes, enquanto este vivia no Rio de Janeiro.[10]

Mas o círculo latino-americano se estende ainda mais e talvez se encerre em Buenos Aires, décadas antes, quando Rubén Darío publicou em *La Nación* seu elogio a Roque Saenz Peña, que, ao lado do fantasma de José Martí, parecia prestes a erguer uma civilização que, seguindo a frondosa imaginação daquele fim de século, se contraporia à frieza, à objetividade e à praticidade irritantes da sociedade moderna.

* * *

A rede da imaginação latino-americana cresce ainda mais se recordamos que o último capítulo de *Raízes do Brasil* tem a política hispano-americana como um de seus focos privilegiados. É verdade que o texto original, de 1936, recebeu várias adições a partir de sua segunda edição, de 1948, o que sugere que o autor continuaria repensando suas teses. No entanto, desde a primeira edição nota-se uma profunda desconfiança em relação à matriz política liberal. Sérgio Buarque de Holanda tem como referência, no caso, a presidência de Batlle y Ordóñez no Uruguai, onde o "racionalismo excedeu os seus limites", como se lê em *Raízes do Brasil*, "ao erigir em regra suprema os conceitos",

....
10. A respeito da sombra weberiana que recai sobre a imaginação do Brasil, ver também Jessé Souza (1999).

separando-os "irremediavelmente da vida" e criando "com eles um sistema lógico, homogêneo, a-histórico". Tal experimento político, exageradamente "lógico" e completamente distante da "vida", elevara o "impersonalismo democrático" a sua máxima potência. Nesse momento, contudo, o autor brasileiro argumenta que o "caudilhismo" pertencia ao mesmo círculo de ideias que o "liberalismo", sendo apenas a "forma negativa" da tese liberal.

Era a sombra do entreguerras que avançava, abarcadora:

> Assim, Rousseau, o pai do contrato social, pertence à família de Hobbes, o pioneiro do Estado Leviatã; um e outro vêm da mesma ninhada. A negação do liberalismo, inconsciente em um Rosas, um Melgarejo, um Porfirio Díaz, afirma-se hoje como corpo de doutrina no fascismo europeu, que nada mais é do que uma crítica do liberalismo em sua forma parlamentarista, erigida em sistema político positivo. Uma superação da doutrina democrática só será efetivamente possível, entre nós, quando tenha sido vencida a antítese liberalismo-caudilhismo. (Holanda, 2016, p. 316-317)[11]

Do Chile à Costa Rica, o personalismo teria se erigido numa "força positiva", diante da qual "os lemas da democracia liberal parecem conceitos puramente ornamentais ou declamatórios, sem raízes fundas na realidade". Como que anunciando a tese de que as ideias liberais estariam "fora de lugar", o autor de *Raízes do Brasil* afirmaria ainda que a "ideia de uma espécie de entidade imaterial e impessoal, pairando sobre os indivíduos e presidindo os seus destinos, é dificilmente inteligível para os povos da América Latina" (Holanda, 2016, p. 323-324).

O problema era a adequação entre a sociedade e o Estado, que o liberalismo tendia a transformar numa entidade neutra, subordinada à economia. Faltaria ao pensamento liberal, nas palavras de Carl Schmitt parcialmente endossadas por Sérgio Buarque de Holanda, uma "teoria positiva do Estado".

É significativo que a referência ao "ilustre professor de Direito Público da Universidade de Bonn" (Holanda, 2016, p. 334) desaparecesse em edições mais recentes do livro, a partir de 1948, quando o nome de Schmitt já fora associado indelevelmente ao III Reich.

Independentemente do apagamento das marcas antiliberais na edição "definitiva" de *Raízes do Brasil*, o problema permaneceria incomodando: onde

---
....
11. Na primeira edição de *Raízes do Brasil* (1936), no lugar de Hobbes aparece "Maquiavel, o pioneiro da doutrina do poder" (cf. Holanda, 2016, p. 317).

encontrar o princípio político em que se fundaria a construção coletiva? E por que, após a Grande Guerra, renasciam, com nova e caudalosa seiva, as "doutrinas que predicam a máxima sujeição do indivíduo ao Estado" (Holanda, 1988, p. 298-301)?[12]

* * *

Em artigo de 1935, que forneceria algumas das ideias que, no ano seguinte, encerrariam *Raízes do Brasil*, Sérgio Buarque faz um resumo apertado das teses de Carl Schmitt, para quem haveria pouca dúvida "de que a política em si representa uma atividade irracional, que tem sua raiz nas regiões obscuras, inconscientes, do homem" ("O Estado totalitário" *in* Holanda, 1988, p. 299). Tomando a tensão entre o "amigo" e o "inimigo" como molde da política, Schmitt lançara uma sombra de suspeita sobre os princípios claros da democracia representativa liberal, a qual tenderia a ignorar o núcleo conflitivo e *irracional* da política.

Ao discutir traços que seriam por vezes identificados como "psicológicos", o autor de *Raízes do Brasil* está de fato se lançando a uma discussão de ordem política, porque o seu problema – tão candente no período entreguerras – era a posição e o papel do indivíduo diante das necessidades imperiosas da coletividade. O livro se escreve em meio à gestação dos populismos latino-americanos, que forjavam modelos políticos capazes de criar curto-circuitos na ideia da *representação*.

Dizendo-o de forma esquemática, o compromisso entre líder e povo torna no limite secundárias as mediações da política liberal e toda a cadeia de representação que ela sacraliza. Nesse sentido, talvez não seja exagerado afirmar que o "homem cordial" é também uma forma de dramatizar os impasses da política num mundo dividido entre o fantasma dos totalitarismos, que Sérgio Buarque de Holanda vigorosamente recusa, e os valores liberais, que ele tampouco advoga com entusiasmo, especialmente em 1936, quando, na primeira edição de *Raízes do Brasil*, reclamava todavia do caráter "*fraudulento*" da "mitologia liberal" – adjetivo que sugestivamente desapareceria das seguintes

....
12. "O Estado totalitário" foi um artigo publicado na *Folha da Manhã* em 1935, no qual o autor comenta *O conceito do político*, de Carl Schmitt. Na mesma linha, é também interessante consultar os artigos escritos por Sérgio Buarque de Holanda enquanto era correspondente em Berlim em 1929 e 1930, no crepúsculo da República de Weimar. Cf. "Nacionalismo e Monarquismo na Alemanha" (*in* Holanda, 1988, *Raízes de Sérgio Buarque de Holanda*, p. 236-61).

edições, posteriores à Segunda Guerra Mundial, como também foi visto atrás (cf. Holanda, 2016, p. 327).

Caberá ao leitor descobrir se há de fato uma análise do populismo subjacente às reflexões de *Raízes do Brasil*. Em termos emprestados à teoria contemporânea, trata-se de perceber que as demandas populares se cristalizam numa "identidade discursiva", e que o "povo" do populismo está intimamente ligado à precipitação momentânea de sua vontade. Não se trata de um momento mágico em que as barreiras entre líder e massa simplesmente desapareceriam, mas sim de uma "identificação" complexa, em sentido psicanalítico (cf. Laclau, 2007, p. 93-94). Tampouco se trata de pensar a política como simples mediação entre demandas sociais diversas. Há um vazio diante de toda demanda social, e o seu preenchimento instantâneo é a tarefa política por excelência. Preenchimento instantâneo: não eterno, nem absoluto.

Para enfrentar o problema teórica e politicamente, convém lembrar que a contingência e o caráter no limite indefinível das demandas coletivas devem ser compreendidos não como obstáculo à mudança, mas talvez como seu motor. Pode ser este, justamente, o sentido do parágrafo final de *Raízes do Brasil*, onde expressões tão vagas quanto "nosso próprio ritmo espontâneo" e "mundo de essências mais íntimas" aparecem como freio ao delírio tecnocrático e autoritário dos que querem impor "elaborações engenhosas" para que "nos encontremos um dia com a nossa realidade".

Conquanto Sérgio Buarque de Holanda fuja à utilização das classes sociais como categoria de análise, a definição do *sujeito* daquelas demandas coletivas em constante transformação, e do "nós" que rege o encontro com a "nossa realidade", é matéria inevitavelmente polêmica. As teses por vezes paradoxais e incompletas de *Raízes do Brasil* são engendradas a partir de uma pergunta sobre a necessária inclusão de enormes contingentes da população no palco da política oficial, num contexto em que mais de quatro décadas de regime republicano não tinham sido suficientes para reverter o legado macabro da escravidão, que atravessou boa parte do século XIX quase intacta no Brasil.

Seja como for, a *inclusão* social nos coloca diante da questão dos limites da política liberal. Se é verdade que toda mudança traz, por assim dizer, a exigência de uma nova lei, resta lembrar que toda nova lei é também a fundação de um "estado de exceção". Para além do sentido figurativo dessa "exceção", convém inquirir o sentido da mudança histórica, para então compreender a necessidade de interromper o círculo vicioso que, sob a guarda do Estado liberal-democrático, termina por reproduzir a exclusão social *ad nauseam*.[13]

É um terreno pantanoso, sobre o qual ainda há muito que estudar. Mas, como no caso do demônio de Descartes, com o qual Sérgio Buarque termina *Raízes do Brasil*, as "verdades singelas" são simplesmente escondidas das vistas de todos, e ninguém ousa perceber que as "formas superiores da sociedade" deveriam ser o contorno perfeito das forças e das demandas sociais, emanando de "necessidades específicas" da coletividade e jamais das "escolhas caprichosas" de uns poucos.

A especificidade das demandas populares é matéria em aberto, escapadiça e provocadora, como que flutuando à espera de um signo em que a vontade coletiva possa enfim revelar-se, em iluminação tão rápida quanto irresistível. Resta perguntar, com o livro de Sérgio Buarque de Holanda nas mãos, se deveríamos ou não resistir ao apelo imediato daquelas demandas. Seja qual for a resposta, *Raízes do Brasil* talvez ensine a ver que o *povo*, que se torna peça central na engenharia retórica da política, é também um sujeito difícil – talvez mesmo impossível – de evitar e de definir.

....
13. Valho-me aqui, livremente, das reflexões de Paulo Niccoli Ramirez (2011, p. 175-182) sobre o estado de exceção e o demônio cartesiano em *Raízes do Brasil*. Valeria a pena, finalmente, estender a reflexão sobre o populismo e compreendê-la em contraponto com a leitura que Antonio Candido faz de *Raízes do Brasil*, classificando-o como um livro "radical", como se discutiu largamente aqui e em outros momentos (cf. Meira Monteiro, 2015, p. 29-44).

REFERÊNCIAS

ADORNO, Theodor W. *Theodor Adorno*. Trad. Flávio Kothe. São Paulo: Ática, 1986.

ALENCAR, José de. *Sonhos d'Ouro*. Rio de Janeiro: Garnier, 1872. Disponível em: www.brasiliana.usp.br.

ANDRADE, Jorge. "Um Buarque antes de Chico. O perfil de um dos maiores historiadores brasileiros: Sérgio Buarque de Holanda. 42 A.C.", *Realidade*, n. 75, 1972.

ANDRADE, Mário de. *Macunaíma (O herói sem nenhum caráter)*. São Paulo: Círculo do Livro, s.d.

_____. "O movimento modernista" in *Mário de Andrade hoje*. Org. Carlos Eduardo O. Berriel. São Paulo: Ensaio, 1990, p. 15-39.

_____. "Machado de Assis" in *Vida literária*. São Paulo: Hucitec/ Edusp, 1993.

ANDRADE, Oswald de. *A utopia antropofágica*. São Paulo: Globo/ Secretaria de Estado da Cultura, 1990.

ARANHA, Graça. "Ins". *Klaxon*. Ed. facsimilar. São Paulo: Martins, 1972.

ARANTES, Paulo Eduardo. *Sentimento da dialética na experiência intelectual brasileira*: dialética e dualidade segundo Antonio Candido e Roberto Schwarz. Rio de Janeiro: Paz e Terra, 1992.

AVELINO FILHO, George. "As raízes de 'Raízes do Brasil'". *Novos Estudos*, n. 18, 1987.

BANDEIRA, Manuel. "Sergio, o anticafajeste". *Revista do Brasil*, n. 6, 1987.

BARBOSA, Francisco de Assis (org.). "Introdução" in HOLANDA, Sérgio Buarque de. *Raízes de Sérgio Buarque de Holanda* (org. Francisco de Assis Barbosa). Rio de Janeiro: Rocco, 1988.

BARRETO, Afonso Henriques de Lima. *Correspondência ativa e passiva, vol. 2*. São Paulo: Brasiliense, 1956

_____. "O destino da literatura". *Revista Souza Cruz*, 1921.

BARRAN, Jose P.; NAHUM, Benjamin. *Batlle, los Estancieros y el Imperio Britanico. Tomo IV, Las Primeras Reformas, 1911-1913*. Montevideo: Ediciones de la Banda Oriental, 1983.

BAUDELAIRE, Charles. *Œuvres Complètes*. Paris: Éditions du Seuil, 1968

BERRIEL, Carlos Eduardo Ornelas. *Tietê, Tejo, Sena*: a obra de Paulo Prado. Tese (doutoramento em Letras) – Departamento de Teoria Literária IEL-Unicamp, Campinas, 1994.

_____. *Tietê, Tejo, Sena*: a obra de Paulo Prado. Campinas: Editora da Unicamp, 2013.

BOAVENTURA, Maria Eugênia (org.). *22 por 22*: a Semana de Arte Moderna vista pelos seus contemporâneos. São Paulo: Edusp, 2008.

BOSI, Alfredo. *Céu, inferno*: ensaios de crítica literária e ideológica. São Paulo: Ática, 1988.

_____. "Um testemunho do presente" in MOTA, Carlos Guilherme. *Ideologia da cultura brasileira (1933-1974)*: pontos de partida para uma revisão histórica. São Paulo: Ática, 1977.

BOTTMANN, Denise. *A propósito de Capistrano*. Campinas: IFCH-Unicamp, 1989.

BOTTOMORE, Tom; FRISBY, David. "Introduction to the translation" in SIMMEL, Georg. *The Philosophy of Money*. London: Routledge & Kegan Paul, 1978.

BRANDÃO, Junito de Souza. *Dicionário mítico-etimológico da mitologia grega*. Petrópolis: Vozes, 1993.

BUVIK, Per. "Le principe bovaryque" in GAULTIER, J. *Le Bovarysme*: essai sur le pouvoir d'imaginer. Paris: Presses Universitaires de France, 2006.

CARDOSO, Fernando Henrique. "Livros que inventaram o Brasil". *Novos Estudos*, n. 37, 1993.

CARPEAUX, Otto Maria. *Vinte e cinco anos de literatura*. Rio de Janeiro: Civilização Brasileira, 1968.

CARVALHO, Marcus Vinicius Corrêa. "O problema da objetividade nos comentários sobre *Raízes do Brasil* de 1936". *Revista Escrita da História*, v. 2, n. 3, 2015.

_____. *Raízes do Brasil, 1936*: tradição, cultura e vida. Dissertação (mestrado em História) - Departamento de História, IFCH-Unicamp, Campinas, 1997.

CERVANTES, Miguel de. *Don Quijote de la Mancha*. Ed. Francisco Rico. Barcelona: Editorial Crítica, 2001.

CHACON, Vamireh. "Carl Schmitt e o Brasil" in *IV Congresso Nacional Brasileiro de Filosofia (homenagem a Miguel Reale)*. João Pessoa: Governo da Paraíba, 1990.

CHALHOUB, Sidney. "Escravidão e cidadania: a experiência histórica de 1871" in *Machado de Assis*: historiador. São Paulo: Companhia das Letras, 2003.

COELHO, João Marcos. "A democracia é difícil. As observações e as conclusões de um especialista com base no exame da história". *Veja*, 28 jan. 1976.

COHN, Gabriel. *Crítica e resignação*: fundamentos da sociologia de Max Weber. São Paulo: T.A. Queiroz, 1979.

_____. "O pensador do desterro". *Folha de S.Paulo*, 23 jun. 2002, mais!

CORTEZ, Irlemar Chiampi. "O discurso americanista dos anos 20". *Discurso*, n. 9, 1978.

CORBISIER, Roland. *Formação e problema da cultura brasileira*. Rio de Janeiro: ISEB, 1960.

COSTA, Valeriano Mendes Ferreira. "Vertentes democráticas em Gilberto Freyre e Sérgio Buarque". *Lua Nova*, n. 26, 1992.

COUTO, Rui Ribeiro. "El hombre cordial, producto americano". *Revista do Brasil*, n. 6, 1987.

_____. "El hombre cordial, producto americano" in HOLANDA, Sérgio Buarque de. *Raízes do Brasil*. Org. Ricardo Benzaquen de Araújo e Lilia Moritz Schwarcz. São Paulo: Companhia das Letras, 2016.

DANIEL, Reginald. *Machado de Assis*: Multiracial Identity and the Brazilian Novelist. University Park: Penn State University Press, 2012.

DARÍO, Rubén. "El Triunfo de Calibán" in *Prosas políticas*. Ed. Jorge Eduardo Arellano. Managua: Ministerio de Cultura, 1983.

DIAS, Maria Odila Leite da Silva. "Estilo e Método na obra de Sérgio Buarque de Holanda" in *Sérgio Buarque de Holanda:* vida e obra. São Paulo: Secretaria de Estado da Cultura/ Arquivo do Estado/ IEB-USP, 1988.

_____. "Sérgio Buarque de Holanda, historiador" in *Sérgio Buarque de Holanda*. São Paulo: Ática, 1985.

DILTHEY, Wilhelm. "Goethe y la Fantasía Poética" in *Vida y Poesía*. Trad. Wenceslao Roces. México: Fondo de Cultura, 1978.

DRAPER, Susana. "Entre política y crítica cultural; Rodó y la microsociología de Proteo". *Latin American Literary Review*, v. 34, n. 67, 2006.

DUARTE, Eduardo de Assis. "Estratégias de caramujo" in *Machado de Assis afro-descencente*: escritos de caramujo. Rio de Janeiro/ Belo Horizonte: Pallas/ Crisálida, 2007.

DUMAS, Alexandre. *Vingt ans après*. Disponível em: <https://www.gutenberg.org/ebooks/13952>.

EDEN, Robert. "Weber and Nietzsche: questioning the liberation of social science from historicism" in MOMMSEN, Wolfgang J.; OSTERHAMMEL, Jürgen (org.). *Max Weber and his contemporaries*. London: Unwin Hyman, 1987.

ELIAS, Norbert. *O processo civilizador*. Rio de Janeiro: Zahar, 1994.

EUGÊNIO, João Kennedy. *Ritmo espontâneo*: organicismo em *Raízes do Brasil* de Sérgio Buarque de Holanda. Teresina: EDUFPI, 2011.

EULÁLIO, Alexandre. *Escritos*. Campinas/ São Paulo: Editora da Unicamp/ Editora Unesp, 1992.

FALCÃO, Annibal. *Formula da civilisação brasileira*. Rio de Janeiro: Guanabara, s.d.

FAORO, Raymundo. "Sérgio Buarque de Holanda: analista das instituições brasileiras" in SOUZA, Antonio Candido de Mello e (org.). *Sérgio Buarque de Holanda e o Brasil*. São Paulo: Editora Fundação Perseu Abramo, 1998

FARO, Fernando. *Chico – ao longo dos anos*. TV Cultura, "Ensaio", 1994. (Vídeo.)

FELDMAN, Luiz. *Clássico por amadurecimento*: estudos sobre *Raízes do Brasil*. Rio de Janeiro: Topbooks, 2016.

FERRATER MORA, José. *Diccionario de Filosofía de Bolsillo*. Madrid: Alianza Editorial, 1992.

FERREIRA, Gabriela Nunes. "A formação nacional em Buarque, Freyre e Vianna". *Lua Nova*, n. 37, 1996.

FRANCO, Maria Sylvia de Carvalho. "'All the world was America': John Locke, liberalismo e propriedade como conceito antropológico". *Revista USP*, n. 17, 1993

FREYRE, Gilberto. *Casa-grande & senzala*: formação da família brasileira sob o regime da economia patriarcal. Rio de Janeiro: José Olympio, 1977.

_____. "Documentos Brasileiros" in HOLANDA, Sérgio Buarque de. *Raízes do Brasil*. 1ª edição. Rio de Janeiro: José Olympio, 1936.

_____. "Sergio, mestre dos mestres". *Revista do Brasil*, n. 6, 1987.

_____. *Sobrados e mucambos*: decadência do patriarcado rural e desenvolvimento do urbano. Rio de Janeiro/ Brasília: José Olympio/ Instituto Nacional do Livro, 1977.

FURTADO, André Carlos. *As edições do cânone*: da fase buarqueana na coleção História da Civilização Brasileira (1960-1972). Niterói: Eduff, 2016.

HARDMAN, Francisco Foot. "Antigos modernistas" in NOVAES, Adauto (org.). *Tempo e história*. São Paulo: Companhia das Letras, 1992.
HEGEL, Georg Wilhelm Friedrich. *Hegel*. Trad. Henrique Cláudio de Lima. São Paulo: Abril Cultural, 1974.
IGLÉSIAS, Francisco. "Evocação de Sérgio Buarque de Holanda". *Revista do Brasil*, v. 3, n. 6, 1987.
GASPARI, Elio. "Uma cabeça que bate contra a maré; Wanderley Guilherme, elitista e marginal, vencedor de causas perdidas". *Veja*, 18 maio 1994.
GOETHE, Johann Wolfgang von. *Fausto (a primeira parte e o quinto ato da segunda parte)*. Trad. Jenny Klabin Segall. São Paulo: Instituto Progresso Editorial, 1949.
GOLDFEDER, André; WAIZBORT, Leopoldo. "Sobre os 'tipos' em *Raízes do Brasil*". *Revista IEB*, n. 49, 2009.
GOLDMAN, Harvey. *Politics, Death, and the Devil*: Self and Power in Max Weber and Thomas Mann. Berkeley/ Los Angeles/ Oxford: University of California Press, 1992.
GRAHAM, Richard. "An interview with Sérgio Buarque de Holanda". *Hispanic American Historical Review*, v. 62, n. 1, 1982.
GUIMARÃES, Hélio de Seixas. "Drummond se rende a Machado". *Valor Econômico*, set. 2012.
_____. *Machado de Assis, o escritor que nos lê*: a figura e a obra machadianas através da recepção e das polêmicas. São Paulo: Editora Unesp, 2017.
GUIMARÃES, Hélio de Seixas; SENNA, Marta de (org.). *Machado de Assis*: permanências. Rio de Janeiro: 7Letras/ Fundação Casa de Rui Barbosa, 2018.
GUIMARÃES, Lucia Maria Paschoal. "Sérgio Buarque de Holanda: nas trilhas de Capistrano de Abreu". *Cadernos do Núcleo de Pesquisa e Estudos Históricos*, n. 1, 1996.
HABERMAS, Jurgen. "A volta de Carl Schmitt: de legitimador do nazismo a inspirador da pós-modernidade". *Folha de S. Paulo*, dez. 1986.
HAYEK, Friedrich August. *New Studies in Philosophy, Politics, Economics and the History of Ideas*. London: Routledge & Kegan Paul, 1982.
HEGEL, Georg Wilhelm Friedrich. *Fenomenologia do Espírito*. Trad. Paulo Meneses. Petrópolis: Vozes, 1992.
HOLANDA, Sérgio Buarque de. "A viagem a Nápoles", *Revista do Brasil*, n. 6, 1987.
_____. *Caminhos e fronteiras*. São Paulo: Companhia das Letras, 1994.
_____. *Capítulos de literatura colonial*. São Paulo: Brasiliense, 1991.

_____. *Cobra de vidro*. São Paulo: Perspectiva, 1978.
_____. "Conquista da Paz Interna e Conciliação Política". *Folha de S. Paulo*, 19 abr. 1992.
_____. "Corpo e alma do Brasil. Ensaio de psicologia social". *Revista do Brasil*, v. 3, n. 6, 1987.
_____. "Discurso do Sr. Sérgio Buarque de Holanda; pronunciado na noite de 25 de abril de 1961, ao tomar posse da Cadeira Nº 36". *Revista da Academia Paulista de Letras*, n. 67, 1962.
_____. *Do Império à República*. São Paulo: Difel, 1985.
_____. *Elementos básicos da nacionalidade*: o homem. Rio de Janeiro: Escola Superior de Guerra, 1967.
_____. "Introdução Geral" in *História Geral da Civilização Brasileira*. São Paulo: Difusão Europeia do Livro, 1963.
_____. "Le Brésil dans la vie américaine" in *Le Nouveau Monde et l'Europe*; textes des conférences et des entretiens organisées par les Rencontres Internationales de Genève et des conférences prononcées aux Rencontres Intellectuelles de São Paulo 1954. Bruxelles: Office de Publicité, 1955.
_____. *Livro dos Prefácios*. São Paulo: Companhia das Letras, 1996.
_____. "Mentalidade capitalista e personalismo". *Digesto Econômico*, n. 28, 1947.
_____. *Monções*. São Paulo: Brasiliense, 1990.
_____. *O Espírito e a letra*: estudos de crítica literária. São Paulo: Companhia das Letras, 1996.
_____. "O pensamento histórico no Brasil durante os últimos cinquenta anos". *Correio da Manhã*, Rio de Janeiro, 15 jul. 1951.
_____. "O senso do passado". *Revista do Brasil*, n. 6, 1987.
_____. "Prefácio" in BARRETO, Afonso Henriques de Lima. *Clara dos Anjos*. São Paulo: Penguin Classics Companhia das Letras, 2012.
_____. *Raíces del Brasil*. Trad. Álvaro Fernández Bravo. Buenos Aires: Corregidor, 2016.
_____. *Raízes de Sérgio Buarque de Holanda* (org. Francisco de Assis Barbosa). Rio de Janeiro: Rocco, 1988.
_____. *Raizes do Brasil*. 1ª edição. Rio de Janeiro: José Olympio, 1936.
_____. *Raízes do Brasil*. 2ª edição. Rio de Janeiro: José Olympio, 1948.
_____. *Raízes do Brasil*. 4ª edição. Brasília: Editora Universidade de Brasília, 1963.
_____. *Raízes do Brasil*. Org. Ricardo Benzaquen de Araújo e Lilia Moritz Schwarcz. São Paulo: Companhia das Letras, 2016.

_____. *Raízes do Brasil*: edição crítica. Org. Pedro Meira Monteiro e Lilia Moritz Schwarcz, estabelecimento de texto de Mauricio Acuña e Marcelo Diego. São Paulo: Companhia das Letras, 2016.

_____. *Sérgio Buarque de Holanda*: escritos coligidos, 2 vol. Org. Marcos Costa. São Paulo: Editora Unesp, 2011.

_____. "Sobre uma doença infantil da historiografia". *O Estado de S. Paulo*, 17-24 jun. 1973, Suplemento Literário

_____. *Tentativas de mitologia*. São Paulo: Perspectiva, 1979.

_____. *Visão do paraíso*: os motivos edênicos no descobrimento e colonização do Brasil. São Paulo: Brasiliense, 1992.

HORCH, Rosemarie Erika. "Bibliografia de Sérgio Buarque de Holanda" in *Sérgio Buarque de Holanda*: vida e obra. São Paulo: Secretaria de Estado da Cultura/ Arquivo do Estado/ IEB-USP, 1988.

IGLÉSIAS, Francisco. "Sérgio Buarque de Holanda, historiador" in: *3º Colóquio UERJ*: Sérgio Buarque de Holanda. Rio de Janeiro: Imago, 1992.

JAGUARIBE, Hélio. "*Raízes do Brasil* e a transição para a sociedade de massas" in MASCARENHAS, Sérgio (org.). *Raízes e perspectivas do Brasil*. Campinas: Papirus/ Editora da Unicamp, 1985.

JÁUREGUI, Carlos. "Calibán: ícono del 98. A propósito de un artículo de Rubén Darío". *Revista Iberoamericana*, n.184/185, 1998.

LACLAU, Ernesto. *On Populist Reason*. London: Verso, 2007.

LEITE, Dante Moreira. *O caráter nacional brasileiro*: história de uma ideologia. São Paulo: Pioneira, 1983.

MACHADO, Brasil Pinheiro. "Raízes do Brasil – uma re-leitura". *Estudos Brasileiros*, n. 2, 1976.

MACHADO DE ASSIS, Joaquim Maria. *Memórias póstumas de Brás Cubas*. www.machadodeassis.net.

MANNHEIM, Karl. *Essays on sociology and social psychology*. New York: Routledge & Kegan Paul, 1959.

MARSON, Adalberto. "Sobre a ideologia do caráter nacional: uma revisão". *Revista de História*, n. 86, 1971.

MARTINS, Eduardo Vieira. *A fonte subterrânea*: José de Alencar e a retórica oitocentista. Londrina/ São Paulo: Eduel/ Edusp, 2005.

MARTIUS, Karl Friedrich von. *O estado do direito entre os autóctones do Brasil*. Belo Horizonte/ São Paulo: Itatiaia/ Edusp, 1982.

MATA, Sérgio da. "Tentativas de desmitologização: a revolução conservadora em *Raízes do Brasil*". *Revista Brasileira de História*, v. 36, n. 73, 2016.

MEAD, Margaret. *Cooperation and Competition Among Primitive Peoples*. New York/ London: McGraw-Hill, 1937.

MEINECKE, Friedrich. "Relazioni causali e valori nella storia" in ROSSI, Pietro (org.). *Lo storicismo tedesco*. Torino: Unione Tipografico-Editrice Torinese, 1977.

MEIRA MONTEIRO, Pedro. A *queda do aventureiro*: aventura, cordialidade e os novos tempos em *Raízes do Brasil*. Prefácio de Luiz Dantas. Campinas: Editora da Unicamp, 1999.

_____. "Purgatório de açúcar e de almas: apontamentos sobre algumas leituras do engenho de Antonil". *Cadernos de História Social*, n. 1, 1995.

_____. "Machado de Assis e Pascal: um contraponto" in SENNA, Marta, e Hélio de Seixas GUIMARÃES (org.). *Machado de Assis e o outro*: diálogos possíveis. Rio de Janeiro: Móbile, 2012.

_____. (org.). *Mário de Andrade e Sérgio Buarque de Holanda*: correspondência. São Paulo: Companhia das Letras/ Edusp/ IEB-USP, 2012.

_____. "As *Raízes do Brasil* no *Espelho de Próspero*". *Novos Estudos CEBRAP*, n. 83, 2009.

_____; João Kennedy EUGÊNIO (org.). *Sérgio Buarque de Holanda*: perspectivas. Campinas/ Rio de Janeiro: Editora da Unicamp/ Eduerj, 2008.

_____. *Signo e desterro*: Sérgio Buarque de Holanda e a imaginação do Brasil. São Paulo: Hucitec/ E-galáxia, 2015.

_____. *The Other Roots:* Wandering Origins in *Roots of Brazil* and the Impasses of Modernity in Ibero-America. Trad. Flora Thomson-DeVeaux. Notre Dame: University of Notre Dame Press, 2017.

MELLO, Evaldo Cabral de. "'Raízes do Brasil' e depois" in HOLANDA, Sérgio Buarque de. *Raízes do Brasil*. 26ª edição. São Paulo: Companhia das Letras, 1995.

MORAES, Marcos Antonio de (org.). *Correspondência Mário de Andrade & Manuel Bandeira*. São Paulo: Edusp/ IEB, 2001.

MORAES, Marcos Antonio de. *Orgulho de jamais aconselhar*: a epistolografia de Mário de Andrade. São Paulo: Edusp, 2007.

MORAES, Ricardo Gaiotto de. *Críticas cruzadas*: Mário de Andrade e Sérgio Buarque de Holanda. Tese de doutoramento, Universidade Estadual de Campinas, 2014.

MORSE, Richard M. "Balancing myth and evidence: Freyre and Sérgio Buarque". *Luso-Brazilian Review*, v. 32, n. 2, 1995.

MOTA, Carlos Guilherme. "Fazendeiros do ar". *O Estado de S. Paulo*, 2 set. 1975.

_____. "A perspectiva do historiador". *Opinião*, 8 jun. 1976.

_____. "Uma visão ideológica". *O Escritor* 5, 1980.
MOTA, Giselda. "Historiografia. Bibliografia. Documentos" in MOTA, Carlos Guilherme (org.) *1822*: Dimensões. São Paulo: Perspectiva, 1972.
NEWCOMB, Robert. Nossa *and* Nuestra América: *Inter-American Dialogues*. West Lafayette: Purdue University Press, 2012.
NICODEMO, Thiago Lima. *Alegoria moderna*: a crítica literária de Sérgio Buarque de Holanda. São Paulo: Unifesp, 2014.
_____. *A urdidura do vivido: Visão do paraíso* e a obra de Sérgio Buarque de Holanda dos anos 1950. São Paulo: Edusp, 2008.
NIETZSCHE, Friedrich W. *O crepúsculo dos ídolos ou a filosofia a golpes de martelo*. Rio de Janeiro: Ediouro, s.d.
NOVAIS, Fernando Antonio. "De volta ao homem cordial". *Folha de S.Paulo*, 1 maio 1995, Jornal de Resenhas, p. E-2.
OAKES, Guy. "Weber and the Southwest German School: the genesis of the concept of the historical individual" in MOMMSEN, Wolfgang J.; OSTERHAMMEL, Jürgen (org.). *Max Weber and his contemporaries*. London: Unwin Hyman, 1987.
ORTEGA Y GASSET, José. *Goethe – Dilthey*. Madrid: Alianza Editorial, 1983.
PAES, José Paulo. *Canaã e o ideário modernista*. São Paulo: Edusp, 1992.
PARK, Robert Ezra, e Ernest W. BURGESS. *Introduction to the science of sociology*. Chicago: The University of Chicago Press, 1924.
PARETO, Vilfredo. *Vilfredo Pareto*. São Paulo: Ática, 1984.
PEREIRA, Astrojildo. *Interpretações*. Rio de Janeiro: Eb, 1957.
PEREIRA, Lúcia Miguel. *Machado de Assis*: estudo crítico-biográfico. Rio de Janeiro: Companhia Editora Nacional, 1936.
PICHÉ, Claude. "Max Weber et le néo-kantisme. Pour une politique de la modernité". *Revue de Métaphysique et de Morale*, v. 99, n. 3, 1994.
PIGLIA, Ricardo. "Os sujeitos trágicos (literatura e psicanálise)" in *Formas breves*. São Paulo: Companhia das Letras, 2004.
PIMENTEL, Osmar. *Apontamentos de leitura*. São Paulo: Conselho Estadual de Cultura, 1959.
PRADO, Paulo. *Retrato do Brasil*: ensaio sobre a tristeza brasileira. São Paulo: D.P.&C., 1928.
PRADO, Antonio Arnoni. "Você entra no episódio que vou contar" in LUCAS, Fábio (org.). *Cartas a Mário de Andrade*. Rio de Janeiro: Nova Fronteira, 1993.
RAMIREZ, Paulo Niccoli. *Sérgio Buarque de Holanda e a dialética da cordialidade*. São Paulo: Educ, 2011.

RIBEIRO, Douglas Carvalho. *As raízes antiliberais de Sérgio Buarque de Holanda*: Carl Schmitt em *Raízes do Brasil*. Rio de Janeiro: Lumen Juris, 2018.
RIMBAUD, Arthur. *Œuvres Complètes*. Paris: Gallimard, 1972.
ROCHA, João Cezar de Castro. *Literatura e cordialidade*: o público e o privado na cultura brasileira. Rio de Janeiro: Eduerj, 1998.
_____. *O exílio do homem cordial*: ensaios e revisões. Rio de Janeiro: Museu da República, 2004.
RODÓ, José Enrique. *Ariel*. Madrid: Cátedra, 2004.
SALES, Teresa. "Raízes da desigualdade social na cultura política brasileira". *Revista Brasileira de Ciências Sociais*, n. 25, 1994.
SCHMITT, Carl. *O conceito do político*. Petrópolis: Vozes, 1992.
SCHWARCZ, Lilia Moritz. *Sobre o autoritarismo brasileiro*. São Paulo: Companhia das Letras, 2019.
SCHWARZ, Roberto. *Que horas são?* São Paulo: Companhia das Letras, 1989.
_____. "Fim de século". *Folha de S. Paulo*, dez. 1994, mais!
SCHWENTKER, Wolfgang. "A paixão como um modo de vida. Max Weber, o círculo de Otto Gross e o erotismo". *Revista Brasileira de Ciências Sociais*, n. 32, 1996.
SENEDA, Marcos César. *Infinitude e Seleção*: um compromisso weberiano com o concreto. Campinas: IFCH-Unicamp, 1993.
SENNA, Homero. *República das Letras (20 entrevistas com escritores)*. Rio de Janeiro: Olímpica, 1968.
SEVCENKO, Nicolau. "As guerrilhas pela 'ocultura'". *Folha de S. Paulo*, abr. 1996, mais!
_____. *Orfeu extático na metrópole*: São Paulo, sociedade e cultura nos frementes anos 20. São Paulo: Companhia das Letras, 1992.
SICA, Alan. *Weber, irrationality, and social order*. Berkeley/ Los Angeles/ London: University of California Press, 1988.
SIMMEL, Georg. *On individuality and social forms*. Chicago: University of Chicago Press, 1971.
SOARES, Luiz Eduardo. "Hermenêutica e ciências humanas". *Estudos Históricos*, n. 1, 1988.
SÓFOCLES. *Antígone*. Rio de Janeiro: Ediouro, s.d.
SOUZA, Antonio Candido de Mello e. "Amizade com Sérgio". *Revista do Brasil* 3(6), 1987.
_____. "A revolução de 1930 e a cultura". *Novos Estudos*, v. 2, n. 4, 1984.
_____. *O discurso e a cidade*. São Paulo: Duas Cidades, 1993.

_____. *Os parceiros do Rio Bonito*: estudo sobre o caipira paulista e a transformação dos seus meios de vida. São Paulo: Duas Cidades, 1987.

_____. "Prefácio" in HOLANDA, Sérgio Buarque de. *Raízes do Brasil*. 4ª edição. Brasília: Editora Universidade de Brasília, 1963.

_____. "Radicalismos". *Estudos Avançados*, v. 4, n. 8, 1990.

_____. *Recortes*. São Paulo: Companhia das Letras, 1993.

_____. (org.). *Sérgio Buarque de Holanda e o Brasil*. São Paulo: Editora Fundação Perseu Abramo, 1998.

_____. *Teresina etc*. Rio de Janeiro: Paz e Terra, 1992.

SOUZA, Jessé (org.). *A elite do atraso*: da escravidão a Bolsonaro. Edição revista e ampliada. Rio de Janeiro: Estação Brasil, 2019.

_____. *A tolice da inteligência*: ou como o país se deixa manipular pela elite. São Paulo: LeYa, 2015.

_____. (org.). *O malandro e o protestante*: a tese weberiana e a singularidade cultural brasileira. Brasília: Editora Universidade de Brasília, 1999.

SPENGLER, Oswald. *La decadencia de Occidente*: bosquejo de una morfología de la historia universal (tomo 1). Trad. Manuel G. Morente. (Transcripción para formato web por David Carpio.) Madrid: Espasa-Calpe, 1966.

SÜSSEKIND, Flora. *O Brasil não é longe daqui*: o narrador, a viagem. São Paulo: Companhia das Letras, 1990.

THOMAS, William I.; ZNANIECKI, Florian. *The Polish Peasant in Europe and America*. New York: Alfred A. Knopf, 1927.

VASCONCELOS, José. *La raza cósmica*. México, DF: Editorial Porrúa, 2003.

VIEIRA, Pe. Antonio. *Sermões*: problemas sociais e políticos do Brasil. São Paulo: Cultrix, 1995.

VILLAÇA, Alcides. "'O espelho': superfície e corrosão". *Machado de Assis em linha*, v. 6, n. 11, 2013.

WEBER, Max. *A ética protestante e o espírito do capitalismo*. Trad. M. Irene de Q. F. Szmrecsányi e Tamás J. M. K. Szmrecsányi. São Paulo: Pioneira, 1992.

_____. *Ciência e Política*: duas vocações. Trad. Leonidas Hegenberg e Octany Silveira da Mota. São Paulo: Cultrix, s.d.

_____."Die "Objektivität" sozialwissenschaftlicher und sozialpolitischer Erkenntnis" in *Gesammelte Aufsätze zur Wissenschaftslehre*. Tübingen: J.C.B.Mohr, 1922.

_____. *Economia e Sociedade*: fundamentos da sociologia compreensiva. v. 1. Brasília: Editora UNB, 1991.

_____. *Economía y Sociedad; esbozo de sociología comprensiva*. México: Fondo de Cultura Económica, 1974.

_____. *Metodologia das Ciências Sociais, parte 1*. Trad. Augustin Wernet. São Paulo/ Campinas: Cortez/ Editora da Unicamp, 1992.

WEGNER, Robert. *A conquista do oeste*: a fronteira na obra de Sérgio Buarque de Holanda. Belo Horizonte: Editora UFMG, 2000.

WISNIK, José Miguel. "Machado maxixe" in *Sem receita*: ensaios e canções. São Paulo: Publifolha, 2004.

WITTER, José Sebastião. "Cinquenta anos de *Raízes do Brasil*". *Revista do Brasil*, n. 6, 1987.

ZARETSKY, Eli. "Editor's introduction" in THOMAS, William I; ZNANIECKI, Florian. *The Polish Peasant in Europe and America*. Urbana/ Chicago: University of Illinois Press, 1984.

SOBRE O AUTOR

Pedro Meira Monteiro é professor titular de literatura e cultura brasileira na Princeton University, onde dirige o Departamento de Espanhol e Português e é filiado ao Programa de Estudos Latino-americanos e ao Brazil LAB. É colaborador de revistas como *Piauí* e *serrote*, e autor, entre outros, de *Mário de Andrade e Sérgio Buarque de Holanda: Correspondência* (Prêmio Academia Brasileira de Letras de Ensaio 2013), *Signo e desterro: Sérgio Buarque de Holanda e a imaginação do Brasil* e *Conta-gotas: máximas e reflexões*. Em breve, a Relicário lança *Nós somos muitas: ensaios sobre crise, cultura e esperança*, em parceria com Rogério Barbosa, Flora Thomson-DeVeaux e Arto Lindsay. É um dos coordenadores do projeto multidisciplinar MinasMundo.
Website: meiramonteiro.com

2ª EDIÇÃO REVISTA E AMPLIADA [2021]

Esta obra foi composta em Crimson Text e Lato sobre papel
Pólen Soft 80 g/m² para a Relicário Edições.